Domitien :
un empereur controversé

Ouvrages du même auteur :

Ch. BURGEON, *La troisième guerre punique et la destruction de Carthage. Le verbe de Caton et les armes de Scipion*, Louvain-la-Neuve, Academia, 2015.

Ch. BURGEON, *Guide bibliographique de l'étudiant et du jeune chercheur en histoire gréco-romaine*, Louvain-la-Neuve, Academia, 2016.

Ch. BURGEON, *La première guerre punique ou la conquête romaine de la Sicile*, Louvain-la-Neuve, Academia, 2017.

Ch. BURGEON, *Autour des valeurs romaines : la* uirtus, *la* fides *et la* pietas *des guerres puniques à la dynastie flavienne*, Louvain-la-Neuve, EME, 2017.

Domitien :
un empereur controversé

Christophe Burgeon

academia
L'Harmattan

D/2017/4910/56　　　　　　　　　　ISBN : 978-2-8061-0373-4

© Academia – L'Harmattan s.a.
Grand'Place, 29
B-1348 Louvain-la-Neuve

Tous droits de reproduction, d'adaptation ou de traduction, par quelque procédé que ce soit, réservés pour tous pays sans l'autorisation de l'éditeur ou de ses ayants droit.

www.editions-academia.be

Table des illustrations

Figure 1 : L'occupation romaine de l'Écosse au Ier siècle.............. 90

Figure 2 : Peuples germains et Empire romain à la mort de Domitien.. 102

Figure 3 : Frontière danubienne à la fin du règne de Domitien.......... 112

Introduction

Domitien a été décrit par certains auteurs, anciens et modernes, comme un tyran misanthrope, un empereur inflexible dénué de compétence et un général incapable ; d'autres l'ont qualifié de *princeps* habile capable de repousser les attaques barbares, et d'administrateur rigoureux. Qui était donc le véritable Domitien ? Il s'agissait indéniablement d'un homme mystérieux dont la personnalité était multiple. Il ne semble que très rarement avoir éprouvé de la joie et de la satisfaction, mais il se plaisait à lutter contre l'influence des sénateurs. En outre, si l'aristocratie lui vouait une haine implacable, une grande partie des Romains, des Italiens et des provinciaux le portaient aux nues.

Dans cette étude, nous focaliserons notre propos sur la vie de Domitien, laquelle n'a étrangement plus fait l'objet d'une étude globale en langue française depuis 1893, et plus particulièrement sur l'aspect politico-militaire de celle-ci, nous munissant d'un regard neuf et intègre tant sur les textes anciens, que sur les sources épigraphiques et numismatiques afin de contourner l'écueil d'une approche strictement littéraire.

L'image traditionnelle de Domitien, celle d'un monstre pervers, narcissique et paranoïaque, nous est essentiellement transmise par des auteurs latins (Pline le Jeune, Tacite, Suétone et Juvénal) soucieux de noircir l'action socio-économique et politique du dernier représentant flavien à la tête de l'*Vrbs* par une série d'anecdotes, souvent invérifiables, dans le but de donner une image positive des représentants de la dynastie antonienne (Trajan et Hadrien principalement). Si aucune de ses seize *Satires* ne fut composée contre le « Néron chauve », Juvénal, qui se montra sans doute le plus acerbe contre le prince, éprouva une satisfaction vengeresse à s'acharner contre celui qu'il appelait le « tyran ». Pline, pour sa part, appréciait autant Trajan qu'il exécrait Domitien : « J'aime le meilleur des princes, écrit-il, autant que j'ai été haï du pire. »[1] À l'en croire, sous le règne de ce dernier, un torrent de perversité avait déferlé sur Rome. Suétone, dont les écrits témoignent d'une certaine binarité, utilisait des expressions telles que « on dit que » ou « certains affirment que » de façon à éviter de devoir prouver l'exactitude de toutes les rumeurs circulant sur Domitien. Quant à Tacite, il traitait de la tyrannie de ce dernier avec la plus grande sévérité. En fait, les historiens anciens ont imposé la vision d'un Ier siècle rythmé par l'alternance de bons et de mauvais empereurs, laquelle devait se terminer par un *princeps* fantasque et cruel favorisant dès lors la mise en relief des projets du premier de la

---

[1] Plin., *Paneg.*, 95, 4 : *optimum principem diligo in quantum inuisus pessimo*.

dynastie suivante. Ainsi, critiquer le défunt Domitien, revenait à faire l'éloge de Trajan.

A contrario, Silius Italicus, Stace, Martial et Flavius Josèphe, qui ont écrit pendant le règne de Domitien, lorsque l'expression d'une opinion qui lui était défavorable entraînait les plus grands dangers, étaient, au contraire, des partisans de l'empereur. Nul doute que leur objectif n'était pas de porter sur le présent un jugement impartial puisqu'il leur fallait louer ce dernier. Par ailleurs, à l'exception de Flavius Josèphe, ces auteurs étaient des poètes, dont les desseins se trouvaient être aux antipodes de ceux de l'historien. L'écho excessif donné à un épisode mineur du règne de Domitien, de même que le silence dissimulant l'une de ses actions majeures devront faire l'objet d'une explication d'ordre historiographique scrupuleuse. Toujours est-il que cette littérature hagiographique permet de mesurer le degré invraisemblable que la poésie de circonstance pouvait alors atteindre dans la flatterie hyperbolique et de percevoir son degré de duplicité, que Martial, notamment, avait du mal à dissimuler. Dans le dixième livre de ses *Épigrammes*, postérieur à la mort de Domitien, il se livra en effet à une autocritique sévère, tout en opposant l'empereur d'hier et celui d'aujourd'hui[2].

On le voit : la coexistence de ces deux opinions antinomiques ne facilite nullement la tâche de l'historien moderne, qui doit trier et peser au cas par cas les affirmations des Anciens. Il est probable que Domitien n'ait mérité ni les invectives de Pline et de Juvénal, ni les éloges de Martial, de Silius Italicus et de Stace.

La seconde tâche, la plus ardue, de cette étude, qui fait écho à la première, réside en la reconstitution minutieuse des événements du règne de Domitien. Un empereur ayant été frappé de *damnatio memoriae*, une peine consistant dans la suppression du souvenir du défunt, a, en outre, tendance à ne pas être bien certifiable épigraphiquement. Ainsi, les monnaies et les inscriptions de l'époque domitienne qui nous sont parvenues indiquent les fonctions et les titres du Flavien, ainsi que les noms des consuls et ceux d'autres magistrats des années 81 à 96, mais ces informations sont loin d'être exhaustives.

En dépit de ces limites, l'enjeu de ce travail est de rendre à Domitien ce qui lui a appartenu, et ce que lui a confisqué, adjointe à la fuite du temps, la condamnation sénatoriale de son œuvre et de son nom.

Comme nous le verrons, les premiers mois du principat de Domitien constituèrent une surprise heureuse pour les Romains, qui n'avaient, avant son règne, qu'une estime mesurée pour lui. En effet, le fils cadet de

---

[2] Mart., X, 72-81.

Vespasien faisait alors preuve de générosité et de modération à l'égard du *populus*. En outre, durant cette période, il rendait la justice avec équité, réprimait les excès de l'aristocratie, et se montrait soucieux de restaurer tant les principes du *mos maiorum* que les rites de la religion traditionnelle.

Toutefois, très rapidement, la nature tourmentée, blessée et égocentrique de Domitien semble avoir repris le dessus. Il fit montre d'une cruauté certaine, notamment à l'égard de nombre de sénateurs et de Romains qui osaient lui tenir tête, laquelle atteignit son paroxysme en 93, année en laquelle il instaura une période de terreur, frappant indistinctement ses opposants, réels ou fictifs, les philosophes, les chrétiens, etc.

Il n'en demeure pas moins vrai que Domitien, qui entendait avant tout préserver la cohésion de l'Empire, fut un bon administrateur. Du reste, il jouissait de l'appui de pléthore de provinciaux et d'Italiens, tout en maintenant la *fides* de son armée, même s'il ne s'illustra pas pas d'éclatantes victoires.

Précisons que si, soucieux de n'avancer qu'appuyé sur des documents précis, nous n'avons pas voulu nous hasarder sur le terrain de la psychologie historique, nous avons cru bon de dresser un portrait aussi fidèle que possible de la personnalité de Domitien. Au surplus, son empreinte urbanistique et architecturale sur Rome ne fera pas l'objet d'une étude particulière, car elle dépasserait le cadre que nous nous sommes fixé.

I. Une enfance sous les règnes de Vitellius et de Vespasien

Domitien (Titus Flavius Domitianus)[3] est né le 24 octobre 51[4] à *Malum Punicum* (probablement dans l'actuelle *via delle Quattro Fontane*), localité du sixième quartier de Rome, sur le Quirinal, où, au début de son règne, il fera édifier un temple en l'honneur de sa dynastie[5].

Son père, Vespasien[6], doté d'une grande expérience administrative et militaire, était alors consul désigné[7]. Il avait épousé Flavia Domitilla, dont le père était greffier[8]. La naissance de Domitien coïncida avec le mariage de Claude et d'Agrippine la Jeune. Or l'accession au pouvoir de cette dernière n'épargna ni Vespasien ni certains des membres de sa famille[9]. Au début de la vie de l'empereur que nous étudions, son père passait la plupart de son temps dans une retraite tranquille, même s'il était toujours sénateur et prêtre. Son exclusion de la cour et le fait qu'il ait eu des difficultés financières durant cette période de sa vie sont sujets à débat. En effet, si, dans la mesure où il demeura sénateur, il est permis de supposer qu'il bénéficiait toujours des ressources financières nécessaires, sans quoi il aurait été contraint de céder son siège après son proconsulat en Afrique[10], il fut obligé d'hypothéquer tous ses biens en faveur de son frère[11] ; Tacite, qui encense Sabinus, prétend même que, selon certains, cet épisode avait terni les

---

[3] Nulle part on ne trouve le nom complet de Domitien. C'est par une conjecture probablement inexacte, car elle est contraire à l'usage, que Franz l'a restitué dans une inscription grecque (*CIG*, 5043 = *SB*, 8515) : [Τ. Φλα. Δ]ομιτιανου.

[4] Suet., *Dom.*, 1 : *Natus est IX kal. novemb. CIL*, X, 444. Nous savons par Dion Cassius (LXVII, 18) que Domitien vécut quarante-quatre ans, dix mois et vingt-six jours, et, par Suétone (*Dom.*, 17), qu'il mourut le 8 septembre 96.

[5] Suet., *Dom.*, 1 ; Mart., IX, 20.

[6] Vespasien était le petit-fils de Titus Flavius Petrus de Réate, qui avait été incorporé dans l'armée de Pompée avant de devenir un riche financier. Son fils, Titus Flavius Sabinus avait connu la même réussite dans le négoce. Sur Vespasien, voir : B. Levick, *Vespasian*, Londres, 1999.

[7] Vespasien fut consul du 1er novembre au 31 décembre. Suet., *Vesp.*, 4.

[8] S. Wood, "Who Was the Diva Domitilla ? Some Thoughts on the Public Images of the Flavian Women", *AJA*, 114, 1, 2010, p. 45-57 ; H. W. Ritter, « Zur Lebensgeschichte der Flavia Domitilla, der Frau Vespasians », *Historia*, 21, 1972, p. 759-761.

[9] B. W. Jones, *The Emperor Domitian*, Londres, 1992, p. 9.

[10] Vespasien connut d'importants problèmes d'argent après son proconsulat d'Afrique (Suet., *Vesp.*, 4 ; Tac., *Hist.*, III, 65). Voir : H. Bengtson, *Die Flavier : Vespasian, Titus, Domitian*, Munich, 1979, p. 12-24 ; J. Nicolas, *Vespasian and the Partes Flavianae*, Wiesbaden, 1978, p. 1-11.

[11] Suétone parle d'*omnia Praedia*, alors que Tacite désigne la maison et des terrains (*domo agrisque*).

rapports entre Vespasien et son frère[12]. De même, si certains érudits[13] prétendent qu'il faut lire entre les lignes et qu'en réalité, son surnom de *mulio* faisait référence à la traite d'esclaves à laquelle il se serait livré, il indiquerait plutôt qu'il ait conduit et/ou vendu des mulets.

Si l'on ne sait que peu de choses sur la jeunesse de Domitien, il semble donc que, contrairement à Titus[14], qui fut éduqué à la cour, il ait vécu toute sa jeunesse dans une modeste maisonnée acquise ou héritée par son père ; il devait toutefois l'accompagner chaque été à leur résidence d'Aquae Cutiliae, près de Reate[15]. Suétone prétend même qu'il se serait vendu plusieurs fois pour pouvoir subvenir à ses besoins ; Claudius Pollion, préfet en Afrique, puis procurateur des Alpes Grées[16], avait d'ailleurs conservé une lettre écrite par Domitien pour le prouver[17]. Dans la mesure où Vespasien était, à l'époque, relativement pauvre, il y a en tout cas lieu de croire qu'il fut privé d'un certain nombre de choses. Suétone, toujours enclin à privilégier les citoyens de rang sénatorial, utilise le thème de la pauvreté, qui constituait un crime honteux, pour critiquer la personnalité de Domitien. Pour renforcer son propos, il dédouane Vespasien et toute sa famille de toute honte afin de condamner exclusivement le dernier empereur flavien pour son avarice et sa cruauté.

En outre, ayant, tout jeune, perdu sa mère, Domitilla[18], tout en étant maintes fois séparé de son père, peu souvent présent à Rome[19], et de son frère Titus[20], Domitien vécut une enfance assez solitaire. Il fut élevé par sa nourrice Phyllis, qu'il gardera plus tard auprès de lui sur le Palatin[21].

---

[12] Tac., *Hist.*, III, 65. Voir : K. G. Wallace, "The Flavii Sabini in Tacitus", *Historia*, 36, 1987, p. 343-358.
[13] B. W. Jones, *The Emperor Domitian*, Londres, 1992, p. 1-3.
[14] Sur Titus, voir : B. W. Jones, *The Emperor Titus*, Londres, 1984.
[15] P. Southern, *Domitian. Tragic Tyrant*, Londres – New York, Routledge, 1997, p. 6.
[16] *PIR²*, C, 966 ; *LP*, 67, 3.
[17] Suet., *Dom.*, 1 : *Pubertatis ac primae adulescentiae tempus tanta inopia tantaque infamia gessisse fortur, ut nullum argenteum uas in usu haberet. Satisque constat Clodium Pollionem, praetorium uirum, [...] chirographum eius conseruasse et nonnumquam protulisse noctem sibi pollicentis nec defuerunt qui affirmarent corruptum Domitianum et a Nerua, successore mox suo.* Il faut remarquer que Suétone est fort peu affirmatif : *Fertur, satis constat, nec defuerunt qui adfirmarent*. Voir : M. Charles, « *Domitianus 1, 1* : Nerva and Domitian », *Acta Classica*, 49, 2006, p. 79-87. Voir aussi : Juv., IV, 105.
[18] Domitilla mourut avant l'an 69 (Suet., *Vesp.*, 3). L'absence du nom de la femme de Vespasien dans la quasi-totalité de la documentation tant officielle que narrative corrobore la théorie selon laquelle elle serait morte quand Domitien était encore tout jeune.
[19] Suet., *Vesp.*, 4.
[20] Suet., *Tit.*, 2 ; 4 ; Tac., *Hist.*, II, 77.
[21] *Cf. infra*.

Vespasien reconnut successivement Galba, Othon et Vitellius. Cependant, les légions d'Égypte, de Judée et de Syrie, de peur d'être dissoutes par ce dernier, le choisirent pour empereur en juillet 69 ; celles de Mésie, de Pannonie et de Dalmatie les rejoignirent peu de temps après. Fort de cette assise, Vespasien se rendit en Égypte tant dans le but de ravitailler Rome en blé que d'éviter de prendre part à une guerre civile.

À la tête d'une armée importante, le gouverneur de Syrie, Mucien, se dirigea vers l'Italie en passant par l'Asie Mineure, la Thrace puis l'Illyrie[22]. Cependant, les légions danubiennes, conduites par Antonius Primus[23], le devancèrent. Après la victoire flavienne sur les Vitelliens à Crémone le 24 octobre 69, elles firent route vers Ocriculum, au nord de Rome, afin d'établir la jonction avec les forces de Mucien.

Pendant ce temps, Vitellius fit garder Domitien à Rome, car il pensait s'en servir comme d'un otage. Si le prisonnier caressait l'espoir de rejoindre les troupes qui lui avaient prêté allégeance, il n'osa pas croire en la bonne foi de ses gardiens qui lui avaient promis de prendre la fuite avec lui[24].

Le 18 décembre 69, Vitellius, qui faisait l'objet de nombreuses intrigues, songea à se retirer du pouvoir. Redoutant des massacres intestins, Flavius Sabinus, frère aîné de Vespasien et préfet de la Ville, s'entretint avec lui, et promit de l'épargner s'il quittait Rome sans faire d'esclandre. Cependant, menacé par une partie du peuple et par les soldats de Germanie qui soutenaient encore Vitellius, Sabinus, aux côtés des cohortes urbaines, de quelques sénateurs et chevaliers, de plusieurs femmes et de Domitien[25], fut contraint de se réfugier sur le Capitole[26]. Le lendemain, les Vitelliens en donnèrent l'assaut, brûlèrent le sanctuaire de Jupiter, puis emprisonnèrent et égorgèrent Sabinus, entre autres assiégés. S'il n'y a pas lieu de s'interroger sur l'historicité de cet épisode, il convient de le rapprocher du récit livien contant la guerre qui opposa les compagnons de Romulus aux Sabins[27].

Le rôle joué par Domitien dans la débâcle du Capitole et sa fuite ont été décrits de manière différente par Tacite et Suétone. Selon ce dernier, celui

---

[22] Il y a lieu de croire que, dans le même temps, les légions d'Orient reconnurent Titus et Domitien comme Césars, dans la mesure où des monnaies à l'effigie de Vespasien et battues avant le 21 décembre 69, portaient au revers *TITUS ET DOMITIAN(US) CAESARES, PRIN(CIPES) IUVEN(TUTIS)*. I. Carradice, *Coinage and finance in the reign of Domitian*, Oxford, 1983.
[23] Sur Antonius Primus, voir : K. Wellesley, *The Long Year*, Bristol, 1989, p. 195-198.
[24] Tac., *Hist.*, III, 59.
[25] Domitien vivait probablement chez Sabinus.
[26] Tac., *Hist.*, III, 69 ; Suet., *Dom.*, 1 ; Dio Cass., LXV, 17 ; Ios., *Bell. Iud.*, IV, 11, 4.
[27] Liv., I, 12.

qui nous occupe fut caché toute la nuit par l'un des gardiens du temple, avant de s'enfuir aux petites heures du jour déguisé en prêtre d'Isis, et de traverser le Tibre avec une tierce personne, dont l'identité n'est pas précisée (pour Dion Cassius, il s'agissait de son cousin Sabinus)[28]. Son but était de rejoindre la maison appartenant à la mère d'un condisciple[29]. Pour Tacite, Domitien, qui était déjà dans la maison du temple lorsque les Vitelliens forcèrent les défenses du Capitole, revêtit un habit religieux confectionné à la hâte, et parvint à s'échapper pour gagner la demeure de Cornelius Primus, client de son père séjournant près du Vélabre[30]. De prime abord, les deux versions de cette fuite sont incompatibles. Pourtant, il apparaît que la maison de Cornelius Primus n'était pas l'endroit le plus sûr pour se cacher dans la mesure où il était étroitement lié aux Flaviens. Il est donc vraisemblable que Domitien ait passé la nuit du 19 au 20 décembre chez le gardien du temple, puis ait pris la fuite le matin pour se rendre chez Primus, avant de traverser le Tibre l'après-midi même pour se réfugier chez la mère de l'un de ses camarades de classe[31].

Quoi qu'il en soit, deux jours plus tard, Antonius Primus et ses troupes, qui avaient eu connaissance des événements, gagnèrent Rome en toute hâte, puis renversèrent et tuèrent Vitellius. Domitien en profita pour sortir de sa cachette afin de se faire connaître auprès des vainqueurs, qui le saluèrent en le qualifiant de « César », avant de le ramener sous escorte jusqu'à la maison de son père[32]. Il n'y resta toutefois que peu de temps, car il s'établit ensuite dans la demeure impériale, sur le Palatin[33]. Vespasien fut probablement désigné empereur par le Sénat le 21 décembre 69 ; Titus et lui-même furent élus consuls pour l'année 70. Domitien, quant à lui, reçut à la fois la préture

---

[28] Dio Cass., LXV, 17.
[29] Suet., *Dom.*, 1.
[30] Tac., *Hist.*, III, 74. Plus tard, les auteurs qui se plaisaient à flatter Domitien enjolivèrent les faits. *Cf.* Stat., *Theb.*, I, 21 : *Defensa prius uix pubescontibus annis / bella Jovia* ; *Silv.*, I, 1, 79 : *Tu bella Jovis, tu praelia Rheni / longo marte domas* ; Sil., III, 609 : *Nec te terruerint Tarpeii culminis ignes / sacrilegas inter flammas seruabere terris* ; Mart., IX, 101, 13 : *Adseruit possessa malis Palatia regnis / prima suo gessit pro Jove balla puer*. Pour Josèphe (*Bell. Iud.*, IV, 11, 4), le salut de Domitien releva du miracle. Domitien lui-même rédigea un poème sur la bataille du Capitole, et témoigna sa reconnaissance à Jupiter en lui élevant un temple. *Cf. infra*.
[31] K. Wellesley, "Three Historical Puzzles in Tacitus *Histories* III", *CQ*, 6, 1956, p. 211-214. B. W. Jones (*The Emperor Domitian*, Londres, 1992, p. 14) s'oppose à cette hypothèse.
[32] Tac., *Hist.*, III, 86 ; Suet., *Dom.*, 1. Lorsqu'elles proclamèrent Vespasien empereur, au mois de juillet 69, Les légions d'Orient, reconnurent en même temps ses deux fils comme Césars. Aussi trouve-t-on des monnaies de Vespasien, antérieures, semble-t-il, au 21 décembre 69, qui portent au revers TITUS ET DOMITIAN(US) CAESARES, PRIN(CIPES) JUVEN(TUTIS). Voir : I. Carradice, *Coinage and finance in the reign of Domitian*, Oxford, 1983.
[33] Tac., *Hist.*, IV, 2.

et l'*imperium* consulaire[34]. Ce fut là davantage la fin de la guerre que le commencement de la paix.

Quand Mucien gagna Rome, le 21 décembre 69[35], il demanda à Domitien de s'adresser solennellement aux soldats[36], puis de se présenter au *populus*. Celui-ci apprit de la bouche de Mucien que Domitien, le seul représentant des Flaviens alors présent à Rome, allait administrer la Ville jusqu'au retour de son père[37]. Ainsi, en l'espace de quelques jours, Domitien était devenu l'un des Romains les plus influents. Ses premières initiatives officielles, parmi lesquelles son discours prononcé en faveur de la clémence et de la fin des luttes intestines auprès des sénateurs, reçurent un accueil favorable, et ont indéniablement forgé sa personnalité.

La narration tacitéenne de l'épisode du Capitole, illustrant la *fortuna* et la ruse, et non les mérites personnels de Domitien, se poursuit, non sans ironie, par une dénonciation de la mégalomanie du futur empereur[38]. La juxtaposition du récit factuel tel que nous le connaissons et celui des mesures prises par Domitien pour les commémorer était destinée à prouver son incapacité à gouverner. Il faut toutefois se rendre compte que Tacite composa son évocation du jeune Domitien à travers le prisme du Domitien devenu empereur, l'adulte expliquant l'adolescent[39].

Rapidement, cet *adulescens* de dix-huit ans commença à être gagné par l'*ambitio*. Sa *gloria* soudaine ainsi que, selon Tacite, les mauvais conseils qui lui furent prodigués[40] eurent pour effet de galvaniser sa soif de pouvoir ; son seul objectif était désormais de diriger l'État[41], assurant avec peu de zèle les tâches incombant à sa fonction de préteur, qu'il jugeait trop peu valorisante[42].

En 69, il n'était alors pas question d'accorder davantage de pouvoirs à Domitien ; Vespasien et Mucien n'y étaient pas favorables. Le second, en l'absence du premier, proposa même d'être le nouvel empereur de fait, ce qui fut accepté par Vespasien, lequel lui envoya d'ailleurs son anneau. En

---

[34] Tac., *Hist.*, IV, 3 ; 39 ; Suet., *Dom.*, 1 ; Dio Cass., LXVI, 1.
[35] Josèphe (*Bell. Iud.*, IV, 11, 4) prétend à tort que Mucien entra dans Rome le lendemain du meurtre de Vitellius.
[36] Dio Cass., LXV, 22.
[37] Ios., IV, 11, 4.
[38] Tac., *Hist.*, III, 74, 2.
[39] Fr. Tézenas, *Tacite et Domitien ou le portrait du Tyran*, thèse de doctorat, Tours, 1983, p. 54.
[40] Tac., *Hist.*, IV, 39 ; IV, 68 : *prauis impulsoribus*.
[41] Tac., *Hist.*, IV, 39 ; Dio Cass., LXVI, 3.
[42] Suet., *Dom.*, 1 : *Honorem praeturae urbanae consulari potestate suscepit titulo tenus : nam iurisdictionem ad collegam proximum transtulit.*

toute confiance, il l'autorisa ainsi à promulguer des décrets, à la seule condition d'y voir son nom apposé en première place[43]. Mucien, qui remit de l'ordre à Rome, n'était désormais plus considéré comme un ministre, mais bien comme un associé à part entière du *princeps*[44]. Domitien dut donc se plier à ses recommandations, et agir selon ses décisions[45].

Quand Domitien fit son entrée au Sénat en tant que préteur, il fut accueilli respectueusement par les *Patres*. L'absence de son père et de son frère, de même que sa candeur lui attirèrent leur sympathie. Il en profita pour demander la réhabilitation de la *memoria* de Galba, l'anti-Néron, mais, dans une optique de rassemblement des *ciues* et pour faire montre de sa *pietas*, il refusa de citer les délateurs et les traîtres, déclarant s'en référer à son père seul[46]. Mucien le suivit dans cette voie[47], mais les consulats conférés par Vitellius furent rendus caducs[48]. Il est certain que Domitien, tout en condamnant tant ce dernier qu'Othon, tenta de stabiliser le pouvoir en place.

Pour pacifier l'Empire, réorganiser la garde prétorienne était indispensable : les soldats qui en avaient été exclus par Vitellius étaient invités à la réintégrer, et les prétoriens de ce dernier reçurent la solde qu'ils réclamaient pour ne pas quitter leurs terres et demeurer suffisamment loin de l'*Vrbs*, avant d'être finalement démis de leurs fonctions[49]. Il était également nécessaire de renforcer les liens entre les fonctionnaires et l'État. C'est ainsi qu'en une seule journée, une vingtaine d'emplois furent créés par Domitien et Mucien à Rome et dans les provinces[50].

En l'absence de son père, Domitien ne fit preuve ni de cupidité ni de misanthropie. Au contraire, il se laissa gagner par la sensibilité, au point de faire écrire à Suétone qu'il songeait à faire interdire l'immolation des bœufs[51]. Cependant, prenant conscience que son accès aux plus hautes sphères du pouvoir n'était que provisoire, Domitien se sentait meurtri, et s'offrit de soudains accès d'autorité[52]. Selon Suétone, « il exerça le pouvoir

---

[43] Tac., *Hist.*, IV, 4 ; IV, 11 ; Dio Cass., LXVI, 2.
[44] Tac., *Hist.*, II, 83 ; IV, 39.
[45] Tac., *Agr.*, 7 : *Initia principatus ac statum Vrbis Mucianus regebat, iuuene admodum Domitiano*.
[46] Tac., *Hist*, IV, 40.
[47] Tac., *Hist.*, IV, 44.
[48] Tac., *Hist.*, IV, 47. Vitellius avait fait désigner les consuls pour dix années (Suet., *Vit.*, 11 ; Tac., *Hist.*, III, 55)
[49] Tac., *Hist.*, IV, 46.
[50] Suet., *Dom.*, 1 ; Dio Cass., LXVI, 2 ; Zon., XI, 17.
[51] Suet., *Dom.*, 9.
[52] Suet., *Dom.*, 12 : *Ab iuuenta minime ciuilis animi, confidens et tum uerbis tum rebus immodicus*. Tac., *Hist.*, IV, 39 : *Vis penes Mucianum erat, nisi quod pleraque Domitianus, instigantibus amicis, aut propria libidine audebat*. *Cf. Agr.*, 7.

de manière si arbitraire que, dès lors, il montra ce qu'il devait être plus tard. »[53] Pour tenter de contrer l'influence de Mucien, il se lia d'amitié avec Antonius Primus et Arrius Varus[54]. Le premier, qui avait vaincu les Vitelliens, ne s'était vu confié par Mucien aucune magistrature[55]. Quant au second, préfet du prétoire[56] s'étant distingué durant la guerre civile de 68/69 alors qu'il était l'un des compagnons d'armes d'Antonius, il parut suspect aux yeux de Mucien[57], qui lui retira son commandement pour le nommer préfet de l'annone ; Arrecinus Clemens, lié par alliance à la famille impériale et très apprécié par Domitien, lui succéda à la tête de la garde prétorienne[58].

Les ambitions de Domitien s'étaient surtout manifestées à l'occasion des guerres sur le Rhin. Attisés par la crainte et exaspérés par le mépris dont Rome faisait preuve à leur égard, les Bataves, conduits par Civilis, les Cannénéfates et les Frisons[59], auxquels s'étaient joints des peuples de la Germanie occidentale, se révoltèrent et pillèrent les territoires romains environnants. Les Trévires et les Lingons, sous l'autorité de Julius Tutor et Julius Sabinus, allèrent jusqu'à proclamer l'indépendance des Gaules ; les Vangions, les Triboques, les Caracates, les Ubiens et les Tongres la reconnurent immédiatement. Rome, au printemps 70, envoya en Germanie Quintus Petillius Cerialis, parent du *princeps*, afin de lutter contre ces rebelles[60]. Le conflit s'étant enlisé, des légions de Bretagne, d'Hispanie et d'Italie furent appelées en renfort[61].

Domitien, jeune et impétueux, désirait ardemment y prendre part, car il pensait que des succès militaires lui permettraient de jouir de plus de prestige que Titus, qui n'avait toujours pas mis un terme à la guerre de Judée[62]. Mucien, de son côté, fit valoir qu'il désirait l'accompagner ; il croyait qu'il pourrait lui faire entendre raison[63], et il n'était pas certain que Cerialis, seul, puisse étouffer la révolte[64]. Des nouvelles rassurantes lui étant

---

[53] Suet., *Dom.*, 1.
[54] Tac., *Hist.*, IV, 68 ; 80.
[55] Tac., *Hist.*, IV, 11 ; 39.
[56] Tac., *Hist.*, IV, 2.
[57] Tac., *Hist.*, IV, 39 ; 68.
[58] Tac., *Hist.*, IV, 68. Arrecinus Clemens était le frère de la première femme de Titus, Arrecina Tertulla (Suet., *Tit.*, 4 ; Tac., *Hist.*, IV, 68). Il fut consul suffect en 73, puis gouverneur de Tarraconaise au début du règne de Domitien. *PIR²*, A, 1072 ; *LP*, 16, 20.
[59] P. A. Brunt, "Tacitus and the Batavian Revolt", *Latomus*, 19, 1960, p. 494-517.
[60] Tac., *Hist.*, IV, 68 ; Ios., VII, 4, 2. Voir : A. R. Birley, "Petillius Cerialis and the Conquest of Brigantia", *Britannia*, 4, 1973, p. 179-190.
[61] Tac., *Hist.*, IV, 68.
[62] Suet., *Dom.*, 2. Voir : B. W. Jones, "Titus in Judaea, AD 67", *Latomus*, 48, 1989, p. 127-134.
[63] Tac., *Hist.*, IV, 68.
[64] Tac., *Hist.*, IV, 80.

parvenues du front (défaite des Lingons par les Séquanes restés fidèles ; refus de reconnaissance du nouvel Empire par les députés de la Gaule, réunis à Reims ; soumission des Triboques, des Vangions et des Caracates ; libération de deux légions cantonnées à Trêves…)[65], Mucien reporta plusieurs fois leur départ[66], et demanda à des amis de Vespasien de conseiller à Domitien de renoncer à cette expédition[67]. Il est possible que ce dernier ait alors saisi l'occasion d'assister aux cérémonies du culte impérial[68] des Trois Gaules, célébrées aux calendes d'août[69].

Malgré tout, à la mi-juin 70, le départ eut lieu[70]. C'est au pied des Alpes que Mucien et Domitien furent informés de la victoire de Cerialis et de la dissolution de l'Empire des Gaules à la suite de la soumission des Lingons et des Trévires. Toutefois, même si l'issue de cette guerre ne faisait désormais plus de doute, les Romains devaient encore vaincre les Bataves de Civilis, ainsi que les Germains, leurs alliés, puis mater certaines révoltes gauloises. Mucien déclara alors que, puisque les dieux avaient pu se montrer favorables aux Fils de la Louve et que la stabilité de l'*Vrbs* n'était plus guère menacée, il n'était dès lors plus utile que Domitien rejoignît le champ de bataille et, accessoirement, qu'il réclamât la part de gloire qu'il aurait voulu tirer de ses actions. Il lui conseilla donc de rester à Lugdunum (Lyon), où il pourrait exercer le principat sans courir de dangers inutiles[71]. Domitien, s'il n'était pas dupe, accepta d'y demeurer quelque temps. Cependant, selon Tacite, il aurait envoyé des courriers à Cerialis, lui demandant s'il lui remettrait l'armée et le commandement dans le cas où il se rendrait sur le front. Il est peu probable que Domitien ait voulu renverser Vespasien, mais peut-être souhaitait-il partager le pouvoir avec Titus[72] après la mort de son père, alors âgé de 61 ans ; Tacite insiste sur la déloyauté prêtée à Domitien envers son père et son frère[73]. Après que Cerialis eut écarté sa demande, il fut contraint de rentrer en Italie[74].

---

[65] Tac., *Hist.*, IV, 67-69.
[66] Tac., *Hist.*, IV, 68.
[67] Suet., *Dom.*, 2 : *[Domitianus] expeditionem in Galliam Germaniasque. Dissuadentibus paternis amicis inchoauit.*
[68] Sur le culte impérial dans les provinces occidentales, voir : P. Le Roux, « Le culte impérial dans les provinces occidentales : évolution d'Auguste à Domitien », *Pallas*, 40, 1994, p. 397-411.
[69] J.-M. Pailler, « La Gaule de Domitien : remarques préliminaires », *Pallas*, 40, 1994, p. 170.
[70] Mucien et Domitien n'étaient plus à Rome le 21 juin 70.
[71] Tac., *Hist.*, IV, 85.
[72] Suet., *Dom.*, 2.
[73] Tac., *Hist.*, IV, 86.
[74] Tac., *Hist.*, IV, 86.

Flavius Josèphe, qui tente de mettre en valeur la *uirtus* de Domitien, écrit[75] : « À la nouvelle de la révolte, Domitien n'hésita pas, malgré sa jeunesse, à supporter le poids de cette grande guerre : il tenait de son père l'intrépidité, et il avait une expérience supérieure à son âge. Il entreprit donc aussitôt une expédition contre les Barbares. Ceux-ci, informés de son approche, eurent peur et se soumirent ; ils s'estimèrent heureux de reprendre leur ancien joug, sans recevoir de châtiment. Après avoir fait régner l'ordre en Gaule, de manière que de nouveaux troubles y fussent désormais à peu près impossibles, Domitien retourna glorieusement à Rome, ayant accompli des actions qui, par leur éclat, dépassaient son âge et étaient dignes de son père. »[76] Pourtant, son séjour à Lugdunum n'accéléra aucunement la soumission des rebelles ; Domitien fut vraisemblablement dupé par Mucien, et peut-être aussi par Cerialis.

À la même période, les actes de débauche de Domitien faisaient grand bruit. Il séduisait en effet de nombreuses femmes mariées, parmi lesquelles Domitia, fille de Corbulon, vainqueur des Parthes, qu'il épousa malgré son mariage avec Aelius Lania Plautius Aelianus[77].

L'ambition démesurée de Domitien, ses différends avec Mucien et son comportement jugé immoral déplurent fortement à Vespasien[78], resté en Égypte, au point que Titus se sentit obligé de prendre la défense de son frère, suppliant leur père de ne porter aucun crédit aux rumeurs qui couraient tout en se montrant bienveillant[79]. Vespasien, touché par cette affection fraternelle, l'enjoignit de continuer de soutenir l'État à ses côtés. Néanmoins, cet entretien ayant été secret, on ne peut accorder au récit de Tacite que peu de crédit. Nous pensons qu'à l'instar de Suétone et de Dion Cassius, ce dernier avait comme principal objectif de mettre en opposition la moralité saine de Titus à la fourberie de Domitien.

Ce dernier savait que son père appréciait peu sa conduite. Il se montra dès lors plus prudent et plus discret, en prévision du retour de celui-ci à Rome. À la fois vexé et craignant d'être victime d'une totale disgrâce, il ne

---

[75] Ios., *Bell. Iud.*, VII, 4, 2. Le livre IV des *Stratagèmes* (3, 14), qui n'est pas de Frontin, mais sans doute de l'un de ses contemporains, stipule que la cité des Lingons, craignant d'être dévastée en apprenant l'approche de l'armée de Domitien, se soumit aux Romains.
[76] Silius Italicus (III, 607) se contente d'écrire : *At sic transcendens, Germanice, facta tuorum, / iam puer auricomo praeformidate Batauo.* Voir aussi : Mart., II, 2, 4 ; VII, 7, 3.
[77] Suet., *Dom.*, 1 ; Tac., *Hist.*, IV, 2 ; Dio Cass., LXVI, 3. Voir : B. Levick, "Corbulo's Daughter", *Greece & Rome*, 49, 2, 2002, p. 199-211.
[78] Tac., *Hist.*, IV, 51 ; Suet., *Dom.*, 2.
[79] Tac., *Hist.*, IV, 52.

s'occupa plus des affaires gouvernementales[80], et se consacra essentiellement aux Lettres[81].

En octobre 70, quand Vespasien revint en Italie après son expédition à Alexandrie[82], Domitien laissa à Mucien et à une délégation romaine le soin de l'accueillir au port de Brindes, se contentant de rejoindre Bénévent[83], tant il était peu pressé de revoir son père. Ce dernier, qui fut salué des noms de « Sauveur » et de « Bienfaiteur », reprit en mains les affaires publiques, et accorda davantage de pouvoirs à Titus, qui avait démontré, lors du siège de Jérusalem en 70, qu'il était un homme brillant, jouissant d'un grand prestige aux yeux du peuple et des soldats. Il reçut dès lors l'*imperium* proconsulaire en juillet 71, la puissance tribunicienne et le droit de s'attribuer les salutations impériales, puis prit le nom d'*imperator*, commanda la garde prétorienne, et exerça, dès 72, le consulat et la censure conjointement avec Vespasien. Selon Suétone[84], « il fut l'associé, plus encore, le tuteur de l'Empire ».

De son côté, Domitien, qui n'avait pas encore vingt ans, n'avait, malgré lui, jamais participé à aucune bataille, et n'était connu des soldats que par son expédition avortée en Gaule. Vespasien ne lui accorda aucun titre l'associant directement à l'exercice du pouvoir, les *leges Romanae* ne le permettant de toute façon pas[85]. Ainsi, de 70 à 79, ne lui fut attribué aucun commandement militaire ; il fut au surplus frappé par l'obligation d'habiter chez son père, lequel entendait le surveiller étroitement[86]. Messager auprès du Sénat[87], il fut réduit à un rôle secondaire à la cour impériale.

Cependant, en plus d'apparaître, à l'instar d'Auguste, comme un *princeps* fédérateur ayant réussi pacifier l'Empire, Vespasien eut à cœur d'assurer une continuité dynastique (c'est une « famille » qui dirigea Rome dès la fin de l'année 69, à la différence des Julio-Claudiens, qui avaient constitué une « maison » au sens aristocratique du terme[88]), affirmant au Sénat que ses fils seraient ses successeurs[89]. Titus n'ayant pas de descendant, dans l'esprit de Vespasien, c'était bien Domitien qui serait tôt ou tard le successeur de son

---

[80] Tac., *Hist.*, IV, 86 ; Dio Cass., LXVI, 3.
[81] Tac., *Hist.*, IV, 86. *Cf. infra.*
[82] A. Heinrichs, "Vespasian's Visit to Alexandria", *ZPE*, 3, 1968, p. 51-80.
[83] Dio Cass., LXVI, 9.
[84] Suet., *Tit.*, 6 : *Participem atque atiam tutorem imperii.*
[85] Suet., *Dom.*, 2 ; Dio Cass., LXVI, 10.
[86] Suet., *Dom.*, 2. Cependant, Domitien séjournait fréquemment à Albano (Dio Cass., LXVI, 9).
[87] Dio Cass., LXVI, 10.
[88] C. Salles, *La Rome des Flaviens : Vespasien, Titus,* Domitien, Paris, Perrin, 2002, p. 12.
[89] Suet., *Vesp.*, 25. Voir : J.-L. Girard, « L'idée dynastique sous les Flaviens », *Ktema*, 12, 1987, p. 169-173.

frère. Il lui accorda donc des honneurs visant à faire de lui le troisième personnage de l'État, et à habituer les Romains à voir en sa personne un futur empereur. Domitien reçut donc le titre de « *princeps* de la jeunesse[90] », fut autorisé à participer à tous les grands collèges religieux[91] et à frapper des monnaies de bronze en 72[92], puis d'or et d'argent en 74[93], comme Titus. En outre, on l'autorisa à coiffer la couronne de laurier, son nom figura sur nombre de monuments publics[94].

Domitien joua tout de même un rôle politique non négligeable puisqu'il devint consul suffect six fois[95] durant le règne de son père, dès qu'il eut atteint l'âge légal (20 ans). Selon Suétone[96], « des six consulats qu'il reçut du vivant de son père, il n'en exerça qu'un ordinaire, parce que Titus lui céda la place et demanda pour lui cet honneur ». Son premier consulat ne fut pas ordinaire[97] puisque ce furent Vespasien et Cocceius Nerva qui entrèrent en charge le 1er janvier 71[98]. Domitien, aux côtés de Pedius Cascus d'abord[99], puis de Calpetanus Rantius Quirinalis Valerius Festus[100], ne

---

[90] *CIL*, VI, 932.
[91] *CIL*, IX, 4955 : *DOMITIANO CO(N)S(ULI) [...] SACERDOTI [C]ONLEGIORUM OMNIU[M, PR]INCIPI IUUENTUTI[S]* ; VIII, 10 116 : *DOMITIAN[O C]O(N)[S(ULI)] IIII, PONTIF(ICI)*. Pour avoir participé à des réunions de cette confrérie, Domitien figure dans les Actes des Arvales (*CIL*, VI, 2054 ; 2057).
[92] Domitien reçut ce droit avant 73, car sur plusieurs de ses monnaies autonomes en bronze figurent les termes *CO(N)SUL DES(IGNATUS) II*, mais après 71, dans la mesure où il ne put l'obtenir avant Titus, dont les premières monnaies autonomes sont datées de 72. I. Carradice, *Coinage and finance in the reign of Domitian*, Oxford, 1983.
[93] Il ne put recevoir ce droit avant Titus.
[94] *CIL*, II, 2477 ; III, 6993 ; VIII, 10116 ; 10119.
[95] Suet., *Dom.*, 2. Domitien fut donc consul sans avoir rempli aucune des charges inférieures du *cursus honorum*.
[96] Suet., *Dom.*, 2 : *In sex consulatibus, non nisi unum ordinarium gessit, eumque cedente et suffragante fratre*.
[97] Nous ne savons pas quand il y fut désigné, peut-être en même temps que son père. Voir : *ZFN*, XIV, p. 364 : *IMP(ERATOR) CAES(AR) VESPASIAN(US) AUG(USTUS), P(ONTIFEX) M(AXIMUS), TR(IBUNICIA) P(OTESTATE), P(ATER) P(ATRIAE) CO(N)S(UL) II. D(ESIGNATUS) III. IMP(ERATOR) T(ITUS) VES(PASIANUS) CO(N)S(UL) DESIGN(ATUS). D(OMITIANUS) CAESAR, AUG(USTI) F(ILIUS), CO(N)S(UL) DESIGN(ATUS)*.
[98] *CIL*, VI, 1984. Voir : C. L. Murison, "M. Cocceius Nerva and the Flavians", *APA*, 133, 1, 2003, p. 147-157.
[99] Le 6 avril, Domitien et Cascus étaient consuls (*CIL*, III, 850). Ils l'étaient encore après le 14 avril et avant le 1er mai (*CIL*, III, 861).
[100] Domitien et Festus furent tous deux consuls au mois de mai et le 25 juin (*CIL*, VI, 2016). L'inscription *CIL*, IV, 2555 : *VESPASIANO III ET FILIO C(ON)S(ULIBUS)*, et un passage de Pline l'Ancien (II, 57) : *Imperatoribus Vespasianis patre III, filio iterum consulibus* sont fautifs et ne peuvent nous induire à croire que Domitien fut, en 71, consul en même temps que son père. Dans l'inscription, il faut probablement corriger III en II et entendre par le mot *filio*, Titus (année 70) ; dans Pline, il faut lire IIII au lieu de III, *filio* y désigne aussi Titus (année 72).

devint consul que le 1ᵉʳ mars 71[101], et quitta sa fonction le 30 juin[102]. En 72, Titus abandonna son droit au consulat au profit de son frère[103], que le Sénat désigna, aux côtés de Catullus Messalinus[104]. Son troisième consulat se déroula en 75[105], le quatrième en 76[106], le cinquième en 77[107], et le sixième en 79[108].

Bref, si Domitien conçut beaucoup d'aigreur en voyant son père le reléguer à la seconde place, derrière son frère, il fut traité par celui-ci comme un futur *princeps*. Malgré les déviances de son fils cadet, Vespasien voulait en effet lui accorder un rang exceptionnel, juste en dessous du sien et de celui de Titus. Malgré ces égards, Domitien considérait cette situation comme dévalorisante, et souffrait d'être politiquement inférieur à son frère.

Lors de son triomphe juif, Titus, accompagné de Vespasien, se déplaça en char, Domitien suivant à cheval[109]. Quand l'empereur et ses fils se montraient au peuple, Vespasien et Titus étaient portés sur un siège, alors que Domitien, comme l'exigeait la tradition, suivait en litière[110]. En outre, dans les vœux publics, son nom n'était pas prononcé en même temps que ceux de ses père et frère[111], et les inscriptions sur les monuments le mentionnant n'étaient pas aussi élogieuses que celles relatives à ces derniers[112]. Domitien savait qu'il ne pourrait ambitionner d'être le seul maître à bord avant le décès de son aîné.

Se nourrissant d'amertume, Domitien souffrait surtout de ne pas pouvoir s'illustrer sur le champ de bataille. En 75, Vologèse, roi des Parthes, avait demandé à Vespasien de lui envoyer une armée commandée par l'un de ses

---

[101] *ZFN*, XIII, p. 382.
[102] Le 20 juillet, les deux consuls étaient L. Flavius Fimbria et C. Attilius Barbarus (*CIL*, I, 773).
[103] Le 24 octobre 70, Titus, alors en Judée, avait donné des jeux somptueux à l'occasion de l'anniversaire de Domitien. Ios., *Bell. Iud.*, VII, 3, 1.
[104] *CIL*, VI, 932 (inscription de la seconde moitié de 72).
[105] Après le 1ᵉʳ juillet de l'année 75, Domitien est indiqué comme *consul III*.
[106] Sur une inscription de la première moitié de l'année 76, il est qualifié de *co(n)s(ul) IIII* (*CIL*, VIII, 10 116).
[107] *Annali del Instituto*, XLII, p. 181 : *IMP(ERATORE) VESP(ASIANO) CAES(ARE) AUG(USTO) VIII, DOMIT(IANO) CAES(ARE) V CO(N)S(ULIBUS)*.
[108] *CIL*, III, 6993 = *IK*, 39 : *IMP(ERATOR) CAESAR VESPASIANUS AUG(USTUS) , PONTIF(EX) MAX(IMUS), TRIB(UNICIA) POT(ESTATE) VIIII, IMP(ERATOR) XIIX, P(ATER) P(ATRIAE) CO(N)S(UL) IIX, DESIG(NATUS) VIIII ; IMP(ERATOR) T(ITUS) CAESAR, AUG (USTI) F(ILIUS), CO(N)S(UL) VI, DESIG(NATUS) V[II] ; DOMITIANUS CAESAR, AUG(USTI) F(ILIUS), CO(N)S(UL) V, DESIG(NATUS) VI*.
[109] Suet., *Dom.*, 2 ; Ios., *Bell. Iud.*, VII, 5, 5 ; Zon., XI, 17.
[110] Suet., *Dom.*, 2.
[111] *CIL*, VI, 2054-2056.
[112] *CIL*, VI, 932 ; VIII, 10 116.

fils[113] pour le soutenir contre les Alamans. Malgré l'insistance de Domitien, l'empereur refusa de répondre favorablement aux appels de son allié oriental. Au moyen de promesses et de dons, Domitien multiplia alors les demandes auprès d'autres rois, mais celles-ci restèrent lettres mortes[114]. Il sombra donc dans l'ennui, cherchant à se distraire au moyen d'occupations pour le moins étranges ; l'une d'elles consistait à percer les mouches avec un poinçon[115]. S'il refusa un jour d'embrasser Caenis, fille de Marc Antoine et maîtresse de l'empereur considérée comme épouse légitime[116] tant elle avait plaidé sa cause auprès de la cour, se contentant de lui tendre la main[117], il savait pertinemment bien qu'il devait faire fi des – prétendus – affronts infligés afin d'éviter de subir d'éventuelles sanctions[118].

Déçu dans ses ambitions, Domitien renonça provisoirement aux affaires de l'État. Profitant de ce retrait forcé de la vie politique, il compléta son instruction, et n'eut plus de passion que pour les Lettres[119].

II. Domitien et les Lettres grecques et latines

Nul doute que Domitien reçut une éducation identique à celle des élites sénatoriales. Il rédigea par ailleurs des discours conformes au canon littéraire latin, et composa, puis déclama publiquement des vers[120], lesquels furent loués de manière vraisemblablement exagérée par Quintilien[121]. Il écrivit notamment un poème portant sur le combat du Capitole durant lequel il faillit perdre la vie[122]. Pour R. Sableyrolles, un *carmen*, dont on retrouve les

---

[113] Suet., *Dom.*, 2 ; Dio Cass., LXVI, 15.
[114] Suet., *Dom.*, 2.
[115] Dio Cass., LXVI, 9. Il aurait conservé cette habitude après son avènement à l'Empire (Suet., *Dom.*, 3).
[116] Suet., *Vesp.*, 3 ; Dio Cass., LXVI, 14.
[117] Suet., *Dom.*, 2 ; Plin., *Paneg.*, 24 [à Trajan] : *Non tu [...] osculum manu reddis*.
[118] Suet., *Dom.*, 2. Dion Cassius (LXVI, 9) écrit que Domitien simulait parfois la folie pour ne pas éveiller la défiance de son père.
[119] Il connaissait bien Homère et Virgile. Suet., *Dom.*, 9 ; 12 ; 18.
[120] Suet., *Dom.*, 2 ; Plin., *Nat.*, *praef.*, 5 ; Mart., VIII, 82, 6 : *Nos* [les poètes] *tua cura prior, deliciaeque sumus* ; Sil., III, 618 : *Quin et Romuleos superabit uoce nepotes. / Quis erit eloquio partum decus huic sua Musae / sacra ferent ; meliorque lyra, cui subetitit Hebrus / et uenit Rhodope, Phaebo miranda loquetur* ; Stat., *Achil.*, I, 15. Voir : W. Tatum, « Martial, 8.82 », *AC*, 76, 2006, p. 185-188.
[121] Quintilien (*Inst.*, IV, *prooem.*, 3) vante son éloquence : *Principem ut in omnibus, ita in eloquentia quoque eminentissimum. Cf.* Sil., III, 618.
[122] Mart., V, 5, 7 : *Capitolini caelestia carmina belli. Cf. supra*

échos chez Stace et Martial[123], fut peut-être écrit par l'empereur lui-même au sujet du *bellum Jouis*[124]. Quelque temps plus tard, Domitien rédigea une épopée sur la prise de Jérusalem[125], feignant de laisser croire qu'il ne jalousait nullement son frère. Dans ses *Argonautiques*[126], Valerius Flaccus loue le poème[127].

Par ailleurs, Domitien était versé dans la culture grecque[128]. En effet, il récitait fréquemment des vers homériques, accorda des privilèges à Corinthe, et devint archonte éponyme à Athènes[129]. Vêtu d'un costume grec, il présida en outre des fêtes grecques qu'il fit appeler « Jeux Capitolins »[130]. Cependant, les exercices corporels, chers aux Grecs, ne trouvaient grâce à ses yeux[131]. Toutefois, dès qu'il fut empereur, il se consacra au gouvernement[132], renonçant à l'*otium* et aux activités littéraires, ne lisant plus que les mémoires et les actes administratifs de Tibère[133].

Il est d'ailleurs souvent arrivé de rapprocher l'attitude de Domitien de celle de Tibère. Les deux hommes faisaient en effet montre d'une méfiance hypertrophiée à l'égard de leurs congénères, principalement de ceux qui étaient susceptibles de leur faire de l'ombre, méfiance qui se mua, à la fin de

---

[123] L'expression *bella Jouis* est employée deux fois par Stace (*Theb.*, I, 21 ; *Silv.*, I, 1, 79). Martial, quant à lui, fait allusion à des *bella pro suo Joue* (IX, 101, 13), et évoque les *Capitolini caelestia carmina belli* (V, 5, 7).

[124] R. Sablayrolles, « Domitien, l'Auguste ridicule », *Pallas*, 40, 1994, p. 126.

[125] Val. Fl., *Argon.*, I, 12 [à Vespasien] : *[...] uersam proles tua pandet idumen. / Namque potest Solymo nigrantem puluere fratrem / spargentemque faces et in omni fratrem turre furentem.*

[126] Val. Fl., *Argon.*, I, 12-14 : *uersam proles tua pandit Idumen, / namque potest, Solymo nigrantem puluere fratrem / spargentemque faces et in omni turre furentem.*

[127] K. M. Coleman, "The Emperor Domitian and Literature", *ANRW*, 2, 32, 5, 1986, p. 3089-3090 ; W. C. McDermott et A. E. Orentzel, « Silius Italicus and Domitian », *AJPh*, 98, 1977, p. 24 ; 34 ; F. Ahl, "The rider and the horse : Politics and Power in Roman Poetry from Horace to Statius", *ANRW*, 2, 32, 1, 1984, p. 78-102 ; G. Laudizi, *Silio Italico : Il passato tra mito e restaurazione etica*, Galatina, Congredo, 1989, p. 143-157 ; L. Morgan, "*Achilleae Comae* : Hair and Heroism According to Domitian", *CQ*, 47, 1997, p. 209-214 ; J. M. Hartmann, *Flavische Epik im Spannungsfeld von generischer Tradition und zeitgenössischer Gesellschaft*, Frankfort, Lang, 2004, p. 38-61 ; 116-118.

[128] Suet., *Dom.*, 20.

[129] Cet archontat est daté par des inscriptions delphiques entre 85/86 et 94/95. *CIA*, III, 1091. Voir : J.-M. Pailler, « Domitien et la 'Cité de Pallas', un tournant dans l'histoire de Toulouse antique », *Pallas*, 34, 1988, p. 101.

[130] M. L. Caldelli, « L'*Agon Capitolinus* : storia e protagonisti dall'istituzione domizianea al IV secolo », *Studi Publicati dall'Istituto Italiano per la Storia Antica*, 54, 1993 ; I. Lana, « I ludi capitolini di Domiziano », *Rivista di Filologia e di Istruzione classica*, 29, 1951, p. 141-160. *Cf. infra.*

[131] Suet., *Dom.*, 19. Voir : S. J. Simon, « Domitian, Patron of Letters », *Classical Bulletin*, 51, 1975, p. 58-59.

[132] Suet.. *Dom.*, 2 ; 20.

[133] Suet., *Dom.*, 20.

leur vie, en une peur paranoïaque et en actes empreints de cruauté. En outre, à l'instar de Tibère qui passa les dernières années de son existence dans sa villa à Capri, Domitien, au crépuscule de sa vie, se réfugia dans son palais palatin et dans sa villa de l'Albanum, près de Rome, pour s'isoler un maximum de ses congénères[134]. Cependant, si Tibère avait abandonné la conduite des affaires publiques à Séjan, préfet du prétoire, et Claude à de fidèles affranchis, Domitien, lui, voulut exercer personnellement son autorité, et n'eut ainsi à ses côtés que des serviteurs. Il est cependant possible que certains affranchis, à l'instar de l'archimime Latinus, familier du prince[135], l'aient influencé[136], comme le rapporte Tacite : « les plus honnêtes par attachement et par fidélité, les plus méchants, par malignité et par envie, aigrissaient son caractère naturellement méchant »[137]. Dès lors, ils n'intervenaient certainement que pour faire obtenir des fonctions et des privilèges à des solliciteurs.

III. Domitien sous le règne de Titus

Lorsque Vespasien fut enlevé par une mort non-violente, le 23 juin 79, Titus, qui avait été désigné aux sénateurs par son père, lui succéda. Les rapports jusque-là apparemment cordiaux entre les deux frères se dégradèrent rapidement.

Domitien conserva ses titres et ses honneurs, continua à battre monnaie[138], et fut consul ordinaire, remplaçant Vespasien dont il était le suppléant désigné, pour la septième fois[139]. Du reste, Titus ne semblait pas avoir eu l'intention d'écarter son frère des responsabilités impériales car, dès le premier jour de son règne, il déclara que Domitien était à la fois son associé (*consors*) et son successeur (*successor*). Aux dires de Suétone, il maintint d'ailleurs cette position malgré l'attitude hostile de Domitien à son égard[140], allant jusqu'à lui proposer d'épouser sa fille unique à l'altière beauté, Julie[141]. Toujours est-il que, dans les faits, la situation politique de Domitien n'évolua pas

---

[134] R. Darwall-Smith, "Albanum and the Villas of Domitian", *Pallas*, 40, 1994, p. 145-165.
[135] Mart., IX, 28 ; Suet., *Dom.*, 15 ; *Scolies* de Juv., IV, 53. Martial (IV, 78) parle d'un intrigant que l'on voyait dix fois par jour sur le chemin menant au Palatin, et qui n'avait sur les lèvres que les noms de Sigerius et de Parthenius, proches serviteurs du prince.
[136] Suétone (*Dom.*, 4) soutient que Domitien demandait souvent l'avis d'un nain.
[137] Tac., *Agr.*, 41.
[138] Domitien battit monnaie en plus grande quantité que Vespasien. *ZFN*, XIV, p. 347.
[139] *CIL*, II, 4803 ; *CIG*, 3173 = *SEG*, 57, 2196.
[140] Suet., *Tit.*, 9 : *A primo imperii die consortem successoremque suum testari perseuerauit*. Aurelius Victor, (*Ep.*, 10) parle *particeps potestatis*, et non de *consors*.
[141] Suet., *Dom.*, 22.

substantiellement. En effet, Titus ne le laissa pas participer aux affaires de l'État, et ne lui permit pas, en raison des réglements en vigueur, de porter le titre d'*imperator*[142]. Selon Suétone, Domitien aurait d'ailleurs prétendu que le testament de son père avait été falsifié[143]. Il est pourtant peu probable que Vespasien ait pris des dispositions pour laisser à Domitien une partie des biens qu'il possédait personnellement, dont seul l'hériter du *princeps* pouvait légalement hériter. Il ne voulait pas, nous l'avons vu, que Domitien fût co-empereur aux côtés de son frère[144].

Quelques mois après la mort de Vespasien, Domitien, ne supportant plus l'attitude de Titus à son égard, aurait eu de profonds désaccords avec lui. Selon Suétone et Dion Cassius, Domitien fut mêlé à différentes intrigues et conspirations[145], cherchant même à soulever les armées pour s'enfuir de Rome[146]. Il refusa par ailleurs d'épouser Julie pour ne pas se séparer de Domitia, fille de Corbulon, mais il en fit sa maîtresse[147]. Au demeurant, tous les proches de Domitien finirent par tomber en disgrâce auprès de Titus[148]. En 80, ce dernier accorda même le consulat à Aelius Lania Plautius Aelianus, peut-être en guise de réparation au fait que Domitien lui aurait pris sa femme[149]. Deux ans plus tard, ce fut Flavius Sabinus, fils du frère de Vespasien[150], qui fut nommé consul. Il semble dès lors que dès 80, Titus, s'il continuait à manifester de la considération à son frère, doutait de sa capacité à devenir son successeur ; l'objectif réel de l'empereur était peut-être de le mettre en garde.

Selon Suétone[151], Titus n'a jamais voulu écarter son cadet ni même le traiter avec moins de considération qu'auparavant, se montrant, au contraire, très

---

[142] Domitien est seulement qualifié de CAES(AR), DIUI F(ILIUS), DOMITIANUS, CO(N)S(UL) VII, [P]RINC(EPS) IUUENTUTIS. CIL, III, 318 ; 4803 ; VI, 2059. Voir : G. Seelentag, "*Spes Augusta* : Titus und Domitian in der Herrschaftsdarstellung Vespasians", *Latomus*, 68, 1, 2009, p. 83-100.
[143] Suet., *Dom.*, 2 : *Patre defuncto [...] nunquam iactare dubitauit relictum se participem imperii, sed fraudem testamento adhibitam.*
[144] *Cf. supra*
[145] Suet., *Dom.*, 2.
[146] Suet., *Tit.*, 9 ; *Dom.*, 2 ; Dio Cass., LXVI, 26.
[147] Philostr., *Apoll.*, VII, 7. Voir : M. P. Vinson, "Domitia Longina, Julia Titi, and the Literary Tradition", *Historia*, 38, 1989, p. 431-450.
[148] Pline le Jeune (*Ep.*, IV, 9, 2) dit de Julius Bassus : *Titum timuit ut Domitiani amicus.*
[149] Il est possible que Titus ait offensé son frère en séduisant Domitia. Au moment d'expirer, il aurait déclaré qu'il n'avait commis qu'une seule faute. Certains crurent que c'était là une allusion à la relation charnelle qu'il aurait entrenue avec la jeune femme. Suet., *Tit.*, 10 ; Dio Cass., LXVI, 26.
[150] Dio Cass., LXV, 17 ; Suet., *Dom.*, 10 ; Philostr., *Apoll.*, VII, 7.
[151] Suet., *Tit.*, 9.

indulgent[152] à son égard, ce qu'il aurait, aux dires de Dion Cassius[153], déploré au moment de sa mort. S'il faut se méfier de ce que rapportent ces auteurs, il est possible que certains désaccords soient intervenus entre les deux frères. Cependant, si des preuves irréfutables avaient attesté que Domitien voulait détrôner ou même nuire à Titus, ce dernier l'aurait destitué, soit en le bannissant ou en l'enfermant, soit en le faisant exécuter clandestinement. Par ailleurs, une certaine tradition anti-domitienne a prétendu que Domitien avait empoisonné Titus[154], ce qui n'est nullement avéré dans la mesure où ce dernier mourut à Aquae Cutiliae, station thermale située à l'est de Rieti, de fièvre[155] ou de l'abus de bains[156]. Pourtant, étonnamment, Titus était encore en vie quand Domitien partit à Rome à cheval pour se rendre au camp des prétoriens afin de s'y faire saluer en tant qu'empereur, et d'y distribuer une somme égale à celle donnée par son frère au lendemain de la mort de Vespasien[157].

Quoi qu'il en soit, le 13 septembre 81, au décès de Titus, l'armée acclama Domitien empereur. Le jour suivant[158], les sénateurs lui conférèrent le titre de *filius Augusti*, l'*imperium* et la puissance tribunicienne. Le 30 septembre, il fut proclamé *princeps* devant le peuple[159], et désigné *consul* pour la huitième fois[160]. Il reçut ensuite le titre de *pater patriae*[161], puis celui de *pontifex maximus*. Au surplus, il fut salué par vingt-deux acclamations impériales pendant ses quinze années de règne. Ce chiffre ne paraît pas excessif si on le compare aux vingt acclamations de Vespasien et aux quinze

---

[152] L'*indulgentia*, dont la connotation demeurait condescendante, impliquait une relation qui ne se concevait que de supérieur à inférieur.
[153] Dio Cass., LXVI, 26.
[154] Dio Cass., LXVI, 26 ; Philostr., *Apoll.*, VI, 32 ; Herodian., IV, 5, 6 ; Aur. Vict., *Ep.*, 10-11 ; peut-être aussi *Chants sibyllins*, XII, 121-123.
[155] Suet., *Tit.*, 10 ; *Dom.*, 2 ; Eus., *Chron.*, année 2096.
[156] Plut., *De sanitate praecepta*, 3. Voir : S. J. Bastomsky, "The Death of the Emperor Titus : A Tentative Suggestion", *Apeiron*, 1, 1967, p. 22-23.
[157] Suet., *Dom.*, 2 ; *Tit.*, 11 ; Dio Cass., LXVI, 26.
[158] Dion Cassius (LXVII, 18) écrit que Domitien régna quinze ans et cinq jours. Or il mourut le 18 septembre 96 (Suét., *Dom.*, 17). Du 14 septembre 81 au 18 Septembre 96, il y a l'intervalle indiqué par Dion si l'on compte la date initiale et la date finale. Ce que Suétone (*Tit.*, 11) écrit de la séance tenue par le Sénat prouve que Domitien ne fut pas reconnu empereur un jour de *dies legitimus*, comme l'étaient les ides de septembre (le 13). Ce fut le 14 septembre au plus tôt que les frères Arvales célébrèrent un sacrifice *ab imperium Domitiani* (CIL, VI, 2060) : XV [... K(ALENDAS) OCTOBR(ES)]. En suivant les indications de Dion, XV [III] équivalait au 14 septembre.
[159] CIL, VI, 2060.
[160] Sur plusieurs monnaies de 81, Domitien est indiqué comme *CO(N)S(UL) VII DES(IGNATUS) VIII*.
[161] Il était d'usage que ce titre ne fût décerné que quelque temps après l'avènement ; certains empereurs le refusaient la première fois qu'on le leur offrait.

de Titus[162] pour ses guerres de Judée et son décès, après seulement deux ans de règne.

IV. L'administration de l'empereur Domitien

Dans la mesure où Domitien est souvent stigmatisé comme un empereur déraisonnable, on s'attendrait à le voir se livrer à toutes sortes d'extravagances dans la gestion des affaires de l'État. Or nous tenterons de démontrer qu'il fut un administrateur consciencieux et efficace ne rechignant pas à la tâche.

Succéder à Titus n'était pas une mince affaire. Pourtant, de manière générale, les premières années du règne de Domitien se déroulèrent sous les meilleurs auspices[163]. Malgré ses différends avec son frère, il confirma tous les privilèges que ce dernier avait accordés[164], évitant ainsi à chacun des bénéficiaires d'en demander le renouvellement. Les intérêts de l'Empire se trouvaient ainsi préservés puisque l'on évitait confusion et retards. En outre, assisté de bons conseillers, il surveillait étroitement les fonctionnaires publics et les magistrats afin que tout excès de pouvoir fût réprimé. Au départ, Domitien refusa d'augmenter ses revenus, et fit preuve de générosité : il n'accepta pas les successions des défunts ayant des enfants, fit procéder à l'arrêt des poursuites contre ceux qui avaient contracté des dettes auprès de l'*aerarium* depuis plus de cinq ans[165], accorda l'amnistie aux scribes des questeurs qui s'étaient livrés au commerce, ce qui était interdit, et réprima les déclarations injustes faites au profit du fisc en punissant les accusateurs[166].

Avant d'analyser la politique mise en place par Domitien quelques mois après son accession au pouvoir, il convient de rappeler le rôle joué par les principaux organes du pouvoir à Rome durant l'Empire.

---

[162] Dio Cass., LXVI, 26.
[163] Suet., *Dom.*, 3.
[164] Dio Cass., LXVII.
[165] Dio Cass., LIV, 30.
[166] Suet., *Dom.*, 9 ; Dio Cass., LXVII, 1 ; Ios., *Vita*, 76.

a) Les institutions impériales

Les institutions romaines accordaient un rôle important au peuple par l'intermédiaire du Sénat, qui en représentait la souveraineté. Sous le principat, le rôle de cette assemblée demeurait, en théorie du moins, fondamental : exercice du pouvoir législatif, conseil du *princeps*, rôle de tribunal supérieur au civil, administration, disposition du trésor et gouvernement tant de l'Italie que de certaines provinces. Grâce à leur fortune et surtout aux fonctions qu'ils occupaient, les sénateurs jouissaient donc d'un grand prestige.

Pourtant, dans la logique des institutions augustéennes, premier citoyen sans collègue ni limitation de temps, l'empereur avait le droit de restreindre, voire d'annuler tant les décisions rendues par le Sénat que les décrets des magistrats. *A contrario*, le Sénat n'avait en aucun cas le pouvoir de limiter l'action de l'empereur.

En étant censeur, le *princeps* avait le droit d'allection, c'est-à-dire qu'il pouvait faire entrer au Sénat des hommes qui n'avaient exercé aucune magistrature par le passé ou des chevaliers, dont il était convaincu du mérite et du dévouement. Il avait également le droit d'élever, à n'importe quel moment, un sénateur à une classe supérieure, qu'il fût questeur ou tribun, et s'opposer à ceux qui se montraient trop hostiles au régime. Le gouvernement des provinces, le commandement des légions, une partie de l'administration de Rome et ses plus proches conseillers étaient autant de fonctions attribuées par l'empereur à des sénateurs de rang prétorien ou consulaire.

Toutefois, même si le laticlave ouvrant l'ordre sénatorial pouvait être conféré par l'empereur, dans les faits, c'était le plus souvent le Sénat qui en recrutait les membres. Ainsi, seule l'assemblée accordait l'accès aux quatre charges du vigintivirat, première étape du *cursus honorum* avant l'exercice de la questure. Par ailleurs, durant l'ère flavienne, l'empereur ne pouvait refuser aucune nomination de questeur, car leur nombre devait correspondre à celui des *uigintiuiri*. Dès lors, si le *princeps* révisait chaque année la liste des sénateurs, son rôle se limitait le plus souvent à rayer le nom des morts et celui de ceux qui ne remplissaient plus les conditions exigées. Par ailleurs, symboliquement, c'était le peuple, représenté par le Sénat, qui proclamait l'empereur. L'assemblée, par une loi soumise ensuite, par simple souci proconsulaire, au *populus*, lui conférait ses pouvoirs, tout en les légitimant.

Au cours de leur règne, les empereurs julio-claudiens et flaviens entendaient encourager la promotion des chevaliers, essentiellement italiens, lesquels devinrent un instrument destiné à contrebalancer l'influence du Sénat. Les conditions légales d'appartenance à l'ordre équestre, établies sous Auguste, sont restées inchangées sous les Flaviens : un cens de 400 000 sesterces et le respect des bonnes mœurs. Par ailleurs, la procédure traditionnelle d'entrée dans l'ordre équestre, opérée lors de la censure, fut simplifiée par Domitien, devenu censeur perpétuel en 85[167].

On le voit, le régime impérial était en fait un compromis entre le gouvernement d'un seul et celui de l'aristocratie. D'une part, le Sénat s'impliquait dans les affaires publiques en tant que représentant du peuple souverain, mais était placé sous la surveillance du *princeps* ; d'autre part et réciproquement, l'empereur gouvernait avec l'assistance des sénateurs dont il tenait, en théorie du moins, ses pouvoirs.

Qu'en était-il des relations entretenues par les sénateurs et Domitien ? Les institutions romaines ont-elles été transfigurées durant son règne ?

b) Les institutions romaines sous Domitien

Ce sous-chapitre aura pour but de dégager quelques traits prégnants de l'histoire des institutions romaines sous Domitien, et d'aborder certains des problèmes qu'elle pose. Il nous faudra toutefois tenir compte du fait que l'historicité est consubstantielle à la publicité littéraire.

1) Le Sénat

La relation que l'empereur entretenait avec les sénateurs est déterminante quant à son règne et à la manière dont il fut décrit par les Anciens. Malheureusement, les seules sources – dont le récit est partial et manichéen – en faisant état, émanent presque exclusivement d'auteurs membres de l'ordre sénatorial. Ainsi, Pline le Jeune, qui oppose sans cesse le dépravé Domitien au parangon moral Trajan, et qui condamne la boulimie de pouvoirs du prince, se plaint de la banalité des débats qui ont lieu à la Curie. Les conditions de l'investiture de Domitien par le Sénat nous sont inconnues. Cependant, ce serait nous bercer d'illusions que d'imaginer le Flavien en proie aux doutes quant à son entrée en fonction par l'assemblée. En outre, il est évident que le point de vue des sénateurs n'était guère compatible avec celui du nouveau *princeps*, et il apparaît que si chaque partie se sentait légitimée par la fonction qu'elle exerçait, un sentiment général d'impuissance s'empara rapidement de l'assemblée.

---

[167] *Cf. infra.*

Il semble en effet que, sous Domitien, le Sénat n'ait guère participé aux affaires publiques et financières. Sur le plan législatif, son activité fut aussi restreinte[168]. D'après Pline, les séances ne portaient sur aucune thématique pragmatique[169] : il s'agissait surtout de rendre de nouveaux honneurs au *princeps*, et d'être complices de ses forfaits[170]. Sur le plan administratif, Domitien empiéta donc sur les droits tant des sénateurs que des magistrats[171]. En instituant les curateurs chargés de surveiller les finances des colonies et des municipes, l'empereur porta atteinte au droit de haute surveillance exercé par le Sénat sur l'Italie et les provinces sénatoriales. Une inscription[172] indique notamment qu'après la mort d'un proconsul d'Asie (peut-être C. Vettulenus Civica Cerialis, qui reçut des récompenses militaires sous Vespasien), ce fut C. Minicius Italus, procurateur de l'empereur, qui fut chargé du gouvernement de cette province sénatoriale, alors que cet intérim revenait de droit à un consul ou questeur. Nous savons également que les noms des proconsuls de Bithynie n'apparaissaient plus sur les monnaies frappées durant le règne de Domitien[173]. Il s'agit peut-être, là aussi, d'une appropriation du *princeps* des droits sénatoriaux. Au surplus, ce fut sous Domitien qu'apparut le *fiscus Asiaticus*, qui se matérialisait en la perception par le fisc impérial d'un impôt sur le blé dans la province proconsulaire d'Asie[174]. Cette mesure, elle aussi, portait inévitablement atteinte aux prérogatives financières du Sénat dans les provinces non impériales.

Qui plus est, afin de contrôler les séances tenues par l'assemblée, Domitien a probablement rétabli le poste d'*ab actis Senatus*[175], une sorte de greffier des débats. Cette fonction, mentionnée une première fois par Tacite dans son

---

[168] On ne connaît qu'un sénatus-consulte du temps de Domitien qui soit relatif au droit civil (Gai., *Dig.*, XL, 16, 1). Voir : B. W. Jones, « Domitian's Attitude to the Senate », *AJP*, 94, 1, 1973, p. 79-91.
[169] Plin., *Ep.*, VIII, 14, 8 : *Cum senatus [...] ad otium summum [..] uocaretur et [...] ludibrio[...] retentus nunquam seria [...] censeret* ; VIII, 14, 2 ; *Paneg.*, 66. ; Tac., *Agr.*, 3.
[170] Plin., *Paneg.*, 54 : *De ampliando numero gladiatorum aut de instituendo collegio fabrorum consulebamur.*
[171] Frontin (*Aqu.*, 118) signale qu'il s'attribua les revenus des aqueducs destinés au trésor de Saturne (c'était le *princeps* qui supportait les frais d'entretien des aqueducs).
[172] CIL, V, 875 : *PROC(URATORI) PROUINCIAE ASIAE, QUAM MANDATA PRINCIPES UICE DEFUNCTI PROCO(N)S(ULIS) REXIT.*
[173] Aux thèmes peu nombreux, sobres et relativement abstraits dans le monnayage de Claude, s'opposait, sous Domitien, une iconographie beaucoup plus variée et concrète. Voir : J. Alexandropoulos, « La propagande impériale par les monnaies de Claude à Domitien : quelques aspects d'une Évolution », *Pallas*, 40, 1994, p. 84.
[174] CIL, VI, 8570 : *HERMAE : AUG(USTI) LIB(ERIO), A CUBICULO DOMITIAE AUG(USTAE), FORTUNATUS F(ILIUS), PROC(URATOR) FISC(I) ASIATICI, PATRI PIISSIMO ET INDULGENTISSIMO.*
[175] Les *acta Senatus* (les minutes des discussions), déposés à l'*aerarium Saturni*, n'étaient pas des comptes rendus verbatim, mais plus probablement des résumés.

compte rendu de l'année 29[176], aurait pu être une innovation d'Auguste ou de Tibère. Ce dernier s'étant absenté de Rome une grande partie de son règne, aurait trouvé un moyen de se tenir au courant des discussions qui se tenaient au Sénat. Cette fonction semble avoir été abandonnée après son règne, mais Domitien, inspiré par les actions de Tibère, décida de la restaurer. Notons que L. Neratius Marcellus, questeur, puis consul en 95, est reconnu à un certain moment de sa carrière comme CURATOR ACTORUM SENATUS[177].

Dion Cassius et Suétone rapportent deux autres faits montrant que Domitien ne s'intéressait que peu à la condition des sénateurs. D'une part, il refusa de renoncer à son droit de les mettre à mort, droit dont Titus n'avait jamais usé[178] ; d'autre part, il annula le legs de Ruscius Caepio qui, par testament, avait ordonné à son héritier de payer chaque année une somme d'argent aux nouveaux sénateurs le jour de leur entrée en fonction[179]. Il obligea en outre les questeurs prenant leur charge à organiser de coûteux combats de gladiateurs[180], remettant ainsi en vigueur une prescription de Claude[181], abrogée sous Néron[182].

Il a été suggéré que l'un des facteurs qui aurait conduit à une quasi-rupture avec le Sénat consistait en l'habitude que Domitien avait de promouvoir les chevaliers. Nous reviendrons sur ce choix plus avant[183].

Domitien n'a pas, selon nous, été déraisonnablement partial dans l'exercice de ses fonctions, nonobstant sa conscience qu'une parfaite conciliation avec l'aristocratie n'était pas possible. Pour obtenir l'appui de cette dernière sans la menacer ouvertement, il la tenait au bout du glaive. L'empereur, impatient et ayant à cœur de tout contrôler, ne confia vraisemblablement que peu de questions importantes au Sénat. Son objectif était sans doute d'amener l'assemblée à devenir un ordre de hauts fonctionnaires placés sous son égide et recrutés en partie parmi les chevaliers[184]. Au demeurant, si Domitien avait été capable d'entretenir l'illusion du libre arbitre parmi les sénateurs, il aurait sans nul doute bénéficié d'une meilleure réputation posthume.

---

[176] Tac., *Ann.*, V, 4.
[177] *PIR*, 2, N 55.
[178] Dio Cass., LXVII, 2.
[179] Suet., *Dom.*, 9.
[180] Suet., *Dom.*, 4.
[181] Suet., *Cl.*, 24 ; Tac., *Ann.*, XII, 22.
[182] Tac., *Ann.*, XIII, 5.
[183] *Cf. infra.*
[184] S. Demougin, « L'ordre équestre sous Domitien », *Pallas*, 40, 1994, p. 289-299 ; H. W. Pleket, « Domitian, the Senate and the Provinces », *Mnemosyne*, 14, 1961, p. 296-246.

Les sénateurs, jaloux de leurs prérogatives décisionnelles et discrédités, ne manifestaient donc guère de sympathie pour Domitien. Un certain nombre d'entre eux, habités par un sentiment d'impuissance, regrettaient la République, période durant laquelle le Sénat était le principal organe décisionnel. Si d'autres comprenaient la nécessité du régime impérial[185], ils n'appréciaient que peu les empereurs flaviens de manière générale parce qu'ils méprisaient leur origine modeste, et les considéraient comme des parvenus, qu'ils n'appréciaient pas la présence au sein de leur assemblée d'un grand nombre de provinciaux qu'ils dédaignaient et avec lesquels ils devaient désormais partager les honneurs, et qu'ils appréhendaient, essentiellement dans le cas de Domitien, leurs tendances monarchiques[186]. Suétone rapporte que le graffito *arci* fut gravé sur l'un des nombreux arcs de triomphe construits sous Domitien[187]. Un jeu de mots (« les arcs » en latin, « ça suffit » en grec) autour de ce terme pourrait faire allusion à cette guerre idéologique opposant l'empereur à une bonne partie de l'aristocratie sénatoriale autour de la gestion impériale.

Auguste, Tibère, Claude, Vespasien et Titus avaient sauvé les apparences : en respectant la souveraineté nominale du peuple et du Sénat, et en déclinant l'octroi de certains titres et honneurs, ils avaient désiré être considérés non comme des maîtres ou des dieux, mais comme les premiers citoyens de l'État. Le règne de Domitien, quant à lui, marqua une étape importante dans la transformation de la « dyarchie » en « monarchie absolue ». Réfléchi, Domitien était pourtant capable de comprendre les besoins de l'État et de ses sujets. De ce fait, même si ses détracteurs l'ont maintes fois qualifié de manipulateur, ils n'ont jamais, à l'exception de Pline le Jeune qui le qualifie de *demens* après 93[188], prétendu qu'il ait été fou.

2) Les magistrats

Domitien conféra le consulat et le proconsulat à des membres de familles illustres : M. Acilius Glabrio et son fils, consul en 91 ; Rubrius Gallus,

---

[185] Tac., *Hist.*, I, 1 ; II, 38 ; *Ann.*, I, 1 ; III, 28 ; IV, 33 ; *Dial.*, 36-37. Tacite (*Hist.*, I, 35 ; 45 ; 47 ; 76 ; 85 ; II, 98 ; III, 13 ; 86) écrit qu'ils servaient le *princeps* ou le trahissaient en fonction de leurs propres intérêts.
[186] Vespasien rétablit le culte de Claude pour pouvoir, en quelque sorte, se rattacher à la dynastie julio-claudienne (Suet., *Claud.*, 45 ; *Vesp.*, 9). Voir : J. Devreker, « La composition du Sénat romain sous les Flaviens », *Studien zur antiken Sozialgeschichte*, 28, 1980, p. 257-268.
[187] Suet., *Dom.*, 13, 4. Voir : C. Blonce, « De Domitien à Trajan : arcs monumentaux et *abolitio memoriae* (Pouzzoles et Corinthe) », *CCGG*, 19, 2008, p. 165-176.
[188] Plin., *Paneg.*, 33, 3-4. Voir : T. E. Strunk, "Domitian's Lightning Bolts and Close Shaves in Pliny", *CJ*, 109, 1, 2013, p. 88-113.

consul sous Néron et vainqueur des Sarnates[189] ; T. Junius Montanus, consul suffect en 81[190] ; Pompeius (Cn Pompeius Ferox Licinianus) ; L. Valerius Catullus Messalinus, consul en 73, puis proconsul d'Afrique vers 84[191] ; A. Didius Gallus Fabricius Veiento[192] ; Velius Paulus[193], proconsul de Bithynie-Pont peu avant 85[194].

Sous Titus, les consuls pouvaient exercer leur mandat durant deux mois. Il est probable qu'il en ait été de même au début du règne de Domitien. Cette durée passa ensuite à quatre mois, vraisemblablement au début de l'année 83 ; à partir de cette période, l'*Vrbs* fut donc administrée par six consuls par an, sept si l'on compte le suppléant du *princeps*. En 83, Q. Vibius Crispus et A. Didius Gallus Fabricius Veiento[195] auraient succédé aux consuls ordinaires Domitien et Q. Petillius Rufus[196] et auraient précédé Tettius Julianus et Terentius Strabo Erucius Homullus, entrés en fonction le 9 juin[197].

Toutefois, une étroite surveillance de la part de Domitien s'exerçait sur l'ensemble des magistrats[198], et les consuls étaient véritablement dépossédés de leur *imperium domi*[199]. En effet, de manière générale, Domitien n'accordait que peu de crédit aux charges qui leur étaient conférées[200]. Il ne croyait d'ailleurs pas nécessaire de siéger aux comices, vidés de leur substance depuis le règne d'Auguste[201].

---

[189] Ios., *Bell. Iud.*, VII, 4, 3.
[190] *PIR²*, I, 781 ; *LP*, 3, 14 ; 219, 84.
[191] *Scolies* de Juv., IV, 113 ; *PIR*, V, 41 ; *LP*, 378, 53.
[192] Juv., IV, 94-97.
[193] Mart., IX, 31.
[194] *PIR*, V, 227 ; *LP*, 246, 21.
[195] W. C. McDermott, "Fabricius Veiento", *AJP*, 91, 1970, p. 129-148.
[196] A. R. Birley (« Petillius Cerialis and the Conquest of Brigantia », *Britannia*, 4, 1973, p. 186-187), qui suit B. W. Jones (« Titus and some Flavian *amici* », *Historia*, 24, 1975, p. 456-457) suggère que Q. Petillius Rufus était Cerialis lui-même.
[197] *Ephemeris epigr.*, V, p. 612.
[198] Suet., *Dom.*, 8 : *Magistratibus quoque urbicis, prouinciarum que praesidibus coercendis tantum curae adhibuit ut neque moderatiores umquam neque iustiores extiterint.*
[199] Plin., *Paneg.*, 93 [à Trajan] : *Super omnia [...] praedicandum, uidetur quod pateris consules esse quos fecisti. Quippe nullum periculum, nullus ex principe metus consulares animos debilitat et frangit : nihil inuitis audiendum, nihil coactis decernendum erit.*
[200] Plin., *Ep..*, 76 : *[Imperator] [...] se recipiebat in principem, omniaque consularia officia abigere, negligere, contemnere solebat.*
[201] Plin., *Paneg.*, 63.

3) Les chevaliers

Dans sa volonté de maintenir la gestion de toutes choses entre ses mains, l'empereur omniprésent s'occupait activement des affaires militaires, de l'administration et de la justice. Quand bien même il choisit, à l'instar de ses prédécesseurs, ses principaux fonctionnaires et conseillers parmi les membres de l'ordre sénatorial, il employa davantage de chevaliers que ces derniers. Il fallait donc mesurer la *fides* de ceux à qui l'on comptait attribuer les privilèges équestres pour ne pas nuire à la considération du second ordre de l'État[202].

Ainsi, sous l'Empire, les chevaliers constituaient le vivier de l'ordre sénatorial, et parvenaient à s'installer au sommet de l'État[203]. C'est ainsi que les consuls Vitorius Marcellus et Iunius Montanus ont été, à l'origine, des chevaliers[204]. Dans une missive rédigée entre 98 et 100 et adressée à Domitius Apollinaris, légat de Lycie-Pamphylie vers la fin du règne de Domitien, puis consul suffect en 97[205], Pline le Jeune lui recommanda, pour une élection au tribunat, Sex. Erucius Clarus, précisant de surcroît que le jeune homme avait déjà bénéficié de sa protection pour obtenir le laticlave à la fin du règne de Domitien, puis lors de l'élection à la questure. Cette motion indiquerait qu'avant de bénéficier de l'intérêt de Pline, Erucius Clarus appartenait sans doute à l'ordre équestre[206].

Les cinq grandes préfectures des vigiles, de l'annone, de l'Égypte, de la garde prétorienne et de la Ville[207] étaient les postes les plus élevés et prestigieux. Domitien y plaça des hommes de confiance. La promotion de L. Julius Ursus, préfet de l'annone et de l'Égypte[208], au grade de sénateur et de consul suffect en 84[209], indiquerait une forme de clientélisme. Il y a tout autant à en déduire de la nomination de Cornelius Fuscus, préfet du prétoire, au commandement général dans la guerre dacique[210], un poste revenant normalement à un Sénateur de rang consulaire. Ce choix est révélateur : indépendamment de la procédure conventionnelle ou des dictats du rang hiérarchique, Domitien, prêt à s'opposer aux sénateurs, fit le choix de

---

[202] Suet., *Dom.*, 8 ; Mart., III, 95, 10 ; V, 8 ; 14 ; 23 ; 25 ; 27 ; 35 ; 38 ; 41 ; VI, 9.
[203] P. Saller, "Promotion and personal patronage in equestrian careers", *JRS*, 70, 1980, p. 44-59 ; P. A. Brunt, "*Princeps* and *equites*", *JRS*, 73, 1983, p. 42-75.
[204] S. Demougin, « L'ordre équestre sous Domitien », *Pallas*, 40, 1994, p. 291.
[205] *PIR²*, D, 133 ; *LP*, 278, 14 ; 282, 40.
[206] Plin, *Ep.*, II, 9 ; *PIR²*, D, 133.
[207] *Cf. infra.*
[208] *AE*, 1939, 60 ; *PIR²*, I, 630 ; *LP*, 346, 38.
[209] Dio Cass., LXVII, 3-4. Voir : R. Syme, *Tacitus*, t. 2, Oxford, 1958, p. 635-636.
[210] Suet., *Dom.*, 6. Voir : B. W. Jones, *The Emperor Domitian*, Londres, 1992, p. 179 ; A. S. Stefan, *Les guerres daciques de Domitien et de Trajan : Architecture militaire, topographie, images et histoire*, Rome, EFR, 2005, p. 24. *Cf. infra.*

désigner l'homme qu'il considérait le plus apte à la tâche. Quand Cornelius Fuscus eut à subir une défaite face aux Daces[211], les détracteurs de l'empereur en furent fort aise. Un autre exemple dans lequel Domitien nomma l'homme le plus à même à répondre à ses attentes eut lieu en 87 ou 88, lorsque le chevalier C. Minicius Italus, procurateur d'Asie, succéda au proconsul Vettulenus Civica Cerialis, qui fut exécuté pour des raisons inconnues[212], parce qu'il vivait déjà dans cette province, et en connaissait la gestion ; même s'il s'était rendu coupable de quelque crime que ce fût, sa mort aurait dû faire l'objet d'une procédure légale (les sénateurs ne purent s'empêcher de dresser des parallèles tant avec l'époque néronienne qu'avec le sort de Corbulon, le beau-père de Domitien).

La doxa veut que les chevaliers aient fait montre de compétence et de loyauté, traits de personnalité primordiaux pour les empereurs. La lettre de Domitien à Laberius Maximus, préfet d'Égypte, le rappelant à Rome pour occuper le poste vacant de préfet du prétoire, fonction la plus élevée du cursus équestre, loue d'ailleurs sa *fides* et sa *pietas*[213]. Ainsi que le rapporte Dion Cassius, les chevaliers étaient choisis pour leur polyvalence[214], qualité qui plaisait à Domitien. P. A. Brunt remet toutefois en question tant cette loyauté, mentionnant le nombre important de chevaliers tombés en disgrâce ou ayant pris part à des complots, que l'importance d'habilités particulières, concluant que cela n'était pas un prérequis dans les décisions impériales. Le moderne démontre au demeurant que les préfets d'Égypte n'avaient ni connaissances préalables du pays, ni passé militaire, ni même expérience législative ou économique les prédestinant au poste qu'ils occupaient[215].

Quoi qu'il en soit, il serait inexact de postuler que Domitien favorisait systématiquement les chevaliers aux sénateurs, car il arrivait que les deux classes travaillassent de concert. Toutefois, il se plaisait à choisir lui-même les différents magistrats et membres de l'administration impériale qui lui prêtaient allégeance. Bien plus, les tâches administratives assignées aux chevaliers étaient fréquemment de nature à être considérées comme rebutantes pour les sénateurs. Il faut dès lors veiller à ne pas prétendre qu'en la matière, ils empiétaient forcément sur la chasse gardée des sénateurs.

Domitien fut accusé de ne pas prendre en compte les sensibilités sénatoriales. Il apparaît à tout le moins qu'il a été peu sensible aux

---

[211] *Cf. infra.*
[212] *PIR*, 2, M 614 ; *CIL*, V, 875. Voir : R. J. A. Talbert, *The Senate of Imperial Rome*, Princeton, 1984, p. 397.
[213] *PIR²*, L, 8 ; *LP*, 346, 37.
[214] Dio Cass., LXVI, 26, 2.
[215] P. Saller, "Promotion and personal patronage in equestrian careers", *JRS*, 70, 1980, p. 44-59 ; P. A. Brunt, "*Princeps* and *equites*", *JRS*, 73, 1983, p. 42-75.

spécificités liées aux classes sociales, considérant qu'elles étaient toutes placées sous ses ordres. Nous pouvons en tout cas affirmer qu'il a promu pléthore de membres de l'ordre équestre.

4) Le *consilium principis*

Domitien accordait une relative confiance à son Conseil, dont l'importance s'accrut sous son règne[216], puisque c'était cette instance qui étudiait les mesures de politique générale, qui prenait toutes les initiatives en matière de législation, et qui assistait l'empereur dans l'exercice de sa juridiction[217]. Composé essentiellement d'affranchis[218], l'examen des *agnomina* des serviteurs impériaux montre que la proportion de ceux qui étaient liés aux grandes familles et qui dominaient largement sous les Julio-Claudiens représentait moins d'un tiers sous les Flaviens, et encore moins sous le seul Domitien[219]. Des chevaliers fidèles au prince furent aussi admis dans le Conseil[220].

Rancunier vis-à-vis de son père et de son frère, Domitien garda cependant les conseillers experts en matières administratives que ces derniers avaient nommés[221]. Un nouvel empereur n'était pas tenu de reconduire les proches de ses prédécesseurs, mais il va sans dire que se défaire de ceux qui étaient au fait de ce qui pouvait se tramer à la cour n'aurait pas été judicieux. Parmi les *amici* de Domitien, il nous est permis de citer : Pegasus[222], jurisconsulte, chef des Proculiens[223], consul, gouverneur de plusieurs provinces et préfet urbain, déjà sous Vespasien[224] ; Q. Vibius Crispus[225], au caractère peu

---

[216] Tac., *Hist.*, IV, 7 : *nullum maius boni imperii instrumentum quam bonos amicos esse*. Dion. Chrys., III, 1 ; Plin., *Paneg.*, 85.
[217] J. A. Crook, Consilium Principis. *Imperial Councils and Counsellors from Augustus to Diocletian*, Cambridge, 1955, p. 223-225 ; J. Devreker, "La continuité dans le *Consilium Principis* sous les Flaviens", *Ancient Society*, 8, 1977, 223-243.
[218] Tacite (*Agr.*, XIX, 3) associe la *potentia* des affranchis au *regnum*. Quant à Pline le Jeune (*Paneg.*, 42, 2-4), il manifeste son mépris envers les affranchis impériaux, et rend grâces à Trajan d'avoir limité leur pouvoir.
[219] G. Fabre, « Les affranchis et serviteurs impériaux sous Domitien », *Pallas*, 40, 1994, p. 341.
[220] *CIL*, IX, 5420 : ADHIBITIS UIRIUSQUE ORDINIS SPLENDIDIS UIRIS COGNITA CAUSA.
[221] Suet., *Tit.*, 7 : *Amicos elegit [Titus], quibus etiam post eum principes, ut et sibi et reipublicae necessariis adquieuerunt, praecipueque sunt usi*. Dion Cassius (LXVII, 2) écrit pourtant que Domitien traitait fort mal les amis de son père et de son frère.
[222] W. Kunkel, *Herkunft und soziale Stellung der römischen Juristen*, Graz-Vienne-Cologne, 1967, p. 133.
[223] Juv., IV, 78 : *optimus atque interpres legum sanctissimus*.
[224] A. B. Bosworth, "Vespasian and the Provinces : some Problems of the Early 70's AD", *Athenaeum*, 51, 1973, p. 49-78.

estimable mais excellent homme d'État, d'une éloquence brillante, immensément riche et consul pour la troisième fois en 83[226] ; M. Arrocinus Clemens[227], beau-frère de Titus, préfet du prétoire sous Vespasien et consul à deux reprises ; C. Calpetanus Rantius Quirinalis Vaierius Festus[228], consul en 71 et légat de l'armée d'Afrique en 69-70, de la province de Pannonie sous Vespasien, de la Tarraconaise sous Vespasien et Titus. Mentionnons également Cornelius Fuscus[229], probablement, Crispinus[230], stigmatisé par Juvénal sous les traits d'un ancien esclave et un bouffon à la laideur repoussante qui aurait, en réalité, été chevalier, et un certain M. Ulpius Proculus, *TABULARIUS FISCI ALEXANDRINI*, indiqué comme *DOMITIANI CAESARIS UERNA, III AUGUSTOR(UM) LIBERTUS*[231] lequel faisait sans doute partie de la *familia* de Domitien.

Notons que le *consilium principis* ne constituait pas une institution politique ordinaire. Étant donné que les membres qui le constituaient n'avaient pas de fonction officielle, Domitien les appelait à sa guise[232] pour leur demander des conseils, qu'il suivait à loisir. Craignant de déplaire au *princeps* en affichant une trop grande franchise[233], ils fortifiaient le plus souvent l'autorité de l'empereur en mettant leur expérience à son service, sans toutefois s'opposer à ses décisions[234]. L'épisode du turbot stupéfiant de grosseur au point qu'il ne pouvait tenir sur les plateaux impériaux, raconté par Juvénal et montrant comment Domitien réunit son conseil pour déterminer la manière dont il allait être découpé, illustre l'importance qu'il lui accordait[235].

---

[225] Juv., IV, 81 ; *CIL*, III, 619.
[226] Juv., IV, 82 ; Tac., *Dial.*, 8 ; 13 ; *Hist.*, II, 10 ; IV, 41-42 ; Quint., *Inst.*, X, 1, 119 ; Suet., *Dom.*, 3 ; Mart., IV, 54, 7 ; Dio Cass., LXV, 2.
[227] Suet., *Dom.*, 11.
[228] Mart., I, 78.
[229] *Cf. supra* et *infra*
[230] Juv., IV, 108 ; 111-114. Sur Crispinus, voir : A. Vassileiou, « Crispinus et les conseillers du prince (Juvénal, Satire, IV », *Latomus*, 43, 1984, p. 27-68 ; B. Baldwin, « Juvenal's Crispinus », *AA*, 22, 1979, p. 109-104.
[231] *AE*, 1901, 171.
[232] Plin., *Ep.*, IV, 22 ; VI, 22 ; 31.
[233] Plin., *Paneg.*, 85 : *Quae poterat esse inter eos amicitia, quorum sibi alii domini, alii serui uidebantur ?*
[234] *Hist. Aug., Alex. Sev.*, 65, [citant Marius Maximus] : *id quidem ab Homullo ipsi Traiano dictum est, cum ille diceret Domitianum pessimum fuisse, amicos autem bonos habuisse* ; Suet., *Dom.*, 9 : *Omnes circa se largissimo prosecutus*.
[235] Juv., IV. Voir : C. Deroux, "Domitian, the Kingfish and the Prodige : A Reading of Juvenal's Fourth *Satire*", *Latomus*, 180, 1983, p. 283-298.

5) Les préfets de la Ville et du prétoire

Choisis parmi les sénateurs de rang consulaire, les préfets de la Ville, qui dépendaient directement du *princeps*, furent, sous Domitien : Pegasus[236] ; Rutilius Gallicus, légat de la Pamphylie, la Pannonie, la Germanie Inférieure et consul à deux reprises[237] ; T. Aurelius Fulvus, grand-père d'Antonin et deux fois consul[238]. D'après Stace, les principales attributions du préfet de la Ville, lequel avait à la fois charge de chef militaire et juge, étaient les suivantes : commander quatre cohortes urbaines composées de 4000 soldats et cantonnées à Rome ; assurer l'ordre public[239] ; juger certains crimes et délits commis dans la Cité[240] (les autorités judiciaires compétentes pour les causes civiles et criminelles lui étaient soumises[241]). En outre, dans la mesure où l'autorité du préfet de la Ville s'étendait sur toute l'Italie, il jugeait en appel les contestations des décurions, magistrats municipaux[242]. Par ailleurs, l'accroissement des compétences du préfet de la Ville entraîna la diminution de l'importance accordée aux magistratures traditionnelles à Rome même.

D'après Laurentius Lydius, auteur byzantin du VIe siècle, Domitien aurait institué douze préfets de la Ville au lieu d'un seul, chacun étant préposé à un quartier de Rome[243]. Cependant, cette information ne peut être retenue, car l'*Vrbs*, depuis Auguste, en comptait quatorze. D'ailleurs, aucune occurrence littéraire ni inscription épigraphique ne précisent que Rutilius Gallicus eut à partager son autorité avec d'autres préfets. Il est possible que Lydius[244] ait voulu indiquer par-là que Domitien avait nommé des fonctionnaires impériaux dépendant du préfet, mais cette théorie nous paraît peu vraisemblable.

La sécurité de l'empereur incombait au préfet du prétoire. Domitien, méfiant, surtout à l'égard des membres de l'ordre sénatorial, confia dès lors

---

[236] Juv., XIII.
[237] Stat., *Silv.*, I, 4 ; Juv., XIII, 157-160 ; *CIL*, V, 6988-6989.
[238] *Hist. Aug.*, *Vie d'Antonin*, 1.
[239] Stat., *Silv.*, I, 9 ; 16.
[240] Stat., *Silv.*, I, 10 : *Inque sinum quae saepe tuum fora turbida questu confugiunt* ; 43 : *[...] tristes inuitum audire catenas, parcere ueberibus, nec qua iubet alta potestas ire, sed armatas multum sibi demere uires, dignarique manus humiles et uerba precantum* ; Juv., XIII, 157.
[241] Stat., *Silv.*, I, 47.
[242] Stat., *Silv.*, I, 10 : *leges urbesque ubicumque togatae quae tua longinquis implorant iura querelis*. Voir : B. W. Jones, "Domitian and the Court", *Pallas*, 40, 1994, p. 329-335.
[243] Laurentius Lydus, *De magistratibus populi Romani*, II, 19.
[244] *Hist. Aug.*, *Vie d'Elagabale*, 20 : *[Elagabale] uoluit et per singulas urbis regiones praefectos urbis facere et fecisset si uixisset*.

cette fonction à des chevaliers dénués de prestige[245], à l'instar d'Arrecinus Clemens, parent de la famille flavienne, et de l'Égyptien Crispinus[246]. En outre, afin d'éviter les mésaventures qu'avait connues Tibère, il convenait de diminuer leur pouvoir : les préfets de sa garde personnelle étaient donc deux[247], et la durée de leur charge était courte. En 95, Domitien alla même jusqu'à faire mettre certains d'entre eux en jugement, probablement les deux prédécesseurs – inconnus – de Norbanus et Petronius[248]. Il y a cependant lieu de croire qu'il ne réduisit pas leurs attributions[249]. Au contraire, puisque, vers 86, Cornelius Fascus, en plus de veiller à sa sécurité, commanda une expédition contre les Daces[250] ; c'était la première fois que la direction d'une grande guerre était confiée à un préfet du prétoire.

6) Les secrétaires

De leur côté, les secrétaires de Domitien assuraient des fonctions importantes. Claudius, chargé des finances (*a rationibus*), disposait de nombreuses attributions, comme l'atteste Stace[251] : « À toi seul sont confiées, avec l'emploi des trésors sacrés du princeps, les richesses éparses dans tous les peuples et les tributs que paye l'univers entier. Tout ce que l'Ibérie fait sortir de ses mines d'or, tout ce qui brille dans les montagnes de Dalmatie, les moissons récoltées en Afrique, les blés que bat sur son aire l'habitant de la brûlante Égypte, les perles que le plongeur va chercher au fond des mers orientales[252], les toisons venues des pâturages qu'arrose le Galèse lacédémonien[253], les cristaux transparents[254], les bois précieux de la Massylie[255], l'ivoire de l'Inde[256], tout est remis entre tes mains, tout ce qui nous arrive par le souffle de Borée, du violent Eurus et du nébuleux Auster : tu compterais plus facilement les gouttes des pluies d'hivers ou les feuilles des bois. Toujours en éveil, tu calcules avec sûreté les dépenses nécessaires pour les besoins journaliers des légions et des tribus[257], pour les temples, pour les aqueducs, ce que réclament les digues qui arrêtent les eaux, ce qu'exige l'entretien des routes immenses ; tu sais et la valeur de l'or qui

---

[245] Tac., *Hist.*, II, 86.
[246] Juv., I, 26 ; IV, 24.
[247] Dio Cass., LXVII, 15.
[248] Dio Cass., LXVII, 14.
[249] Laurentius Lydus, *De magistratibus populi Romani*, II, 19.
[250] *Cf. infra*.
[251] Stat., *Silv.*, III, 3, 86-105.
[252] Douanes à la frontière d'Orient ou pêcheries dépendant du patrimoine impérial
[253] Domaines du patrimoine en Apulie
[254] Impôt sur les industriels d'Alexandrie.
[255] Domaines du patrimoine en Afrique
[256] Douanes à la frontière d'Orient
[257] Service des frumentations

brille sur les lambris élevés de la demeure du maître, et la valeur du métal qui, jeté en fonte, représente les images des *principes* divinisés, ou qui, pétillant sous le feu, se transforme en monnaie romaine. » Il faut ajouter, entre autres choses, à l'énumération incomplète de Stace, les impôts fonciers levés dans les provinces impériales, les tributs des royaumes clients et les biens confisqués.

Le secrétaire *a rationibus*, sorte de ministre des Finances de l'époque, tenait donc un compte exact des recettes de l'État et du patrimoine, et gérait les dépenses publiques ainsi que celles de l'empereur. L'une des tâches les plus importantes du secrétaire était également de déterminer le volume de monnaies à émettre.

En début de règne, sans doute en 82 ou 83, Domitien démit le secrétaire des finances, Tiberius Julius Augusti Libertus, un affranchi qui servit sous Vespasien et Titus comme *rationibus*, de ses fonctions, peut-être en raison d'un détournement d'argent. La punition encourue promettait d'être sévère, mais on suppose que Domitien ne s'exécuta pas du fait des relations que le condamné entretenait avec Tettius Julianus et Tettius Africanus, respectivement légat de l'armée d'Afrique et gouverneur d'Égypte, indirectement aux commandes des greniers à blé de Rome. Cette révocation constituait peut-être un exemple de la volonté de l'empereur de ne pas donner suite aux dispositions prises par son père. Ce n'est pas non plus sans intérêt qu'il révoqua subitement Tiberius Claudius Augusti Libertus Classicus, le secrétaire *a rationibus*, pour des raisons que nous ignorons[258], alors qu'il exerçait cette fonction depuis Claude[259], avant d'être contraint de quitter Rome pour se réfugier en Campanie[260]. Ces évictions indiquent que Domitien était vivement intéressé par le département des finances, et qu'il avait à cœur d'en maintenir un contrôle attentif.

Quant au secrétaire *ab epistulis*, il était en charge du courrier[261]. Stace explique que ce fonctionnaire prenait le pouls de l'Empire, et que sa fonction requérait une quasi-omniscience[262]. Il nous est toutefois impossible de savoir dans quelles mesures les secrétaires étaient impliqués dans les prises de décision, ni s'ils rédigeaient eux-mêmes le courrier ou s'ils ne faisaient qu'en énoncer les principaux points avant de faire produire des copies complètes et soignées par des subalternes. F. Millard suppose que la prise de notes sous la dictée de l'empereur était la méthode classique de rédaction des courriers, et de ce fait,

---

[258] Stat., *Silv.*, III, 3, 154-157 ; Mart., VI, 83 ; VII, 40, 2.
[259] Stat., *Silv.*, III, 3, 78 ; 85-89.
[260] Stat., *Silv.*, III, 3, 162 ; Mart., VI, 83.
[261] Stat., *Silv.*, V, 1, 81-100.
[262] Stat., *Silv.*, V, 1, 81-100.

exclut toute initiative de la part du secrétaire, l'empêchant ainsi d'acquérir trop d'influence[263]. Cette procédure aurait pu différer d'un règne à un autre, dépendant en grande partie de la personnalité tant de l'empereur que de son secrétariat, et de la relation qu'ils entretenaient.

Domitien remplaça l'affranchi Abascantus par le chevalier Titinius Capitus au poste de secrétaire *ab epistulis*[264]. Ce qu'il advint d'Abascantus demeure un mystère. Une occurrence de Stace[265] atteste de l'existence d'un homonyme au poste d'*a cognitionibus*, mais il aurait été difficile d'y trouver deux Abascantus.

Nous ne possédons malheureusement aucun renseignement précis quant aux fonctions exercées par les secrétaires *a cognitionibus* (chargés de préparer les procès jugés par l'empereur), *a libellis* (gérant les plaintes de particuliers) et *a studii* (supervisant les archives et les bibliothèques) du temps de Domitien. Nous savons toutefois que tous ces secrétaires étaient fortunés[266], et qu'ils épousaient, le plus souvent, des Romaines de haute naissance[267].

Par l'introduction des chevaliers à la tête des grands secrétariats, Domitien inaugura une nouvelle ère. Notons toutefois qu'Othon avait déjà eu l'intention de remplacer les affranchis par des chevaliers[268]. Le Flavien voulut imposer ce modèle aux ministères romains pour deux raisons : d'une part, il fallait réduire la puissance des affranchis impériaux, qui ne lui étaient sans doute pas tous acquis ; d'autre part, il devait s'attirer une certaine reconnaissance émanant des chevaliers, qui arrivaient désormais à la direction de l'administration romaine, lesquels n'auraient pu se montrer ingrats envers le prince. Il ne fallait cependant pas que ces secrétaires semblassent occuper une trop grande place dans la gestion de l'État[269]. Dès lors, ils étaient surveillés de près par l'empereur, qui leur faisait clairement comprendre qu'ils n'étaient pas à l'abri du discrédit.

---

[263] F. Millar, « Emperors at Work », *JRS*, 57, 1967, p. 14-19.
[264] H.-G. Pflaum, *Les carrières procuratoriennes équestres sous le Haut Empire romain*, t. 1, Paris, 1961, p. 143-145 ; P. Southern, *Domitian. Tragic Tyrant*, Londres – New York, Routledge, 1997, p. 54.
[265] Stat., *Silv.*, V, 1, 76-107.
[266] Stat., *Silv.*, I, 5 ; V, 1, 208-212 ; Mart., VI, 42 ; VIII, 68.
[267] Claudius se maria à la soeur de Tettius Julianus, qui fut consul en 83 et dirigea la guerre contre les Daces en 89. Abascantus épousa Priscilla, femme de naissance noble. Stat., *Silv.*, V, 1, 53.
[268] Plut., *Oth.*, 9, 4.
[269] Mart., IX, 79 : *Oderat ante ducum famulos turbamque priorem / et Palatinum Roma supercilium ; / at nunc tantus amor cunctis, Auguste, tuorum est ut sit cuique suae cura secunda domus. / Tam placidae mentes, tanta est reuerentia nostri. Tam pacata quies, tantus in ore puder. / Nemo suos haec est aulae natura potentia. Sed domini mores caesarianus habet.*

7) Julie Augusta

À la fin de son règne[270], Domitien suivait également les conseils de quelques délateurs, mais sans pour autant se laisser diriger par eux. Sa nièce Julie, dont il fut l'amant, ne participa nullement au gouvernement, même si elle était encline à influencer ses jugements, comme en témoigne l'annulation de la mise à mort d'Ursus, auquel elle fit même obtenir le consulat[271].

* * *

Nous l'avons démontré, le règne de Domitien, lequel n'avait que des inférieurs, était autocratique[272]. En examinant les instances de son gouvernement, on peut en déduire que, si le Flavien ne supprima ni les droits politiques des sénateurs ni ceux des magistrats, il fit en sorte d'empêcher ces derniers d'en faire un usage républicain. Il se fit par ailleurs attribuer le titre de censeur perpétuel, acte qui lui permit de modifier la composition de l'assemblée, même si, en pratique, il n'usa que peu souvent des droits d'allection et d'expulsion attachés à la censure (on ne connaît qu'une seule exclusion du Sénat due à Domitien : celle de Caecilius Rufus, ancien questeur, sous prétexte d'indignité morale[273]). En fait, le Sénat constituait toujours un corps politique que le *princeps* continuait de traiter avec égards[274] et dont il recherchait l'approbation de sa politique[275].

Avant celui qui nous occupe, la plupart des empereurs, notamment Vespasien et Titus[276], avaient fait preuve de déférence envers les sénateurs, compte tenu du grand prestige dont ils jouissaient. Les renverser aurait constitué un acte allant à l'encontre des mœurs et des idées de toute la société romaine. C'est sans doute la raison pour laquelle Domitien n'osa pas aller jusque-là. Quand bien même s'il faisait peu de cas de la dyarchie, il n'organisa pas une monarchie car, s'il l'avait fait, il se serait attiré la haine de la puissante aristocratie et une part importante du peuple qui fustigeait le *regnum*, et qui se souvenait des désordres liés au non-respect des institutions romaines[277].

---

[270] Tac., *Agr.*, 45 ; *Hist.*, I, 2. *Cf. infra.*
[271] Dio Cass., LXVII, 4.
[272] Pour les écrivains appartenant à l'aristocratie, le règne de Domitien fut une époque de servitude. Voir : Tac., *Agr.*, 2 ; 3 ; Plin., *Ep.*, VI, 14, 2 ; *Paneg.*, 55 ; 66 ; 68 ; 72.
[273] Dio Cass., LXVII, 13 ; Suet., *Dom.*, 8. Voir : B. W. Jones, "Some Thoughts on Domitian's Perpetual Censorship", *CJ*, 68, 3, 1973, p. 276-277.
[274] Plin., *Paneg.*, 76 : *Imperator in senatu ad reuerentiam eius componebatur*.
[275] Selon Suétone (*Dom.*, 18), il aurait un jour déclaré aux sénateurs : *Vsque adhuc corte et animum meum probastis et uultum*.
[276] Suet., *Vesp.*, 9 ; 17 ; Dio Cass., LXVI, 10 ; 19.
[277] M. Dondin-Payre, « Domitien et la vieille aristocratie sénatoriale : rupture et continuité », *Pallas*, 40, 1994, p. 271-288.

S'il porta plus de titres et reçut plus d'honneurs que ses prédécesseurs, c'était toujours le Sénat qui les lui conférait[278] ; les magistratures du *cursus honorum*, même vidées de leur sens, étaient toujours d'origine républicaine.

Pour ce qui est de l'ordre équestre, Domitien s'est présenté à la fois comme un conservateur des procédures traditionnelles, et comme un réformateur prudent, sachant tirer le meilleur parti de ses mesures. Il lui importait de pouvoir s'appuyer sur un certain nombre de chevaliers soumis à son autorité.

Élu consul pour dix ans en 84, il ne prit cependant les faisceaux que six fois, entre 85 et 94. En outre, Domitien, soucieux d'appliquer une justice équitable, jugeait lui-même sur le Forum des procès civils. Il surveillait les tribunaux[279] et leurs conseillers, à la suite de quoi il faisait poursuivre les magistrats corrompus devant le Sénat, invitant par la même occasion les tribuns à dénoncer les fraudeurs[280]. Ses pouvoirs lui ont-ils donné la folie des grandeurs ? Dès 86, on qualifiait déjà Domitien de *dominus*, mot, bien qu'issu de la terminologie servile, n'ayant pas véritablement de connotation autocratique, et de *deus*, appellation constituant une étape vers la divinisation de l'empereur vivant.

V. Vers la divinisation de l'empereur

Le culte de la personnalité de l'empereur était-il significativement symptomatique du glissement vers une théologie impériale ?

Orgueilleux, surtout lorsqu'il devint *princeps*, Domitien considérait que le pouvoir absolu lui revenait de droit, d'autant plus que, ayant été seul membre de sa famille présent à Rome au moment de la chute de Vitellius, il aurait pu, du moins le croyait-il, se réserver, s'il l'avait voulu, le pouvoir suprême plus tôt. Il avait d'ailleurs déclaré, selon Suétone, qu'il avait alors confié l'Empire à son père et à son frère, et que ceux-ci n'avaient fait que le lui rendre[281]. Ses courtisans s'empressèrent d'ailleurs de magnifier ces paroles d'une rare impudence[282]. Dans la mesure où les Romains pleuraient

---

[278] Stace (*Silv.*, IV, 1, 9) écrit à propos du dix-septième consulat de Domitien : *Precibusque receptis Curia Caesareum gaudet uicisse pudorem.*
[279] S'il faut en croire Martial (II, 13), les juges étaient souvent peu intègres : *Et iudex petit, et petit patronus soluas censeo, sexte, creditori.*
[280] Suet., *Dom.*, 8.
[281] Suet., *Dom.*, 13.
[282] Mart., IX, 101, 15 : *Solus Iuleas cum iam retineret habenas / tradidit, inque suo tertius orbe fuit* ; Quint., *Inst.*, X, 1, 91 : *operibus [poeticis] in quae donato imperio iuuenis secesserat.*

la mort de Titus, Domitien, même s'il l'avait longtemps jalousé, n'exprima publiquement aucune rancœur à l'encontre de son frère, de peur de mécontenter le peuple. Il prononça de ce fait l'éloge funèbre qui lui était destiné en feignant même de verser quelques larmes[283], et permit au Sénat de l'élever au rang de *diuus*. Cependant, il n'accorda aucun honneur à la mémoire de son prédécesseur[284], et les jeux de cirque célébrés le jour de son anniversaire furent supprimés[285]. Par ailleurs, Domitien, dont les discours et les édits contenaient quelques critiques indirectes à l'égard des actes posés par son frère[286], fit le choix d'interdire de louer Titus en sa présence[287].

Le règne de Domitien étant autocratique, il devait, tout en réduisant les attributions du Sénat, s'appuyer sur l'armée pour fortifier le pouvoir impérial et s'attirer ainsi la gloire politique et militaire. À partir de 82, il fut consul à dix reprises : chaque année de 82 à 88, en 90, en 92 et en 95. Il fut le seul, jusque-là, à avoir pris les faisceaux dix-sept fois, le 1er janvier 95, si l'on prend en compte ses sept consulats antérieurs[288]. En 84, après son triomphe sur les Chattes, le Sénat le nomma consul pour dix ans[289], mais, dans les faits, il n'exerça pas cette fonction chaque année. La censure à perpétuité lui fut au demeurant conférée par l'assemblée[290]. Au surplus, Domitien entendait se réserver l'éponymie annuelle[291]. Toutefois, comme Vespasien, il renonça à maintes reprises à être entouré de ses faisceaux le jour des ides de janvier[292].

Un grand nombre de sénateurs flattaient le *princeps*[293] et le moindre prétexte était bon pour lui élever une statue (une myriade d'édifices en or et en argent[294] lui furent dédiés[295], notamment sur le Capitole) ou un arc de

---

[283] Dio Cass., LXVII, 2.
[284] Suet., *Dom.*, 2.
[285] Dio Cass., LXVII, 2.
[286] Suet., *Dom.*, 13 ; Dio Cass., LXVII, 2.
[287] Dio Cass., LXVII, 2.
[288] Suet., *Dom.*, 13 ; Stat., *Silv.*, IV, I, 1 ; Plin., *Paneg.*, 58 ; Auson., *G. a.*, VI, 27.
[289] Dio Cass., LXVII, 4. Domitien est indiqué, en 81, comme *CO(N)S(UL) VII, DES(IGNATUS) VIII*, pour 82 (I. Carradice, *Coinage and finance in the reign of Domitian*, Oxford, 1983) ; en 82, comme *cons. VIII, des. IX*, pour 83 (*CIL*, II, 862 ; III, 4176, 4177 ; IX, 5420) ; en 83, comme *COS. IX, DES. X*, pour 84, (*CIL*, VI, 449). Ensuite, la mention des désignations disparaît.
[290] Dio Cass., LIII, 18 ; LXVII, 4.
[291] Plin., *Paneg.*, 58 : *Non ambitio magis quam liuor et malignitas uideri potest omnes annos possidere, summumque illud purpurae decus non nisi praecerptum praefloratumque transmittere* ; Auson., *G. a.*, VI, 27.
[292] Suet., *Dom.*, 13 : *Omnes [consulatus] paene titulo tenus gessit, nec quemquam ultra kal. mai., plerosque ad Idus usque Januarias* ; Plin., *Paneg.*, 65 : *panculis diebus gestum consulatum, immo non gestum.*
[293] Plin., *Paneg.*, 54 : *certamen adulationumi* ; 55 : *nouitas omnis Adulatione consumpta.*
[294] Suet., *Dom.*, 13 ; Plin., *Paneg.*, 52.

triomphe[296] et procéder à des sacrifices publics en son honneur[297]. Ses victoires étaient, du reste, célébrées par des jeux splendides offerts par de riches Romains[298]. D'après les *Actes des Arvales*, en janvier 86 et 87, on formula des vœux et on pratiqua un sacrifice annuel sur le Capitole en faveur du salut de l'empereur, comme le prévit un sénatus-consulte[299]. Une inscription[300] indique qu'à la suite d'un vœu formulé à l'attention de Domitien, L. Domitius Phaon légua plusieurs parcelles de terre à un collège du dieu Silvanus à la condition que les revenus servent au financement de festins offerts chaque année le 1ᵉʳ janvier et le 11 février (anniversaire de Domitia), le jour de la fête de Silvanus (en juin), le jour de la fête des Rosalia (en juin), le 24 octobre (anniversaire de Domitien), « pour le salut du meilleur empereur et maître »[301].

L'atmosphère d'adulation qui environnait la personne de l'empereur n'était pas due qu'aux sénateurs. En effet, Martial, Stace[302], Silius Italicus[303] et Quintilien[304], qui ont donné aux lettres latines un nouvel éclat, se complaisaient également dans l'idolâtrie de l'empereur. Ces louanges étaient notamment chantées lors de festins et récitées dans les théâtres[305]. Toutefois, ce fut aux titres que l'on pouvait lui décerner que Domitien accordait surtout de l'importance.

Salué vingt-deux fois *imperator* pour des victoires, effectives ou factices, il fut auréolé par trois triomphes, et fut successivement surnommé *Germanicus*, à la fin 83, et *Dacicus*, vers 89 ; les mois de septembre et octobre furent dès lors respectivement rebaptisés *Germanicus* et *Domitianus*[306]. Il pouvait, à partir du 13 juillet 93, se qualifier

---

[295] Dio Cass., LXVII, 8.
[296] Plin., *Paneg.*, 52 ; 54 ; Suet., *Dom.*, 13. Domitien a pu profiter de l'extension du *pomerium* pour faire élever autant d'arcs qu'il y avait de portes pomériales.
[297] Plin., *Paneg.*, 52.
[298] Mart., VIII, 78.
[299] *CIL*, VI, 2065 : *PRO SALUTE E[T INCOLUMITATE IMPERATORUS CAESARIS DOMITIANI AUGUSTI] GERMANICI*.
[300] *CIL*, X, 444.
[301] *CIL*, VI, 541 : *PRO SALUTE OPTUM[I] PRINCIPIS ET DOMINI*.
[302] A. McCullough, "Heard but not seen : Domitian and the Gaze in Statius's *Silvae*", *CJ*, 104, 2, 2009, p. 145-162.
[303] W. C. McDermott et A. E. Orentzel, « Silius Italicus and Domitian », *AJP*, 98, 1977, p. 24-34.
[304] Sil., III, 607-610 ; Quint., *Inst.*, IV, prooem. ; X, 1, 91-92 ; Tac., *Agr.*, 43 : *Caeca et corrupta mens [Domitiani] assiduis adulationibus erat*.
[305] Plin., *Paneg.*, 54.
[306] Suet., *Dom.*, 13 ; Dio Cass., LXVII, 4 ; Mart., IX, 1 : *Dum Janus hiemes, Domitianus autumnes / Augustus omnis commodabit aestate. / Dum grande famuli nomen asseret Rheni Germanicarum magna lux kalendarum*. Stat., *Silv.*, IV, 1, 42 : *Nondum omnis honorem. /*

d'*IMP(ERATOR) CAESAR, DIUI VESPASIANI F(ILIUS), DOMITIANUS AUGUSTUS GERMANICUS, PONTIFEX MAXIMUS, TRIBUNIC(IA) POTESTATE XII, IMP(ERATOR) XXII, CO(N)S(UL) XVI, CENSOR PERPETUUS, P(ATER) P(ATRIAE)*[307] sur les monuments officiels. Sa femme Domitia Longina, quant à elle, reçut le titre d'« Augusta » dès 81[308]. À partir de 84 ou 85, Domitien eut vingt-quatre licteurs[309].

De son vivant, de même que peu après sa mort, Domitien fut raillé pour son auto-attribution du titre de *Germanicus*. Toutefois, Caligula, Claude et Néron avaient fait de même dans le but de revendiquer leur filiation avec cet *imperator* tant apprécié des Romains. Au vers 618 du livre 3 des *Punica*, onze vers après ceux qui ont qualifié Domitien de *Germanicus*, Jupiter promet que l'éloquence de Domitien surpassera un jour celle des descendants de Romulus.

Il est possible que l'utilisation récurrente de ces dénominations ait, en réalité, reflété un profond sentiment d'insécurité, requérant un constant besoin de se rassurer. Elles devaient inévitablement conférer à leur sujet une certaine *grauitas*, et surtout établir une distance respectable entre les subordonnés de l'empereur et sa personne. Toutefois, bien que l'usage outrancier de ces qualifications fût devenu ordinaire, il donnait à l'ordre sénatorial l'occasion d'un grief supplémentaire contre lui.

À une époque où la noblesse menait une vie moins brillante que sous la dynastie julio-claudienne[310], Domitien se distinguait de tous par le luxe qu'il déployait[311]. À cela s'ajoutaient les égards particuliers qu'il réclamait, dont certains faisaient écho aux pratiques autocratiques orientales : se faire baiser

---

Annus habet, cupiuntque decem tua nomina menses ; Plut., *Num.*, XIX, 6 ; Macr., I, 12, 36 ; Plin., *Paneg.*, 54.
[307] *CIL*, II, 862 ; III, 859. La censure est indiquée parfois avant le consulat : *CIL*, III, 856-858. Voir : Frontin., *Strat.*, I, 1, 8 ; 3, 10 ; II, 11, 7. Sur quelques inscriptions et monnaies, on lit : *IMP. DOMITIANUS CAESAR AUGUSTUS*. Voir : *CIL*, II, 656 ; 1945 ; III, 36-37 ; VIII, 792 ; XIV, 2305 ; 2657 ; 3530. *CIL*, II, 1963 : *IMP. CAESAR AUGUSTUS DOMITIANUS*.
[308] Elle le porte dans *les Actes des frères Arvales* dès le 1er octobre 81 : *CIL*, VI, 2060. *Cf.* Eus., *Chron.*, année 2097 : *Domitiani uxor Augusta appellata* à l'année 2097 (1er octobre 80-30 septembre 81). On lit dans Suétone (*Dom.*, 3) : *Domitiam ex qua in secundo suo consulatu filium tulerat duxit, alteroque anno consalutauit Augustam*. Ce passage est certainement altéré ou inexact, puisque le second consulat de Domitien date de 73 et que Domitia ne reçut le titre d'« Augusta » qu'en 81. Antonia, mère de Claude, refusa d'accepter cet honneur rendu par Caligula, mais Agrippine la Jeune établit un précédent en l'acceptant de son vivant. Après Domitia Longina, les femmes d'empereurs prirent tous ce titre. Tac., *Ann.*, XII, 26. Voir : E. R. Varner, "Domitia Longina and the Politics of Portraiture", *AJA*, 99, 2, 1995, p. 187-206.
[309] Dio Cass., LXVII, 4.
[310] Tac., *Ann.*, III, 55 ; Mart., V, 19 ; XII, 36 ; XIV, 122.
[311] Suet., *Dom.*, 9 : *Omnes circa se largissime prosecutus nihil prius aut acrius monuit, quam ne quid sordide facerent*.

les pieds ou les mains[312], se faire porter lors de ses apparitions publiques…[313] Il répugnait d'ailleurs à l'idée que de simples citoyens puissent parvenir à jouir d'une grande réputation[314]. N'aimant pas davantage les hommes de haute naissance peu enclins à le servir, il ne facilitait pas leur avancement dans la carrière des honneurs[315]. Par ailleurs, il s'attribuait les talents et la gloire de ses généraux[316].

Le titre de *dominus*, dont il se dota, n'était pas simplement une marque de déférence ou de politesse : les Romains devaient de la sorte se reconnaître comme ses sujets[317]. Selon Stace, Domitien avait d'abord refusé le titre de *dominus* que le peuple lui offrait[318], mais dont les occurrences abondent chez Martial, souvent associées, du reste, à *deus*, dès le livre V[319].

Corrélativement, Domitien souhaitait se voir revêtir d'un caractère sacré[320] ; Vespasien avait reçu les honneurs de la consécration, à l'instar de sa fille Flavia Domitilla[321] et de son frère Titus[322]. Le dernier empereur flavien reçut donc les qualificatifs de *deus*[323], expression appliquée à l'empereur dès Auguste, de *Jupiter*[324], de *sanctissimus imperator* et *censor*[325], et de

---

[312] Plin., *Paneg.*, 24 [à Trajan] : *Non tu ciuium amplexus ad pedes tuos deprimis* ; Dio Cass., LXVII, 13 ; Epikt., *Diatr.*, IV, 1, 17. Domitien n'alla cependant pas aussi loin, à cet égard, que Caligula.
[313] Plin., *Paneg.*, 24 : *Ante te principes fastidio nostri et quodam aequalitatis metu usum pedum amiserant : illos […] umori ceruicesque seruorum super ora nostra [uehebant]* ; Suet., *Dom.*, 19.
[314] Tac., *Agr.*, 39 : *Id sibi maxime formidolosum, priuati hominis nomen supra principem attolli.*
[315] Plin., *Paneg.*, 69 : *Tandem ergo nobilitas non obscuratur, sed illustratur a principe ; tandem illos ingentium uirorum nepotes, illos posteros libertatis nec terret Caesar, nec pauet.* *Cf. supra*
[316] Dio Cass., LXVII, 6 ; Plin., *Paneg.*, 56.
[317] Plin., *Paneg.*, 45 [à Trajan] : *Scis ut sunt diuersa natura dominatio et principatus, ita non aliis esse principem gratiorem, quam qui maxime dominum grauentur.*
[318] Stat., *Silv.*, I, 6, 84.
[319] Mart., V, 8, 1 ; VII, 34, 8 ; VIII, 2, 6 ; IX, 66, 3 ; X, 72, 3.
[320] Zon., XI, 19 ; Plin., *Paneg.*, 49 : *diuinitas sua* ; Suid., *sub uerbo Domitianus*.
[321] *CIL*, V, 2829 ; Stat., *Silv.*, I, 98.
[322] Dio Cass., LXVII, 2 ; Suet., *Dom.*, 2 ; *CIL*, VI, 945. D'après Suétone (*Tit.*, 11), il semblerait que Titus fut divinisé dès le lendemain de sa mort. Cependant, le 1ᵉʳ octobre 81, le nom de *Diuus* ne lui fut pas donné : *Juliae, T(iti) imp(eratoris) f(iliae), aug(ustae)*, (*CIL*, VI, 2060).
[323] Mart., IV, 1, 10 ; V, 3, 6 ; 5, 2 ; VII, 5, 3 ; 8, 2 ; 40, 2 ; 99, 8 ; VIII, 8, 6 ; 74, 2 ; 82, 3 ; IX, 8, 8.
[324] Mart., IV, 8, 12 ; V, 6, 9 ; VIII, 15, 2 ; IX, 28, 10 ; 36, 2 ; 86, 8 ; XIV, 1, 2 ; Stat., *Silv.*, I, 6, 27 ; III, 4, 18. Martial (VI, 10, 9 ; VII, 56, 4 ; 99, 1 ; IX, 39, 1 ; 65, 1 ; 86, 7) appelle souvent Domitien *Tonans*. *Cf.* Stat., *Silv.*, IV, 4, 58.
[325] *CIL*, VI, 3828 ; Quint., *Inst.*, IV, *prooem.*, 3 : *sanctissimus censor*.

sacratissimus imperator[326] par Stace et Martial. Il y a, dans l'esprit de ce dernier, assimilation entre *dominus* et *deus*, entre un *pater familias* maître des membres de sa maisonnée et le *princeps*, placé à la tête du monde. Domitien, soucieux de sa responsabilité d'assistance envers la clientèle, attribua, à trois reprises, une somme d'argent aux 200 000 Romains participant aux distributions de blé[327].

Une monnaie de Temnos, en Éolide[328], et une inscription de Chersonesos[329] le qualifient de θεός ; à Athènes, on le surnomma Ζεύς ἐλευθέριος[330]. D'après Philostrate, Domitien aurait même souhaité qu'on le proclamât officiellement « fils de Minerve »[331]. Il ajoute qu'un fonctionnaire fut sévèrement sanctionné pour ne pas l'avoir mentionné comme tel lors de prières publiques[332].

Au surplus, en 92, dans la mesure où il entendait que sa personne sacrée fût abritée dans une demeure digne d'elle, il fit édifier sur le Palatin un vaste palais richement décoré par l'architecte Rabirius[333]. Le symbolisme architectural de la *domus Flauia*, avec le temple qui la coiffait, est analysé par R. Turcan : « Un sesterce de Domitien datable de la fin du règne nous montre peut-être ce qu'on percevait du palais en gravissant le *clivus Palatinus* [...]. Au-dessus de deux terrasses superposées, s'élevait un édifice périptère en façon de temple qui aurait donc sacralisé architecturalement la Domus Flavia et pourrait expliquer les comparaisons [...] des poètes de cour avec le sanctuaire de Juppiter Tonans. »[334] On notera que Domitien, qui reconstruisit Rome après qu'elle eut été ravagée par les flammes en 80, reprit les deux principales mesures qui avaient été édictées après l'incendie de 64, mais dont l'exécution n'avait été que partielle : l'élargissement des rues et les destructions des constructions en bois de façon à constituer des coupe-feux naturels en cas d'incendie.

---

[326] Stat., *Silv., praef.* II ; III ; IV ; V, 1, 85 : *sacra dome* ; V, 1, 111 : *sacratos ante pedes domini* ; V, 1, 187 : *sacrum Latus* ; V, 2, 177 : *sacer Germanicus* ; Mart., IV, 2, 4 : *sancto cum duce* ; IV, 30, 3 : *sacris piscibus* ; V, 6, 8 : *sanctioris aulae* ; VI, 76, 1 : *sacri lateris* ; VI, 91, 1 : *sancta censura* ; VII, I, 4 : *pectore sacro* ; VIII, *praef.* : *maiestatem sacri nominis tui*.
[327] Suet., *Dom.*, 4 ; Mart., VIII, 15, 4 ; Plin., *Paneg.*, 28.
[328] Mionnet, *Supplément*, VI, p. 42.
[329] *Bull. corr. hellen.*, XI, p. 164.
[330] *CIA*, III, 1091. Voir : A. Martin, « La titulature épigraphique de Domitien », *Beiträge zur klassischen Philologie*, 81, 1987.
[331] J.-L. Girard, « Domitien et Minerve : une prédilection impériale », *ANRW*, II, 17, 1, 1981, p. 233-245.
[332] Philostr., *Apoll.*, VII, 24.
[333] F. Coarelli, *Guide archéologique de Rome*, Paris, 1994, p. 100-106.
[334] R. Turcan, *Vivre à la Cour des Césars*, Paris, 1987, p. 28-30. Voir : Mart., VIII, 36 ; Stat., *Silv.*, IV, 2, 18-22.

Il semble que le titre de *deus* ne fût pas véritablement officiel, mais que Domitien se plût à se l'entendre attribuer, employant l'expression *dominus et deus* en tête d'une circulaire envoyée à ses procurateurs[335], et les mentions *dominus* et *deus noster sic fieri iubet* sur l'un de ses décrets[336]. Comme nous pouvons le voir, le *princeps* paraissait, pour certains Romains, un maître et un dieu, et pas seulement le premier d'entre eux. Par ailleurs, l'assimilation à Jupiter, conjuguée à l'usage de l'expression *dominus et deus*, visait à enfermer le Romain dans une obligation de soutien et de protection à l'empereur. Notons qu'après que le tyran eut été assassiné en 96[337], Pline le Jeune, dont la partialité manichéenne était patente, ne se priva pas de calomnier Domitien quant à l'usage de ce titre, alors que, dans le même temps, il référait à Trajan en tant que *domine*.

Comparant Domitien à Hercule, Martial, quant à lui, mentionne la volonté de l'empereur d'être assimilé au héros devenu divinité, et de reproduire ses actes exemplaires. Ses *Épigrammes*[338] évoquent un temple consacré par Domitien à Hercule ainsi qu'une statue du dieu aux traits calqués sur ceux du souverain. En outre, dans le couplet d'ouverture[339], Martial ose une comparaison entre l'empereur, qui a imposé son image au héros, et ce dernier, qui a greffé son image sur celle de Domitien afin de le valoriser. Le poète poursuit et clarifie ensuite ce rapprochement flatteur[340]. Doté désormais d'une présence plus imposante encore que celle qui était la sienne durant ses travaux canoniques, cet Hercule auquel Domitien a fait don de son visage apparaît à l'empereur comme digne d'être reconnu comme son fils par Jupiter Capitolin[341]. Les vers fondant la conclusion du poème de Martial, qui font écho à ceux ouvrant l'épigramme[342], vont jusqu'à affirmer qu'Hercule n'était pas digne de porter les traits de Domitien, lesquels auraient bien mieux rendus une fois transposés sur Jupiter Tarpéien. À travers Hercule, Martial assimile donc pareillement Domitien à Jupiter. Ce faisant, il se montre fidèle à une tradition établie par l'empereur en personne afin de se mettre en valeur, tant directement qu'indirectement, que ce soit par l'intermédiaire de Minerve[343], mais aussi comme protégé, vice-régent et

---

[335] Suet., *Dom.*, 7.
[336] Suet., *Dom.*, 13 ; Dio Cass., LXVII, 13 ; Dion. Chrys., 45, 11 ; Oros., VII, 10 ; Zon., XI, 19.
[337] *Cf. infra.*
[338] Mart., 9, 64-65.
[339] Mart., 9, 64.
[340] Mart., 9, 64, 5-8.
[341] Mart., 9, 65.
[342] Mart., 9, 65.
[343] *Cf. supra*

même, égal de Jupiter, ce dieu même qui, dans les *Punica* de Silius Italicus, soutient à la fois Scipion et l'empereur[344].

Si ses prédécesseurs s'étaient abstenus de se comparer à Hercule, l'attitude attribuée à Domitien par Martial aurait pu apparaître comme un rappel de la monarchie hellénistique et des ennemis de l'État, à l'exemple de Marc Antoine[345]. Une comparaison avec Hercule, qui résidait sur l'Olympe, et *a fortiori* les analogies avec Jupiter, impliquaient en effet, aux yeux de certains, une transgression de la norme sur laquelle l'empereur n'exerça bientôt plus de contrôle. Cependant, en tentant de se comparer à Hercule, Domitien faisait, entre autres, ressortir la fluidité terrifiante de la combinaison dieu/homme-bête dont le héros constituait le paradigme, et suggérait que le souverain pouvait, lui aussi, verser rapidement dans la bestialité[346]. En d'autres termes, si Domitien s'est approprié le modèle herculéen, il n'est pas parvenu à contrôler le glissement entre divinité et bestialité inhérent à celui-ci. Bien au contraire, puisqu'il s'est mis à incarner ce glissement en tant que « dieu et maître » (*dominus et deus*) et à travers sa tendance à guerroyer et à faire couler le sang[347]. Il eut toutefois le soutien de Martial. L'empereur flavien reçut-il un accueil similaire chez Silius Italicus ?

Les parallèles typologiques que nous venons d'évoquer s'inscrivent dans le contexte plus large d'une assimilation de l'empereur Domitien à Hercule[348]. Tandis que Vespasien, premier *princeps* de la dynastie flavienne, rejetait manifestement toute association avec le fils de Jupiter et d'Alcmène[349], Domitien s'efforçait effectivement d'entretenir une forte connexion avec celui-ci. Le paradigme attaché à ce modèle herculéen inspirant Domitien n'en demeure pas moins délicat, comme en témoigne la reprise de l'Hercule ambivalent de Virgile[350] par les différents poètes épiques flaviens[351]. Dès lors, Silius compare-t-il également Domitien à Hercule, comme le fait Martial, lequel ne tarit pas d'éloges à l'égard de l'auteur des *Punica* ?

---

[344] R. Marks, *From Republic to Empire : Scipio Africanus in the Punica of Silius Italicus*, Frankfort, Lang, 2005, p. 230-235.

[345] M. Malamud et D. T. McGuire, "Flavian Variant : Myth Valerius, *Argonautica*", dans A. J. Boyle (éd.), *Roman Epic*, Londres, Routledge, 1993, p. 212 ; Suet., *Aug.*, 50 ; Plin., *Nat.*, 35, 92-94.

[346] Ph. Hardie, *The Epic Successors of Virgil : A study in the Dynamics of a Tradition*, Cambridge, Cambridge University Press, 1993, p. 67-68.

[347] Mart., 10, 72, 1-3 ; Juv., 4, 71 ; Plin., *Paneg.*, 2, 3 ; 33, 4 ; 52, 7.

[348] G. K. Galinsky, *The Herakles Theme : The adaptations of the Hero in Literature from Homer to the Twentieth Century*, Oxford, Blackwell, 1972, p. 140-149.

[349] Suet., *Vesp.*, 12.

[350] Verg., *Aen.*, 8, 190-305.

[351] Stat., *Theb.*, 1, 470-520 ; Val. Fl., 2, 373-578.

Dans les *Punica*, Jupiter qualifie le dernier empereur flavien de fils des dieux, de la même manière que Silius officialisa plus tard, à la fin du poème, la parenté divine de Scipion. Deux vers plus loin[352], Jupiter promit que Quirinus en personne céderait son trône à Domitien quand celui-ci serait parvenu aux cieux. Bien plus encore que son homonyme des *Argonautiques* ou de la *Thébaïde*, le Jupiter des *Punica* entretient des liens intimes avec les Romains, aspect que la nature historique du poème contribue en partie à expliquer. Concomitamment, en qualifiant Rome de « royaume de Quirinus »[353], Silius nous rappelle tant l'association implacable entre Romulus, ancêtre moral de Domitien, et sa volonté de régner seul, sans partage, que le fratricide qui lui est attaché : comme le premier roi de Rome, Domitien aurait tué son frère, Titus[354]. Par la même occasion, Silius fait allusion au royaume de Scipion l'Africain et à son nom quasi-royal[355].

Il était utile, voire nécessaire, pour un poète impérial d'inclure çà et là dans sa poésie des marques de respect à son empereur. Domitien s'était d'ailleurs censément offensé contre ceux qui n'avaient pas fait son éloge[356]. Sur base de raisons biographiques évidentes, Fr. Ripoll maintient que Silius a soutenu Domitien[357]. W. C. McDermott et A. E. Orentzel estiment même que l'attachement du poète flavien à Domitien était sincère[358]. Pourtant, différents débats divisent les universitaires dans leur volonté de déterminer si le genre épique latin, et les *Punica* en l'occurrence, présentait une connotation politico-morale optimiste ou, au contraire, pessimiste. Les partisans d'une vision optimiste affirment que Silius soutenait l'idéologie impériale, soit consciemment, soit par la force des choses, et qu'il s'attachait dès lors à souligner la politique de restauration morale entreprise par les empereurs flaviens. Les adeptes d'une vision pessimiste perçoivent en revanche les *Punica* comme une critique de Domitien et du déclin moral et politique de Rome[359]. Dès lors, sommes-nous en mesure de savoir si le poète soutenait ou non le régime du dernier empereur flavien ?

---

[352] Sil., III, 627-628.
[353] Sil., VI, 103 : *sceptra Quirini*.
[354] Titus avait promis à Domitien de l'associer pleinement à l'exercice du pouvoir, mais aucun pouvoir tribunitien ou *imperium* ne lui fut confié durant son règne.
[355] J. Henderson, *Figuring Out Roman Nobility : Juvenal's Eighth* Satire, Exeter, University of Exeter Press, 1997, p. 142 ; R. Marks, *From Republic to Empire : Scipio Africanus in the Punica of Silius Italicus*, Frankfort, Lang, 2005, p. 206.
[356] Dio Cass., LXVII, 4, 2 ; Plin., *Pan.*, 1, 6.
[357] Fr. Ripoll, *La morale héroïque dans les épopées latines d'époque flavienne : tradition et innovation*, Louvain-la-Neuve, 1998, p. 469-471.
[358] W. C. McDermott et A. E. Orentzel, « Silius Italicus and Domitian », *AJPh*, 98, 1977, p. 34.
[359] D. T. McGuire fait partie des pessimistes.

Selon notre opinion, le statut paradigmatique de héros attribué à Hercule dans les *Punica* démontre clairement la vision étendue du continuum mythico-historique que possède Silius. Aux côtés de Bacchus, de Castor, de Pollux et, parfois, d'Asclépios[360] et de Romulus, Hercule fait partie de ces héros divinisés pour services rendus à la race humaine ; il possède dès lors le statut de demi-dieu[361]. La première position qu'occupe Hercule dans cette liste de héros suggère la primauté de son statut exemplaire. De tous ces personnages, il est effectivement le seul à être érigé en modèle dont la race humaine doit s'inspirer. De plus, apparaissant comme un archétype, il est imité de diverses manières par les plus grands chefs de guerre tels qu'Alexandre, Romulus, Scipion l'Africain, Pompée, César, Antoine, Auguste et Domitien. Le fait qu'il n'invite pas uniquement à l'imitation, mais exige également l'émulation, confère à Hercule un statut exemplaire particulièrement remarquable[362].

Si les parallèles typologiques que nous venons d'évoquer s'inscrivent dans le contexte plus large d'une assimilation de l'empereur Domitien à Hercule[363], le paradigme attaché à ce modèle herculéen inspirant Domitien n'en demeure pas moins délicat, comme en témoigne la reprise de l'Hercule ambivalent de Virgile[364] par les différents poètes épiques flaviens[365].

Au demeurant, comme son père, Domitien voulait faire du principat un Empire dynastique. Cependant, son fils, né de Julie Augusta en 73, mourut très jeune. Il figura alors parmi les *diui*[366]. En 90, Domitia tomba, à son tour, enceinte, comme en témoignent les vers de Martial célébrant l'hérédité du pouvoir impérial[367]. Toutefois, dans la mesure où l'épigrammiste est le seul à faire mention du fils de Domitien, il y a lieu de croire qu'il ne vécut que très

---

[360] Bacchus, Castor, Pollux et Asclépios ne figurent pas dans les *Punica*.
[361] Cic., *Leg.*, 2, 19 ; *Tusc.*, 1, 27-28 ; *Nat.*, 2, 62 ; Hor., *Carm.*, 3, 3, 9-36 ; 4, 8, 13-34 ; *Ep.*, 2, 1, 5-11.
[362] B. Tipping, *Exemplary Epic : Silius Italicus' Punica*, Oxford, Oxford University Press, 2010, p. 16.
[363] Ph. Hardie, *The Epic Successors of Virgil : A study in the Dynamics of a Tradition*, Cambridge, Cambridge University Press, 1993, p. 67-68.
[364] Verg., *Aen.*, 8, 190-305.
[365] Stat., *Theb.*, 1, 470-520 ; Val. Fl., 2, 373-578.
[366] Stat., *Silv.*, 1, 95 : *tua turba relicte labetur corelo, miscebitque oscula iuxta ; ibit in amplexus natus fraterque patarque, et soror* ; Sil., III, 626 : *Tarda senectam hospitia excipient caeli solisque Quirinus cocedet, mediumque pater fraterque locabunt siderei iuxta radiabunt tempora nati*. Martial dit de Domitien (IX, 101, 22) : *[dedit] sidera astra suis, caelo sidera* ; Stat., *Silv.*, I, 1, 74 ; IV, 3, 139. Pline (*Paneg.*, II) parle des princes *diuinitate parentum desides et superbos*.
[367] Mart., VI, 3 : *Mascere Dardanio promissum nomen lubo, uers deum suboles, mascere magne puer cui pater seternas post saecula tradat, quique regas orbem cum seniore senex*. Par opposition, l'hérédité par primogéniture comportait des relents monarchistes contre lesquels s'insurgeait Tacite.

peu de temps. Sans enfant, Domitien destina donc sa succession aux deux fils de son cousin, Flavius Clemens[368], et de sa nièce, Flavia Domitilla. Il les appela Domitien et Vespasien[369], et ce fut Quintilien qui fut chargé de leur instruction[370]. Le pouvoir impérial demeura donc électif.

VI : La restauration de la religion romaine traditionnelle

Domitien fonda son pouvoir sur trois bases essentielles : sa légitimité dynastique, ses qualités morales et physiques et son élection par Jupiter, le principal représentant céleste de la religion romaine traditionnelle. De ce fait, il favorisa surtout son culte[371], de même que celui de Minerve[372].

Le dernier Flavien, qui suivit la même ligne de conduite que son père (« le conservateur des cérémonies publiques et le restaurateur des temples sacrés »[373]), accorda une grande importance au maintien de la religion nationale et aux cultes traditionnels, dont il était, en tant que *Pontifex Maximus*, le chef. À l'époque flavienne, de nombreux citoyens conservateurs estimaient qu'ils étaient menacés par certaines croyances orientales considérées comme immorales et susceptibles de provoquer des troubles au cœur de l'Empire. Ayant pour dessein de régner en maître absolu mais aussi d'apparaître comme le garant du *mos maiorum*, Domitien voulut régir la religion sous toutes ses formes.

Le monnayage était l'un des moyens de communication les plus efficaces dont disposait le pouvoir impérial. Il permettait en outre au prince d'exprimer ses convictions personnelles (religieuses, politiques...). Dès son accession au pouvoir, le 13 septembre 81, Domitien fit placer au revers de ses monnaies de bronze la déesse Felicitas[374]. Tenant une branche et un caducée, attribut de Mercure, elle faisait apparaître l'adjectif *publica*. Personnification du bonheur, de la chance et de la fécondité, elle devait en outre garantir la protection des dieux. À l'instar de Sylla, Auguste et

---

[368] Suet.. *Dom.*, 5 ; Dio Cass., LXVII, 14.
[369] Suet., *Dom.*, 15.
[370] Quint., *Inst.*, IV, *prooem.*, 2.
[371] Mart., IX, 101, 14 : *suo [...] pro Jove* ; VIII, 80, 6 : *tam culte [...] sub Joue*.
[372] Suet., *Dom.*, 15 : *Mineruam quam superstitiose colebat* ; Dio Cass., LXVII, 1 ; Philostr., *Apoll.*, VII, 32 ; VIII, 16 ; 25.
[373] *CIL*, VI, 934.
[374] *RIC*, II, 235.

Vespasien[375] en avaient fait une valeur personnifiée de première importance. En choisissant Felicitas, Domitien poursuivit donc l'action augustéenne, proclamant sa volonté de restaurer l'ère de paix et de prospérité initialement mise en place par le premier *princeps*, tout en poursuivant l'un des thèmes majeurs de la propagande flavienne. En complément à Felicitas, Domitien choisit de représenter Salus, personnification de la santé et du bien-être public associée, dès Auguste, à la personne du prince[376].

Dans la même optique, Fortuna, déesse de la chance, tenant un gouvernail et une corne d'abondance sur des deniers frappés en 82[377], et Spes, une fleur à la main[378], constituent des réminiscences de l'imagerie vespasienne. De la sorte, Domitien voulait convaincre le *populus Romanus* qu'il apportait le bonheur et la prospérité par l'intermédiaire des dieux.

Empreint de *fides* à l'égard d'Auguste, Domitien, comme lui, célébra l'un de ses retours triomphaux par la rénovation du culte de Fortuna Redux. Cependant, alors qu'Auguste, en 19 avant J.-C., s'était contenté, à son retour d'Orient, de lui élever un autel près de la porte Capène, Domitien voulut enraciner son action dans la plus antique tradition romaine. Ce furent dès lors la Fortuna Respiciens (Τύχη Ἐπιστρεφόμενη) de Servius Tullius et la Porta Triumphalis de L. Stertinius[379] qu'il fit restaurer à son retour de la guerre contre les Sarmates. De même, sur certaines monnaies domitiennes était représenté Apollon, pour renouer avec le système augustéen[380] : Vespasien et Titus n'avaient représenté le dieu solaire sur aucune émission monétaire.

La revendication de l'héritage augustéen était surtout perceptible dans l'édification du temple de Jupiter Custos, sur le Capitole, même si celle-ci visait probablement à cacher sous des dehors épiques l'épisode peu glorieux de la fuite du Capitole en 69[381]. Pour ce faire, Domitien remplaça le modeste *sacellum* par un temple aux proportions grandioses (un *templum ingens* aux dires de Tacite[382]), à l'intérieur duquel le dieu tenait dans ses bras une statue de l'empereur *pius*. Le culte de Jupiter Custos (« Gardien ») faisait par ailleurs écho à celui du Jupiter Tonans (« qui fait un bruit de tonnerre »)

---

[375] *RIC*, II, 73 ; 78 ; 81-82 ; 84 ; 87 ; 91-94.
[376] J.-P. Martin, Providentia deorum. *Recherches sur certains aspects religieux du pouvoir impérial romain*, Rome, 1982, p. 81-82.
[377] J.-P. Martin, *Ibid.*, p. 81-82.
[378] *RIC*, II, 461 ; 464.
[379] F. Coarelli, « La Porta Triumphalis e la via dei trionfi », *Dialoghi di Archeologia*, 2, 1, 1968, p. 55-103.
[380] *RIC*, II, 3.
[381] *Cf. supra*.
[382] Tac., *Hist.*, III, 74, 2.

augustéen : sauvé miraculeusement de la foudre par le dieu lors des guerres d'Hispanie, Auguste, reconnaissant, lui avait élevé un temple sur le Capitole, en l'associant à celui de Jupiter Feretrius (« à qui l'on porte les dépouilles »)[383]. Domitien, ayant, par chance, réussi à se soustraire à la vindicte des Vitelliens[384], répéta donc pieusement le geste de son prédécesseur qui, comme lui, avait eu la volonté de restaurer les mœurs des Anciens. Plusieurs séries monétaires furent du reste figurer l'épithète *CUSTOS* à côté de celles de *VICTOR* et de *CONSERUATOR*[385]. Au surplus, occuper l'Argilète, route de Rome reliant le Forum au quartier de Suburre, c'était s'insérer entre le Temple de la Paix[386] et le Forum de Mars Ultor (« Vengeur »), le père des jumeaux Romulus et Remus et le vengeur de César, et donc, entre Vespasien et Auguste afin d'établir une filiation entre le *proto-princeps* et les Flaviens.

Sur des émissions portant la légende *PRINCEPS IUVENTUTIS*, apparaît une chèvre entourée de laurier, évocation d'Amalthée, la nourrice de Jupiter, et d'Apollon[387], le dieu protecteur d'Auguste. D'autres monnaies montrent au revers l'aigle, symbole du roi des dieux, tenant dans son bec une couronne[388]. Ainsi, dans une conception du pouvoir proche de celles des souverains hellénistiques, Domitien s'assigna la mission de remplir efficacement sa fonction en se plaçant sous la protection des divinités, et en se présentant comme le premier serviteur de l'État.

Dès 81, Domitien montra surtout aux Quirites qu'il bénéficiait du soutien de Minerve, laquelle apparaissait sur des monnaies d'or, d'argent et de bronze. La déesse y figurait généralement casquée, armée d'un bouclier et brandissant une lance[389]. Afin d'associer Minerve à Jupiter, le Flavien fit graver la déesse tenant le foudre[390]. Si elle est totalement absente du monnayage flavien en tant que divinité des métiers, la déesse de la guerre intelligente qui y est omniprésente, devait seconder l'empereur et protéger ses sujets.

En plus de frapper des monnaies à l'effigie de sa déesse favorite[391], Domitien en donna le nom à un *aedes* situé sur le forum construit par

---

[383] Suet., *Aug.*, 29, 5.
[384] *Cf. supra*.
[385] *BNCMER*, III, p. 292.
[386] J. C. Anderson, "Domitian, the Argiletum and the Temple of Peace", *AJA*, 81, 1, 1982, p. 101-110.
[387] *BMCRE*, II, p. 47.
[388] *BNCMER*, III, p. 277.
[389] *BNCMER*, III, p. 244 ; *RIC*, II, p. 155.
[390] *BNCMER*, III, p. 244 ; *RIC*, II, p. 155.
[391] I. Carradice, *Coinage and finance in the reign of Domitian*, Oxford, 1983, p. 5-15. *Cf. infra*.

Rabirius pour l'empereur, forum auquel la *damnatio memoriae*[392] a valu le nom de *Forum Transitorium* ou de *Forum Neruae*, alors que Martial le qualifiait de *Forum Palladium*[393] ; une statue érigée au milieu de l'ancien forum représentait l'empereur tenant Minerve dans la main. Le Palatin, en bonne place dans cette géographie sacrée, abritait également un sanctuaire dédié à cette même déesse[394]. Tolosa (Toulouse) reçut de l'empereur le titre de colonia Palladia, ce qui fit de tous les membres du corps civique toulousain des citoyens romains[395], sans doute en vue d'honorer un compagnonnage ancien avec le plus illustre des Toulousains, Antonius Primus, vainqueur de Vitellius[396]. Domitien donna même le nom de *T. Mineruia* à l'une de ses légions[397]. En outre et surtout, plusieurs auteurs ont maintes fois associé l'empereur à la déesse de la guerre intelligente[398].

Se placer sous la protection tant de Jupiter que de Minerve constituait un acte de foi fédérateur visant à rassembler l'ensemble des Quirites sous l'égide des deux divinités les plus puissantes du panthéon gréco-romain. Par ailleurs, l'expérience militaire de Domitien en Germanie a sans doute donné de l'élan à la vénération qu'il portait à ces deux divinités.

Une autre divinité figurait sur les monnaies domitiennes : Cérès. Elle tenait un sceptre et des épis de blé, tout en étant associée à Domitia. Ce binôme confirmait l'initiation d'une nouvelle ère faite de prospérité, la nourrice du genre humain étant secondée par l'Impératrice[399].

Le dernier empereur flavien fit construire et restaurer un certain nombre de temples[400], notamment ceux de Jupiter Capitolin, de Minerve, de Janus Quadrifrons (« qui a quatre visages »), de Castor, d'Apollon, d'Hercule et de deux autres dédiés à Junon ; Suétone reconnaît à Domitien la réfection du Capitole et celle d'autres édifices sacrés, mais il lui reproche d'avoir opéré ces reconstructions en son seul nom[401]. Le biographe entend lui opposer Hadrien, dont il fut le secrétaire, qui rebâtit entièrement le Panthéon en inscrivant scrupuleusement sur la façade principale le nom d'Agrippa.

---

[392] *Cf. infra.*
[393] Mart., I, 2, 8.
[394] Dio Cass., LXVII, 16, 1. Il se peut que ce fût de ce sanctuaire que Domitien vit Minerve sortir dans un rêve. Voir : Suet., *Dom.*, 15, 7.
[395] Mart., IX, 99, 3 ; Auson., XV, 5, 11 ; XVI, 18, 17 ; Sidon., *Carm.*, VII, 436.
[396] J.-M. Pailler, « Domitien et la 'Cité de Pallas', un tournant dans l'histoire de Toulouse antique », *Pallas*, 34, 1988, p. 101. *Cf. supra.*
[397] *Cf. infra.*
[398] Quint., *Inst.*, X, 1, 91 ; Stat., *Silv.*, 1, 1, 5 ; IV, 1 ; Mart., V, 2, 8 ; 5, 1 ; VI, 10, 9-12 ; VII, 1 ; VIII, 1, 4 ; IX, 3, 10 ; IX, 24, 5 ; XIV, 179 ; *CIL*, XIV, 2897.
[399] *RIC*, II, 443.
[400] Mart., VI, 4, 3 ; 10, 2 ; VIII, 80, 5-8.
[401] Suet., *Dom.*, 5.

En 88, sur ordre du Sénat et aux frais du trésor public, des jeux séculaires (*ludi saeculares*) furent organisés en l'honneur des dieux de la Cité[402] ; ceux-ci devaient faire partie d'une cérémonie que « personne n'avait encore vue et ne devait jamais revoir »[403]. Comme l'indiquent Suétone[404] et Zosime[405], les jeux séculaires de Domitien et, plus tard, ceux de Septime Sévère, se rattachaient à la série définie par Auguste en 17 avant J.-C. et fondée sur un siècle rituel de cent dix ans. Le monnayage de 88 fut *ipso facto* illustré par des scènes de ces jeux[406]. Le Flavien suivit en effet le modèle augustéen pour les rites, comme l'indiquent les monnaies frappées à l'occasion des *ludi*[407], mais il prit quelques libertés dans la détermination de leur date dans le cycle puisqu'il les célébra cent quatre ou cent cinq ans après ceux d'Auguste[408]. Il semble dès lors pertinent de nous interroger sur les raisons qui ont dicté ce choix ?

Selon la tradition romano-étrusque, cette célébration collective avait pour but de clore le siècle et de faire cesser les catastrophes par des actes expiatoires visant à assurer la *pax deorum*. Or, après la guerre civile de 68-69, une série de fléaux avait frappé l'ensemble de l'Italie en 79-80 : éruption du Vésuve, incendie de Rome et épidémie de peste[409]. Domitien, favorisant la religion traditionnelle, se donna pour mission de clore définitivement cette ère, et d'en commencer une nouvelle, marquée par la paix et la prospérité. Cependant, il crut utile de lui conférer une résonance personnelle en modifiant la date exacte[410] à laquelle auraient dû se dérouler les jeux séculaires.

---

[402] Stat., *Silv.*, I, 4, 17 ; IV, 1, 37 ; Mart., IV, 1, 7 ; X, 69, 3 ; Tac., *Ann.*, XI, II ; Suet., *Dom.*, 4 ; Cens., XVII, 11 ; Zos., II, 4.
[403] Suet., *Cl.*, 21 ; Zos., II, 5 ; Herodian., III, 8, 10 ; *CIL*, VI, 877.
[404] Suet., *Dom.*, 4, 1.
[405] Zos., II, 4, 3.
[406] *RIC*, II, 116.
[407] *RIC*, II, 116.
[408] M. Grunow Subocinski, "Visualizing Ceremony : The Design and Audience of the Ludi Saeculores Coinage of Domitian", *AJA*, 110, 4, 2006, p. 581-602 ; H. Pavis d'Escurac, « Siècle et Jeux Séculaires », *Ktema*, 18, 1993, p. 79-89 ; J. Gagé, *Recherches sur les Jeux Séculaires*, Paris, 1934, p. 77.
[409] Suet., *Tit.*, 8, 7.
[410] Selon M. Susplugas (« Sur la date des Jeux Séculaires de Domitien », *AC*, 71, 2002, p. 151-159), l'année 88 correspondait, selon le mode de calcul des *decennalia* et *uicennalia* inaugurés par Auguste, aux *uicennalia* du *dies imperii* de Vespasien (1er juillet 69), aux *uicennalia* du sauvetage miraculeux de Domitien par Jupiter sur le Capitole (décembre 69) et aux *decennalia* de la mort de Vespasien (23 juin 79). Il est donc probable que Domitien ait voulu faire coïncider la célébration des jeux séculaires avec celle de trois événements aussi importants que l'accession des Flaviens à l'Empire, son élection divine par Jupiter et la divinisation de Vespasien qui faisait de Domitien le fils d'un *Diuus* et renforçait sa légitimité dynastique.

Un fait anecdotique illustre l'importance que revêtait la religion romaine aux yeux de Domitien. Un monument édifié par un affranchi à la mémoire de son fils, parce qu'il était composé de pierres destinées au temple de Jupiter Capitolin, fut détruit ; les quelques objets rassemblés à l'intérieur de cette construction furent jetés à la mer pour ne pas souiller la Cité[411].

Domitien, très conservateur, rétablit certains usages anciens, comme le port obligatoire de la toge aux spectacles[412]. Il veillait également à limiter l'enrichissement des individus les plus aisés, ainsi qu'en témoigne le remplacement des sportules en nature ou en argent par de véritables repas[413] afin de diminuer la fortune des nobles, les repas coûtant plus cher que ces paniers contenant des vivres[414] ; cette mesure fut cependant rapidement abandonnée. Au surplus, Domitien n'entendait pas supprimer les barrières traditionnelles séparant les esclaves du reste de la population[415] ; il veilla donc à ce qu'ils ne puissent s'attribuer les droits des citoyens[416]. D'ailleurs, si une fraude était commise dans un acte d'affranchissement, celui qui la dénonçait devenait propriétaire de l'esclave[417]. Néanmoins, Domitien s'occupa des enfants nés libres, mais exposés[418]. Il semble avoir estimé qu'il ne fallait pas leur refuser la *libertas*.

Le prince, qui se méfiait surtout du judaïsme et du christianisme[419], opposa à ces religions étrangères un culte traditionnel, celui qui avait fait la grandeur de Rome. En effet, parallèlement à sa restauration et à sa consolidation du culte romain traditionnel, dessein qui faisait montre de l'objectif d'affirmer la cohésion de l'Empire, Domitien marqua une défiance à l'égard des religions orientales, qui constituaient un danger eu égard tantôt à l'irruption de l'irrationalité qu'elles développaient, tantôt à l'exclusivisme qu'elles favorisaient. Cependant, la progression du culte d'Isis, présent à Rome

---

[411] Suet., *Dom.*, 8. Lorsque, sous Vespasien, le temple de Jupiter Capitolin fut reconstruit, les auspices défendirent d'employer les pierres qui lui étaient destinées pour tout autre usage (Tac., *Hist.*, IV, 53).
[412] Mart., XIV, 124 : *Romanos rerum dominos genteraque togatam Ille (Domitianus) facit* ; IV, 2, 3 : *Cum plebe et minor ordo maximusque sancto cum duce candidus sederet* ; V, 23 : *Herbarum fueras indutus, Basse, colores Iura theatralis dum siluere loci* ; XIV, 137.
[413] Suet., *Dom.*, 7 : *Sportulas publicas sustulit reuocata rectarum Caenarum consuetudine.*
[414] Suet., *Nero*, 16 : *adhibitus sumptibus modus ; publicae caenae ad sportulas redactae.*
[415] Gai., *Dig.*, XLVIII, 3, 2, 1 ; 16, 16.
[416] Dio Cass., LXVII, 13.
[417] Gai., *Dig.*, XL, 16, 1 : *Ne quorumdam dominorum erga seruos nimia indulgentia inquinaret amplissimum ordinem eo, quod paterentur seruos suos in ingenuitatem proclamare liberosque iudicari, senatus consultum factum est Domitiani temporibus, quo cautum est, ut, si quis probasset per collusionem quicqnam factum, si iste homo seruus sit, fieret eius seruus qui detexisset collusionem. Cf. Code Justinien*, VII, 20, 2.
[418] Plin., *Ep.*, LXV-LXVI ; LXXII.
[419] *Cf. infra.*

depuis plus de trois siècles et alors répandu dans toute l'Italie[420], ne pouvait être enrayée. Le *princeps* essaya dès lors, sans doute à tort au vu du projet qu'il nourrissait, de le diriger, en s'attirant notamment la sympathie des prêtres et des fidèles de la déesse égyptienne[421]. Au surplus, il n'avait pas oublié que c'était le vêtement de l'un de ses prêtres qui lui avait jadis permis de fuir le Capitole sans être reconnu, alors que les Vitelliens cherchaient à le faire périr[422]. Il décida donc de rebâtir le temple d'Isis sur le Champ de Mars, hors du *pomerium* ; des cérémonies auraient peut-être eu lieu au palais du prince[423]. Toutefois, la figure isiaque faisait figure d'exception.

VII. La restauration de la moralité

Après une année et demie de troubles et de luttes intestines qui n'était pas sans rappeler la période chaotique des trois guerres civiles du Ier siècle avant J.-C., l'Empire romain avait retrouvé une certaine stabilité politique et socio-économique grâce à l'arrivée au pouvoir de Vespasien. L'accession aux plus hautes marches de l'État du premier empereur flavien, proclamé *princeps* par les légions d'Égypte en 69, avait également coïncidé avec l'entreprise de reconstruction de l'édifice moral construit autour de la valorisation des vieilles valeurs propres à la romanité. La *fides* et la *pietas*, en tant que vertus cardinales, étaient la meilleure part de l'héritage républicain et augustéen des Flaviens. C'est elle qui, sur le plan politique, religieux et civique, constituait une base solide du nouveau régime établi par Vespasien. Cette mise en valeur des vertus du *mos maiorum* s'est opérée dans le but d'établir une continuité dynastique et d'en recueillir une légitimité certaine.

Sous le règne des Flaviens et en particulier sous les principats de Titus[424] et de Domitien[425], la déesse Pietas[426] a fait l'objet d'une utilisation récurrente

---

[420] Mart., II, 14, 7 ; Stat., *Silv.*, III, 2, 101-104 ; Juv., VI, 529.
[421] Min. Fel., XXII, 2 ; Tert., *Apol.*, 6.
[422] Othon avait été un fervent adorateur d'Isis (Suet., *Othon*, 12).
[423] Pline semble y faire une allusion dans le *Panégyrique* (49) : Peregrinae Superstitionis ministeria [...] mensis principis oberrant.
[424] *RIC*, t. 2, *Titus*, 73 ; 96 ; 214 ; 222-224.
[425] *RIC*, t. 2, *Domitian*, 214.
[426] Pietas déifiée apparaît à deux reprises dans l'œuvre cicéronienne aux côtés d'autres notions abstraites divinisées. Au livre II du *De Legibus* (II, 28), Cicéron écrit : « Que l'on rende un culte aux êtres divins et ceux que l'on a toujours tenus comme dieux du ciel, et ceux que leurs bienfaits ont placés dans le ciel, Hercule, Liber, Esculape, Castor, Pollux, Quirinus et ces mérites auxquels est accordé aux hommes le pouvoir de s'élever au ciel : Mens, Virtus, Pietas, Fides et que de ces mérites, il y ait des sanctuaires ; mais que jamais l'on n'entreprenne en l'honneur des vices des cérémonies solennelles. » Quelques lignes plus loin, il ajoute : « Il est bon de diviniser les qualités humaines que sont Mens, Pietas, Virtus et

dans la numismatique romaine. Deux monnaies, l'une à l'effigie de Domitien, l'autre à l'effigie de Domitia, et qui portent toutes deux au revers l'image d'un bébé nu, assis sur un globe strié et entouré d'étoiles qu'il cherche à atteindre, ont été frappées en 82 et 83[427]. La légende *DIVVS CAESAR IMP. DOMITIANI F.* ainsi que l'assimilation explicite du jeune Flavius, fils de Domitien mort tout enfant et divinisé sous le titre de Caesar, à Jupiter lorsqu'il était enfant sont explicites. Ces monnaies avaient notamment pour but de démontrer que, à défaut d'une continuité dynastique assurée par la présence effective d'un héritier mâle, l'entente des époux impériaux était réelle et que Domitien, père du divin Flavius, descendait du roi des dieux. D'ailleurs, comme l'explique Suétone, au lendemain des massacres du Capitole et après avoir échappé à l'incendie du temple, puis à ses poursuivants en se déguisant en prêtre d'Isis et en se mêlant aux sacrificateurs de diverses religions, Domitien a toujours considéré que le pouvoir suprême lui revenait de droit, car il se pensait d'essence divine[428].

Durant l'ère domitienne, la *pietas* apparaissait toujours comme une valeur qui devait essentiellement être manifestée à l'égard de l'empereur. Comme durant la dynastie julio-claudienne, ce dernier suscitait la piété de ses concitoyens pour, dans un second temps, témoigner de cette valeur envers les dieux. Mais surtout, au cours de la décennie 80, la *pietas* a favorisé l'émergence d'une nouvelle notion, la *prouidentia*, qui entendait assurer au *princeps* une légitimité d'ordre religieux. Ce concept flavien à la dimension divine fortement ancrée avait circonscrit la *pietas* autour du volet lié à la protection de l'empereur par les dieux. Cette valeur, toujours fondatrice de légitimité, a donc subi une inflexion substantielle du fait de la présence d'une famille qui se disait providentielle.

Nous pouvons dire que Domitien veilla de près aux pratiques et aux devoirs imposés par la religion nationale. Les actes des frères Arvales se rapportant à son règne furent rédigés avec soin[429]. En outre, en 82 ou 83[430], trois vestales furent mises à mort pour n'avoir pas respecté leur vœu de chasteté. N'appliquant pas d'emblée l'enterrement vif, Domitien leur laissa le choix

---

Fides, vertus qui toutes possèdent à Rome un temple que l'État leur a dédié, afin que ceux qui possèdent ces qualités – et tous les hommes de bien les ont – croient que les dieux eux-mêmes séjournent dans leur âme. » (*Bene uero quod Mens, Pietas, Virtus, Fides consecrantur humanae, quarum omnium Romae dedicata publice templa sunt, ut illas qui habeant (habent autem omnes boni) deos ipsos in animis suis conlocatos putent*). Chez Plaute (*Curc.*, 639-641), Pietas revêt majoritairement un caractère familial.
[427] *RIC.*, t. 2, *Domitian*, 209 A ; 213.
[428] Suet., *Dom.*, 1, 4.
[429] W. Henzen, *Acta fratrum Arvalium*, p. XI. Depuis 89, l'annonce du sacrifice annuel à la Dea Dia, faite jusqu'alors par le magister au nom des Arvales, fut faite par tout le collège.
[430] Eus., *Chron.*, année 2098.

de leur supplice, et condamna leurs amants à la relégation[431]. La tradition rapporte que le pontife Helvius Agrippa, choqué par la sévérité des sentences, fut frappé d'apoplexie en plein Sénat[432]. Vers la fin de l'année 89, la grande Vestale Cornelia fut à nouveau jugée pour inconduite, et fut, cette fois, condamnée à mort[433]. Pline le Jeune[434] écrit : « Domitien résolut de faire enterrer vive la grande Vestale Cornelia, croyant illustrer son siècle par un tel exemple. En vertu de son droit de Grand Pontife, ou plutôt de sa cruauté de tyran, il convoqua les autres pontifes, non dans la région, mais dans son palais d'Albano. [...] Aussitôt les pontifes furent envoyés à Rome, pour faire enterrer vive la prêtresse. Elle, levant les mains au ciel, implorait tantôt Vesta, tantôt les autres dieux et, au milieu de ses plaintes, elle répétait souvent : "César me déclare incestueuse, moi dont les sacrifices l'ont fait vaincre, l'ont fait triompher !" » Pline poursuit : « On ne sait si elle prononçait ces mots pour flatter ou pour insulter le prince, si le témoignage de sa conscience ou son mépris pour Domitien les lui faisaient dire. [...] Comme le bourreau lui présentait la main, elle se détourna et, par un dernier mouvement de chasteté, elle repoussa, comme si son corps eût été pur, ce contact honteux. [...] Celer, chevalier romain que l'on disait son complice, fut battu de verges, jusqu'à la mort, dans le Comitium ; [...] il s'en prit à Valerius Licinianus, ancien préteur, l'accusant d'avoir caché une affranchie de Cornelia dans ses terres. Ceux qui s'intéressaient à lui l'avertirent qu'un aveu seul le sauverait du supplice des verges. Il le fit, et se retira ensuite. Domitien fut si heureux de cette nouvelle que sa joie le trahit : "Licinianus nous a absous", dit-il. Puis il ajouta qu'il ne fallait pas augmenter son humiliation. »

La réaction de Domitien aux aveux de Licinianus est pour le moins étonnante. Du reste, Pline se montre très favorable à Cornelia et à ses présumés complices, mais il ne se prononce pas quant à leur éventuelle innocence, celle-ci ne pouvant visiblement pas être prouvée. Il signale par ailleurs que Nerva et Trajan, opposés à la manière de gouverner de Domitien, n'eurent pas complètement gracié Licinianus, ce qui peut laisser croire qu'il était en réalité coupable. Suétone affirme que Cornelia avait bel et bien manqué à ses vœux, mais il se montre moins catégorique en ce qui concerne Licinianus[435]. Du reste, pour souligner l'attachement de Domitien à

---

[431] Suet., *Dom.*, 8 ; Dio Cass., LXVII, 3 ; Philostr., *Apoll.*, VII, 6. Tacite (*Hist.*, I, 2) y fait peut-être allusion : *Pollutae caerimoniae, magna adulteria*.
[432] Dio Cass., LXVII, 3.
[433] Plin., *Ep.*, IV, 11, 6-11 ; Suet., *Dom.*, 8 ; Stat., *Silv.*, I, 1, 33-36.
[434] Plin., *Ep.*, IV, 11, 11.
[435] Suet., *Dom.*, 8 : *[Corneliam] conuictam defodi imperauit[Domitianus], stupratoresque uirgis in comitio ad necem caedi, excepto praetorio uiro, cui, dubia etiamtum causa et incertis quaestionibus at que tormentis de semet professo exilium indulsit*. Juvénal (IV, 8)

la pudeur, ajoutons qu'une femme fut exécutée pour s'être déshabillée face à une statue le représentant[436].

Soucieux de redynamiser la religion romaine traditionnelle, Domitien prit très au sérieux son titre de censeur, dont l'une des tâches consistait à veiller à la bonne moralité des Romains[437], car il défendit aux femmes de mauvaise vie d'utiliser la litière, de recueillir des dons et de recevoir des héritages[438]. En 82 ou 83[439], il interdit aux jeunes gens de devenir eunuques ; il en diminua d'ailleurs le prix[440]. Par ailleurs, il rétablit la loi Scantinia, qui punissait les crimes sexuels, et réprima plusieurs sénateurs et chevaliers connus pour leurs mœurs dissolues[441]. En 89, il prononça de nombreuses condamnations à l'égard de ceux qui s'éloignaient des préceptes moraux édictés par les Anciens[442]. En outre, il raya de l'*album* des juges chevaliers qui avaient repris leur femme après qu'elle fut adultère[443] ; pour contourner la loi, selon Martial, on se mariait, on divorçait et on se remariait ensuite[444]. Il chassa du Sénat Caecilius Rufinus au motif qu'il était intéressé par la danse[445], et en expulsa Palfurius Sura, coupable d'avoir lutté publiquement contre une femme sous Néron[446] (le peuple manifestant contre cette expulsion, il lui ordonna de se taire[447]).

Domitien interdit par ailleurs aux acteurs de pantomimes de se produire en public, limitant leurs spectacles à des maisons particulières[448], sous prétexte

---

prétend que Crispinus fut un des amants de Cornelia : *cum quo nuper uittaia iocebat / suguine adhue uiuo terram subitura sacerdes.*
[436] Dio Cass., LXVII, 12.
[437] Quint., *Inst.*, IV, *prooem.*, 3 ; Stat., *Silv.*, IV, 3, 14 ; V, 1, 42 ; Mart., I, 4, 7 ; V, 23, 3 ; VI, 4 ; 91 ; IX, 6, 2 ; 28, 7 ; 101, 21 ; Suet., *Dom.*, 8 ; Tac., *Hist.*, I, 2 ; *Dial.*, 28-29.
[438] Suet., *Dom.*, 8 ; Plin., *Paneg.*, 42.
[439] Eusèbe (p. 160-161) stipule que ce fut en 2098, 1er octobre 81-30 septembre 82. La *Chronique pascale* (p. 465) place l'édit défendant de faire des eunuques en 83.
[440] Suet., *Dom.*, 7 ; Dio Cass., LXVII, 2 ; Stat., *Silv.*, III, 4, 73-76 ; IV, 3, 13-15 ; Mart., II, 60, VI, 2 ; Philostr., *Apoll.*, II, VI, 42 ; Amm., XVIII, 4, 5.
[441] Suet., *Dom.*, 8 ; Quint., *Inst.*, IV, 2, 69 ; VII, 4, 42.
[442] Mart., VI, 2 : *Lusus erat sacrae conubia falleri taedae Lusus et immeritos execuisse mares. Utraque tu prohibes Caesar, populisque futuris Succuris nasci quod sine fraude iubes* ; 7 : *Julia lex populis ex quo, Faustine, renata est, atque intrare domos iusse pudicitia est, aut minus aut certe non plus praesinus lux est* ; 45 ; 91 ; IX, 6, 8 ; Juv., II, 30 : *[Domitianus] qui tune leges reuocabat amaras Omnibus atque ipsi ueneri Martique timendas* ; Zon., XI, 19. Voir : R. Stewart, "Domitian and Roman Religion : Juvenal, Satires Two and Four", *APA*, 124, 1994, p. 309-332.
[443] Suet., *Dom.*, 8.
[444] Mart., VI, 7 ; 22.
[445] Suet., *Dom.*, 8 ; Dio Cass., LXVII, 13.
[446] *Scolies* de Juv., IV, 53.
[447] Suet., *Dom.*, 13.
[448] Suet., *Dom.*, 7. Plin., *Paneg.*, 46. Nerva rétablit les représentations publiques de pantomimes. Trajan les supprima de nouveau (Plin., *loc. cit.*).

de prostitution[449], de rivalités provoquant des désordres[450], et de pièces taxées d'immorales. Cependant, il n'essaya pas de réprimer l'immoralité des mimes[451], car certains acteurs qui y participaient, à l'instar de Latinus, favori du prince[452], Thymélé, sans doute maîtresse de Latinus[453], et Panniculus[454] figuraient parmi ses proches.

Dans ses *Punica*, Silius décrit un passé idéal contrastant avec le déclin qui lui succède. De temps à autre, et d'un certain point de vue, il nous laisse apparaître un comportement romain exemplaire conservant son intégrité tout au long de l'histoire. Ainsi Romulus, Scipion l'Africain et Domitien étaient tous trois des parangons romains dignes d'*aemulatio*.

A contrario, Juvénal, qui ricanait déjà des infortunes conjugales de Claude[455], et qui voyait en Othon un être efféminé et coquet au sens péjoratif du terme[456], condamne le fait que Domitien ait été à la fois un censeur des mœurs implacable et un être ayant côtoyé les pires turpitudes. Toutefois, son principal objectif était de ternir la réputation des Julio-Claudiens et des Flaviens pour rehausser la valeur de son hommage à Trajan.

Du reste, selon nous, la dimension religieuse de la *pietas* flavienne, omniprésente sous Domitien, s'inscrivait dans un programme politique. De fait, l'hypothèse d'une propagande impériale déjà orchestrée sous Auguste et orientée sur l'idée des relations unissant l'empereur à ses concitoyens par l'intermédiaire des dieux, paraît très plausible dans un contexte de reconstruction sociale et politique et de légitimation d'une nouvelle dynastie.

VIII. Les fêtes et les jeux

Le *populus Romanus* avait une passion pour les jeux. Dès lors, Domitien, qui souhaitait s'en attirer les faveurs, lui offrit un grand nombre de réjouissances[457], suivant ainsi les exemples de Vespasien et de Titus[458], dont

---

[449] Juv., VI, 63-65 ; Plin., *Nat.*, VII, 184.
[450] Suet., *Nero*, 26.
[451] Mart., III, 86.
[452] Mart., I, 4, 5 ; II, 72, 3 ; III, 86, 3 ; V, 61.11 ; IX, 28 ; XIII, 2, 3 ; Juv., I, 36; VI, 44 ; *Scolies* de Juv., IV, 53 ; Suet., *Dom.*, 15.
[453] Mart., I, 4, 5 ; Juv., I, 36 ; VI, 66 ; VIII, 197.
[454] Mart., II, 72, 4 ; III, 86, 3 ; V, 61, 12.
[455] Juv., VI, 115-118.
[456] Juv., II, 111.
[457] Suet., *Dom.*, 4 : *Spectacula assidue magnifica et sumptuosa edidit*.
[458] Dio Cass., LXVI, 10 ; 15 ; 25 ; Suet., *Tit.*, 8.

l'objectif était de faire oublier le règne de Néron et les troubles de la guerre civile. L'empereur rythma donc la vie des Romains par de grandes cérémonies destinées à souder la communauté et à maintenir sa cote de popularité auprès du peuple.

Domitien donna des jeux exceptionnels dans le Colisée, y compris de nuit[459], et en institua d'autres à Albe. Il offrit une naumachie, sans doute lors du premier triomphe sur les Chattes[460], près du Tibre[461], dont les berges avaient été creusées en forme de lac et recouvertes de gradins[462]. De retour de son expédition contre les Sarmates, il décida par ailleurs que des combats de gladiateurs seraient organisés chaque année, en décembre, par des questeurs désignés[463]. Comme ses prédécesseurs et ses successeurs, il lui arrivait de faire combattre des nains et des femmes dans l'arène[464]. Alors que Titus utilisait le petit bouclier thrace[465], lui préférait le grand[466]. Toutefois, c'étaient aux Jeux Capitolins que Domitien accordait la plus grande importance. Au reste, de grandes chasses[467] furent organisées aux environs de Rome.

Les *Neronia*, instaurés par Néron en 60, furent abolis à sa mort. Cependant, sur cet exemple, Domitien, qui aurait assisté aux Jeux pythiques[468], créa des jeux quinquennaux en l'honneur de Jupiter Capitolin[469] ; les premiers se déroulèrent en 86[470]. Célébrés en été et de caractère hellénique[471], ils étaient présidés par l'empereur, alors vêtu d'une toge grecque en pourpre, chaussé de sandales et coiffé d'une couronne d'or sur laquelle figurait la triade Jupiter, Junon et Minerve. À ses côtés, se tenait le *flamen dialis*, ainsi que les prêtres des flaviens divinisés, habillés pareillement et coiffés d'une couronne

---

[459] Suet., *Dom.*, 4. Dio Cass., LXVII, 8 ; Stat., *Silv.*, I, 6, 85-88.
[460] Suet., *Dom.*, 4 ; Mart., I, 5.
[461] Dio Cass., LXVII, 8, 2.
[462] Suet., *Dom.*, 4, 2.
[463] Mart., VIII, 80.
[464] Suet., *Dom.*, 4 ; Dio Cass., LXVII, 8 ; Stat., *Silv.*, I, 6, 51-54 ; Mart., I, 43, 10 ; XIV, 213. Sur cet usage, voir : Dio Cass., LXI, 17 ; LXVI, 25 ; LXXV, 16 ; Juv., I, 22-25 ; VI, 246-248 ; *Scolies* de Juv., IV, 53.
[465] Suet., *Tit.*, 8.
[466] Suet., *Dom.*, 10 ; Plin., *Paneg.*, 33. C'est pour cette raison que Martial (IX, 68 ; XIV, 213) médisait le petit bouclier.
[467] Suet., *Dom.*, 4 ; Mart., V, 65 ; VIII, 26 ; 55.
[468] Un fragment fort mutilé d'une lettre de Domitien trouvé à Delphes (*IG*, IX, 52) prouve l'intérêt que l'empereur témoignait aux jeux pythiques.
[469] Suet., *Dom.*, 4 ; Stat., *Silv.*, III, 5, 92 ; IV, 2, 62 ; Mart., IX, 101, 22 ; Philostr., *Apoll.*, VII, 12.
[470] Cens., XVIII, 15 : *Quorum agonum primus a Domitiano institutus fuit, duodecimo eius et Ser. Cornelii Dolabellae consulatu.*
[471] *CIG*, II, 2810 B.

sur laquelle était représenté l'empereur[472]. Des concours musicaux, équestres et gymniques, de poésie, d'éloquence grecque et latine, de cithare, de chant, de flûte, des courses de chars, des courses à pied (auxquelles certaines jeunes filles prirent part), et du pentathlon (saut, course, lutte, disque, pugilat) étaient organisés[473]. Toutes ces activités avaient lieu dans l'Odéon, le Cirque et le stade (alors nouvellement construit).

Ces jeux suscitaient un grand intérêt, comme le démontre le nombre de participants venant parfois de très loin[474] et appartenant à toutes les classes sociales. La récompense offerte aux vainqueurs était une couronne de chêne[475] remise par le *princeps* lui-même. Parmi eux, citons Collinus (prix de la poésie latine en 86)[476] ; Scaevus Memor (« honneur du cothurne latin » en 90 ou 94)[477] ; Stace, vaincu en 94[478], quittant Rome, déçu, peu après[479]. Précisons qu'après la mort de Domitien, les jeux capitolins, s'ils furent restreints, ne furent pas abolis avant le IVe siècle[480].

Si l'empereur qui nous occupe ambitionnait d'incarner le Romain par excellence, il n'a jamais eu la volonté de tracer une ligne de démarcation entre la romanité et l'hellénisme. Faut-il le rappeler, l'hellénisation de la Méditerranée orientale servit de médiation à l'intégration de plusieurs de ses régions dans l'Empire romain. Rome réussit en effet le pari d'assimiler les valeurs de l'hellénisme à celles du *mos maiorum*, déjà bien ancrées dans les mœurs romaines, sans perdre son identité.

Au demeurant, Domitien mit sur pied des fêtes en l'honneur de Minerve[481]. Celles-ci étaient calquées sur les jeux capitolins, mais ne les égalaient nullement. Dirigées par l'un des prêtres du Collège de Minerve, fondé par l'empereur, elles avaient lieu chaque année, du 19 au 23 mars[482]. On y organisait des représentations théâtrales, des chasses d'animaux, des concours d'éloquence et de poésie[483]. Les vainqueurs recevaient une

---

[472] Suet., *Dom.*, 4.
[473] Suet., *Dom.*, 4 ; Philostr., *Apoll.*, VII, 12.
[474] Mart., IX, 40 : *Tarpeias Diodorus ad coronas / Romam cum peteret Pharo relicta*.
[475] Mart., IV, 1, 6 ; IV, 54 ; IX. 3, 8 ; IX, 23, 5 ; IX, 101, 22 ; Stat., *Silv.*, IV, 2, 62 ; V, 3, 231 ; Juv., VI. 387.
[476] Mart., IV, 54.
[477] Mart., XI, 9-10 ; *Scolies* de Juv., I, 20.
[478] Juv., VII, 83.
[479] Stat., *Silv.*, III, 5, 31-34 ; V, 3, 231-233.
[480] Suet., *Dom.*, 4 : *Celebrabat in Albano quotannis quinquatria Mineruae* ; Dio Cass., LXVII, 1.
[481] *CIL*, I, 388-389.
[482] Suet., *Dom.*, 4 ; Dio Cass., LXVII, 1.
[483] Mart., IX, 23-24 ; 35, 9.

couronne d'olivier en or[484]. Stace obtint le prix pour des poésies célébrant les guerres domitiennes de Germanie et de Dacie. Ces *ludi* furent supprimés à la mort de l'empereur.

Domitien célébrait aussi des fêtes religieuses (par exemple les sacrifices du *septimontium*)[485] et des victoires[486]. Les réjouissances prenaient alors la forme d'un repas offert au *populus*[487]. Au cours de celles-ci, des jetons étaient destinés à être échangés contre des boissons[488]. Dans le même esprit, de grands banquets étaient offerts dans le palais impérial[489]. Martial et Stace y furent un jour conviés, et s'en montrèrent extrêmement fiers[490]. Toutefois, Domitien s'abstenait d'assister à tous les services, et supprima, au demeurant, la *commissatio*, l'orgie qui suivait le repas.

IX. La littérature et l'histoire

Domitien ne manifestait aucune attirance particulière pour les activités intellectuelles. Toutefois, malgré qu'il témoignât peu d'intérêt à la littérature, il se montra bienveillant à l'égard des écrivains proches du régime et dans le sillage du panégyrisme (Martial, Silius Italicus, Stace et Quintilien)[491]. La poésie, enseignée aux Romains aisés[492], lui était plaisante ; quelques auteurs étaient considérés comme des classiques, même de leur vivant[493]. Dans la mesure où les œuvres des poètes étaient très appréciées de l'aristocratie, Domitien cherchait à s'attirer leurs flatteries. Il aimait leurs vers[494] puisqu'il leur en commandait de temps à autre[495], et il arrivait qu'il

---

[484] Stat., *Silv.*, III, 5, 28 : *Ter ma nitidis Albana ferentem /dona comis, sanctoque indutum Caesaris auro [...]* ; IV, 2, 66 : *cum modo Germanas actes, / modo Daca sonantem / praelia, Palladio tua me manus induit auro* ; V, 3, 28 : *si per me serta tulisses / Caesarea donata manu* ; 5, 22 : *[...] Hic mea carmina / Regina bellorum uirage / Cassarea decorauit auro*.
[485] Suet., *Dom.*, 4.
[486] Dio Cass., LXVII, 4 ; Dion, LXVII, 8 ; Mart., I, 11 ; 26 ; V, 49, 8 ; VIII, 50.
[487] Suet., *Dom.*, 4 : *Septimontiali sacro quidem, senatui equitique panariis, plebei sportellis cum obsonio distributis, initium uescendi primus fecit* ; Mart., V, 49, 10.
[488] Mart., I, 11, 26 ; Suet., *Dom.*, 4.
[489] Plin., *Paneg.*, 49.
[490] Stat., *Silv.*, IV, 2 ; Mart., VIII, 39 ; IX, 91.
[491] K. M. Coleman, "The Emperor Domitian and Literature", *ANRW*, II, 32, 5, 1986, p. 3096-3115.
[492] Mart., VIII, 3, 15 ; Quint., *Inst.*, I, 8.
[493] Mart., I, 1 ; III, 95, 7 ; V, 15, 4 ; VI, 87 ; VII, 88 ; IX, 97 ; X, 9 ; XI, 3 ; XII, 3.
[494] Mart., I, 4 ; 101 ; II, 91, 3 ; IV, 27 ; V, 6 ; VI, 1, 6 ; 64, 14 ; VII, 60 ; VIII, 24.
[495] Stat., *Silv.*, I, *prooem.* : *Hos uersus quos in Equum Maximum feci, indulgentissimo Imperatori, postero die quam dedicatum erat opus, tradere iussus sum.*

les invitât à sa table, comme ce fut le cas pour Turnus, poète satirique[496]. Contrairement à Auguste, Domitien ne fit toutefois pas des écrivains les auxiliaires de sa politique. Étrangement, resté sourd aux demandes de Martial[497], il ne lui permit pas de bénéficier d'eau gratuitement[498], faveur qu'il accorda pourtant à Stace[499].

Comme Vespasien[500], Domitien protégea les rhéteurs, même s'ils regrettaient généralement la République, qu'ils jugeaient plus favorable à l'art oratoire et à la *libertas*[501], car il en avait besoin pour se débarrasser de ses adversaires en discréditant leurs actions. Par ailleurs, ils pouvaient rendre d'importants services au gouvernement en glorifiant le prince. Enfin, rappelons que Domitien confia l'éducation de ses deux neveux et fils adoptifs[502] à Quintilien, le plus célèbre rhéteur de l'époque[503], auquel il offrit notamment les ornements consulaires[504].

Quant à l'histoire, elle n'a représenté pour Domitien qu'une matière accessoire[505] : il la laissa dès lors être rédigée par des courtisans (qui y voyaient une occasion de le flatter) ou par des écrivains d'opposition qui se référaient au passé pour porter indirectement un jugement critique sur la politique menée par l'empereur flavien[506]. Comme nous le verrons ultérieurement, les philosophes, du reste, connurent un sort peu enviable[507].

Il faut cependant souligner que Domitien restaura les bibliothèques de Rome, brûlées sous les règnes de Néron et de Titus[508], tout en faisant rechercher dans les quatre coins de l'Empire, notamment à Alexandrie, des exemplaires de livres détruits[509].

---

[496] *Scolies* de Juv., I, 20.
[497] Mart., IV, 27 ; V, 15 ; 19 ; VI, 10 ; VII, 60 ; VIII, 24.
[498] Mart., IX, 18.
[499] Stat., *Silv.*, III, 1, 61-64.
[500] Suet., *Vesp.*, 18 ; Zon., XI, 18.
[501] Juv., I, 15-18 ; VII, 150 ; Dio Cass., LXVII, 12 ; Tac., *Dial.*, 85.
[502] Quint., *Inst.*, IV, *prooem.*, 2.
[503] Mart., II, 90 ; Plin., *Ep.*, II, 14, 10 ; VI, 6, 3. *Cf. supra.*
[504] Auson., *G. a.*, VII, 31 : *Quintilianus consularia per Clementem Ornamenta sortitus.*
[505] Tac., *Hist.*, II, 101 : *Scriptores temporum, qui potiente rerum Flavia domo monimenta belli huiusce composuerunt, curam pacis et amorem rei publicae corruptas in adulationem causas tradidere.*
[506] Suet., *Dom.*, 10 ; Tac., *Agr.*, 2.
[507] *Cf. infra.*
[508] Suet., *Dom.*, 20 ; Mart., XII, 3, 7.
[509] Suet., *Dom.*, 20.

X. L'Italie et les provinces

L'administration des provinces fut l'un des rares domaines où la tradition historiographique antique, sans être dithyrambique ni, au demeurant, très volubile, ne vilipende pas Domitien.

Le gouvernement de Domitien eut des effets positifs en Italie, la terre la plus fertile de l'Empire (avec la Gaule, peut-être)[510]. Beaucoup de cultivateurs italiens retrouvèrent la sécurité perdue sous Vespasien et Titus, notamment grâce aux mesures prises par l'empereur à propos des terres *subseciua*, des parcelles inférieures à deux cents jugères n'étant rattachées à aucun *fundus* et dont le caractère naturel empêchait la mise en culture. Ces subsécives appartenaient de droit à l'autorité responsable de l'assignation et donc au prince, qui pouvait les vendre ou les donner à des particuliers ou à des cités (colonies ou municipes), cessant alors d'en être le propriétaire.

Les subsécives qui n'avaient été ni vendues ni offertes avaient progressivement été occupées par les cultivateurs des parcelles voisines, même si l'empereur continuait à en être l'unique propriétaire. Toutefois, dans la mesure où les finances de l'État n'étaient guère florissantes au lendemain de la guerre civile, Vespasien avait fait valoir ce droit de propriété, et avait repris un grand nombre de ces subsécives irrégulièrement cultivées pour les mettre en vente. Domitien régla définitivement la question par un édit général, qui fit probablement suite à un procès qu'il dut juger, et dont la sentence tomba le 19 juillet 82. Resituons cette affaire dans son contexte.

Après la bataille d'Actium, Auguste avait fondé une colonie de vétérans à Falério. Après assignation des lots, il donna des subsécives à la commune voisine, Firmum, où étaient également établis des colons. Cent ans plus tard, les descendants de ceux-ci, occupaient toujours ces terres *subseciua*, ce que contestaient les citoyens de Falério. Domitien, appelé à se prononcer sur cette affaire, constata qu'Auguste leur avait conseillé de vendre ces parcelles, ce qu'ils avaient probablement fait depuis longtemps ; ils n'en étaient donc plus propriétaires. Outre ce constat, le Flavien déclara que l'ancienneté de la possession équivalait à un titre de propriété, même dans le cas où ces terres n'auraient pas été vendues. C'est alors qu'il rendit un édit qui prévoyait que ces subsécives seraient assimilées à des biens soumis à l'usucapion, et donc, concédées en toute propriété à ceux qui les détiendraient de source sûre depuis plusieurs décennies[511]. Non sans

---

[510] S. Gély, « L'Italie dans l'Empire de Domitien », *Pallas*, 40, 1994, p. 214.
[511] Suet., *Dom.*, 9 : *Subsiciua quae diuisis per ueteranos agris carptim superfuerunt, ueteribus possessoribus ut usu capta concessit.*

exagération, Frontin écrit que « par cet édit, Domitien délivra toute l'Italie de la crainte. »[512]

Ce dernier eut à cœur de moderniser les infrastructures de l'Empire[513]. C'est la raison pour laquelle il entreprit de nombreux travaux publics en Italie. Il fit notamment construire une nouvelle route, à laquelle il donna son nom, reliant Sinuesse à Cumes, dans le but de rapprocher Rome du golfe de Naples, de Bories (grande ville d'eaux) et du port de Pouzzoles. Stace[514], qui considère cette voie comme une œuvre aussi notable que le percement de l'isthme de Corinthe, précise que sa réalisation fut confiée au soin de Vitorius Marcellius, sénateur et dédicataire de l'*Institution oratoire* de Quintilien. L'empereur ordonna aussi d'entreprendre quelques travaux à Rimini[515].

À partir de 70, le monde provincial fit son entrée dans la vie politique romaine, ce qui se traduisit par l'ascension des élites. Ce fut, pour Vespasien, un moyen de pacifier les provinces impériales et sénatoriales. Si peu d'informations nous sont parvenues quant à leur état à cette époque en raison de la *damnatio memoriae* qui frappa Domitien au lendemain de sa mort (beaucoup de cités renoncèrent à l'adjectif *flaviennes* après 96[516]), sur ce plan, le règne de Domitien ne marqua nullement une césure avec le dessein de son père et de son frère puisqu'il s'appuya sur nombre de provinciaux, notamment issus d'Hispanie Citérieure et Ultérieure[517].

L'accent était mis sur un contrôle centralisé, le respect strict de la loi et – essentiellement – sur l'inviolabilité des prérogatives impériales. Domitien décréta que le retour à l'ancien ordre était de mise, rappelant notamment à tous que la réquisition des animaux de trait et des hébergements n'était autorisée que par permission écrite de l'empereur lui-même.

Il serait aisé de croire que Domitien faisait peu de cas du bien-être des provinciaux : réquisitions lourdes imposées aux cités italiennes et provinciales, traversées des terres par les armées en marche pour des expéditions au-delà des Alpes[518], et promulgation d'un édit jugé

---

[512] Frontin., *Agrimen.*, 54 : *Praestantissimus postea Domitianus ad hoc beneficium procurrit et uno edicto totius Italiae metum liberauit.*
[513] Dio Cass., LXVII, 14.
[514] Stat., *Silv.*, IV, 3 ; 4, 2 ; Dio Cass., LXVII, 14.
[515] *CIL*, XI, 368.
[516] *Cf. infra.*
[517] R. Étienne, « Domitien et les sénateurs hispaniques », *Pallas*, 40, 1994, p. 241-250 ; P. Guichard, « Domitien et les élites d'Hispania : les promotions à l'ordre équestre des notables issus des municipes flaviens », *Pallas*, 40, 1994, p. 251-267.
[518] Plin., *Paneg.*, 20.

préjudiciable car ayant provoqué plusieurs famines aux intérêts de plusieurs provinces[519]. En effet, se rendant compte que le vin était en extrême abondance et qu'au contraire, le blé n'était plus suffisamment cultivé, il défendit de planter de nouvelles vignes en Italie, et ordonna qu'on ne laissât subsister dans les provinces que la moitié des anciens plants tout en favorisant la culture de céréales. Si cette mesure constitua un frein à la concurrence, les réactions des provinces furent virulentes et des députations furent envoyées à Domitien[520] qui, finalement, renonça à appliquer son édit[521]. D'après Dion Cassius, les tributaires s'étaient surtout révoltés parce que l'empereur exigeait de l'argent par des moyens violents[522].

Au demeurant, sous Domitien, quelques troubles éclatèrent dans les provinces. En 87 ou 88, un pseudo Néron apparut en Orient[523]. De tels imposteurs, déjà apparus en 69[524] et sous Titus[525], exploitaient l'affection de la population pour ce tyran, ainsi que la croyance selon laquelle ce dernier, n'étant pas mort, reviendrait un jour parmi eux. Les juifs et les chrétiens attendaient ce retour, les premiers, parce qu'il serait suivi de la venue du Messie, et les seconds, parce qu'ils verraient ainsi le retour de celui-ci. Comme sous le règne de Titus, le pseudo Néron fut soutenu par les Parthes, anciens alliés du Néron historique, et dont les relations avec les Flaviens n'avaient guère été cordiales[526]. Toutefois, cette révolte fut rapidement matée et, livré par les Parthes, le faux empereur fut mis à mort.

Il semble toutefois qu'il ne s'agisse là que de faits isolés car, dans l'ensemble, les provinciaux n'éprouvèrent que très rarement de la colère à l'égard de la politique menée par Domitien. En effet, ils bénéficiaient d'avantages appréciables : administration conduite avec rigueur, libertés

---

[519] Suet., *Dom.*, 17 ; Stat., *Silv.*, IV, 3, 11 : *[Domitianus] qui castae cereri diu negata / reddit iugera sobriesque terras*, *Chants sibyllins*, XII, 133. Eusèbe place cet édit à l'année 2108 (1er octobre 91 – 30 septembre 92), tandis que la *Chronique pascale* le date de 90. *Chants sibyllins*, XII, 133.
[520] Philostr., *Apoll.*, VI, 42.
[521] Suet., *Dom.*, 14.
[522] Zon., XI, 19. Voir : B. Levick, "Domitian and the Provinces", *Latomus*, 41, 1982, p. 50-73.
[523] Suet., *Nero*, 57 : *Cum post uiginti annos [post mortem Neronis], adulescente me, extitisset condicionis incertae qui se Neronem esse iactaret, tam fauorabile nomen eius apud Parthos fuit, ut uehementer adiutus et uix redditus sit.* Tac. (*Hist.*, I, 2) cite, parmi les événements qui se passèrent de 68 à 96 : *Mota prope Parthorum arma falsi Neronis ludibrio*. En parlant du faux Néron de l'année 69, il écrit (*Hist.*, II, 8) : *Ceterorum casus conatusque in contextu operis dicemus*.
[524] Tac., *Hist.*, II, 8-9 ; Dio Cass., LXIV, 9.
[525] Zon., XI, 18 ; Suet., *Nero*, 47 ; 57 ; Tac., *Hist.*, II, 8 ; Dion. Chrys., 21 ; *Chants sibyllins*, V, 147-150 ; 363 ; VIII, 70-74.
[526] *Cf. infra*.

municipales, diffusion du droit de cité, accès plus aisé aux honneurs, travaux publics de grande envergure, prospérité matérielle accrue[527]…

Nous savons par ailleurs que Domitien fit procéder à des modifications d'ordre territorial au sein de plusieurs provinces. S'étendant de la Save à la mer Noire, la Mésie fut divisée en deux provinces, Supérieure, à l'ouest, et Inférieure, à l'est, séparées par le Ciabrus (Kibritza)[528] et gouvernées par des consulaires. Comme Pline l'Ancien n'en fait pas mention dans son *Histoire naturelle*[529], dédiée à Titus et parue en 77, cette séparation n'existait probablement pas encore. Par ailleurs, dans la mesure où, en 82, C. Vettulenus Civica Cerialis figurait en tant que légat de Mésie dans un diplôme militaire[530], il est probable que la division des deux Mésies n'était pas encore effective au début du règne de Domitien[531]. Nous pensons qu'elle devait remonter aux guerres daciques menées par ses troupes entre 86 et 89, à une période où les Romains devaient surveiller activement la frontière danubienne. Ajoutons que, d'après une inscription contemporaine[532], Funisulanus Vettonianus fut successivement légat de Dalmatie[533], de Pannonie et de Mésie Supérieure[534]. Or nous savons qu'il fut gouverneur de Pannonie en 84 et 85[535]. C'est donc après cette date qu'il administra la Mésie Supérieure ; il reçut des récompenses militaires lors de l'une des deux guerres contre les Daces[536].

En outre, il y a tout lieu de croire que ce fut bien sous le régime de Domitien que fut entérinée la séparation de la Germanie en deux provinces distinctes entre 83 et 90 : l'Inférieure (ou Basse) et la Supérieure (ou Haute). Ce fut

---

[527] Suet., *Nero*, 47 ; 57 ; Tac., *Hist.*, I, 25. Othon et Vitellius crurent nécessaire de traiter avec respect la mémoire de Néron. Voir : Tac., *Hist.*, I, 78 ; II, 71 ; 95 ; Suet., *Otho*, 7 ; *Vit.*, II ; Dio Cass., LXIV, 8 ; LXV, 7.
[528] Ptol., *Geogr.*, III, 9, 1.
[529] Plin., *Nat.*, III, 149 : *Pannoniae iungitur prouincial quae Moesia appellatur, ad Pentum usque cum Danuuio decurrens. Incipit a confluente supra dicto.*
[530] Gouverneur de Mésie sous Vespasien, il devint proconsul d'Asie vers 88. Voir : *PIR*, V, 352 ; *LP*, 125 ; 217, 74 ; 218, 78.
[531] Iord., *Get.*, XIII : *Cui prouinciae tunc, post Agrippam, Oppius praeerat Sauinus.*
[532] *CIL*, III, 4013 : *L. FUNISILANO, L. F. AN(IENSITRIBU), VETTONIANO. LEG(ATO) PRO PR(AETORE) PROVINC(IAE) DELMATIAE, ITEM PROVINC(IAE) PANNONIAE, ITEM MOESIAE SUPERIORIS, DONATO [AB IMP(ERATORE) CAES(ARE) DOMITIANO AUG(USTO) GERMANICO] BELLE DACICO CORONIS IIII, MURATI, VALLARI, CLASSICA, AUREA, HASTIS PURIS IIII, VEX(IL)LIS IIII.*
[533] Sur le statut de la Dalmatie sous Domitien, voir : B. W. Jones, « The Status of Dalmatia under Domitian », *CPh*, 69, 1, 1974, p. 48-50.
[534] *CIL*, II, 550 ; VIII, 13 ; *PIR*², F, 570 ; *LP*, 91, 26 ; 102, 19 ; 125, 29 ; 378, 55.
[535] *CIL*, III, 855.
[536] *CIL*, VIII, 9972 : *[…] DONIS DONATO AB […] GERM(ANICO) CORONA AUREA, […HA]STIS PURIS DUABUS, […] BELLO GERMANICO, [PROC(URATORI) AUG(USTI)] M(OESIAE) SUPERIO[RIS].*

Octavius Tidius Tossianus L. Javolenus Priscus, légat en Germanie en 90[537] qui, le premier, fut qualifié de *LEGATUS CONSULARIS PROUINCIAE GERMANIAE SUPERIORIS*[538]. Avant cette date, le manque de preuves épigraphiques rend impossible toute certitude quant à savoir quant au titre exact des légats de Germanie : étaient-ils des commandants militaires des deux armées germaniques ou des gouverneurs de provinces ? Cependant, cette reconnaissance officielle des deux Germanies comme provinces distinctes dut avoir lieu après l'annexion des territoires de la rive droite du Rhin à la Germanie Supérieure, lors de la guerre de 83[539].

Réunies sous Vespasien, la Galatie et la Cappadoce furent gouvernées par un légat consulaire jusqu'à l'année 92. Après cette date, ce furent Sospès, et C. Antius A. Julius Quadratus[540], deux légats prétoriens qui les dirigèrent respectivement[541]. Toutefois, Domitien les réunit à nouveau sous le gouvernement de Titus Pomponius Bassus, en 95/96[542], probablement en tant que légat consulaire.

Possédée auparavant par des princes juifs, la Chalcidène, riche région du centre du Liban actuel, fut rattachée à la province de Syrie en 92 ; les monnaies de Chalcis portaient le surnom de « flaviennes » après cette date.

---

[537] C. Octavius Tidius Tossianus L. Iavolenus Priscus, successivement légat de plusieurs légions à la suite de ses débuts sous Vespasien, et de l'*exercitus Africanus* en 83, *iuridicus* de Bretagne, consul suffect en 86, légat de Germanie Supérieure en 90, puis de Syrie, proconsul d'Afrique sous Nerva ou Trajan, et, en même temps, jurisconsulte reconnu : *PIR*, O, 40 ; *LP*, 50, 20 ; 309, 39 ; 379, 61 ; 395, 12. Voir : J. Pigon, "Helvedius Priscus, Eprius Marcellus and indicium Senatus : Observations on Tacitus, *Histories* 4, 7-8", *CQ*, 42, 1992, p. 235-246.
[538] *CIL*, III, 9960. Chez Suétone (*Dom.*, 6), L. Antonius Satuminus, légat en 88, est qualifié de *Superioris Germaniae praeses*. Tacite (*Germ.*, 29), en parlant de l'annexion définitive des Champs décumâtes, qui eut lieu probablement sous Domitien, écrit : *Mox limite acto promotisque praesidiis sinus imperii et pars prouinciae habentur*. Mais ces textes ne prouvent pas grand'chose car, avant Domitien, on se servait déjà du mot *prouincia* dans l'usage courant pour désigner le territoire romain des bords du Rhin. Voir : Plin., *Nat.*, XXXIV, 2 : *in Germania prouincia*.
[539] *Cf. infra*.
[540] Il fut successivement légat du proconsul de Pont-Bithynie, légat du gouverneur de Cappadoce sous Domitien, vers 84, proconsul de Crète et de Cyrénaïque, légat de Lycie-Pamphylie, consul suffect en 94, légat de Syrie sous Trajan en 102, consul II en 105, et proconsul d'Asie en 109/110 : *PIR*², I, 507 ; *LP*, 221, 95 ; 266 ; 278, 13 ; 309, 40 ; 364, 31.
[541] *CIL*, III, 6818 : *[...] SOS(PI)TI, FELIALE, LEG(ATO) AUG(USTORUM) PRO PR(AETORE) PROVINC(IANUM) GAL(ATIAE), PISID(IAE), PHRYG(IAE), LUC(AONIAE), ISAUR (IAE), PAPHLAG(ONIAE), PONTI GALAT(ICI), PONTI POLEMONIANI, ARM(ENIAE)*. Toutes ces provinces dépendaient de la Galatie ; *CIL*, III, 859.
[542] T. Pomponius Bassus fut légat de M. Ulpius Traianus, proconsul d'Asie sous Titus, consul suffect en 94, légat de Galatie-Cappadoce en 95/96 et en 100/101, puis chargé par Trajan de la *cura rei alimentariae* vers 101 : *PIR*, P, 530 ; *LP*, 267, 15.

Les royaumes d'Aréthuse et d'Émèse connurent la même situation ; les premières monnaies battues à Émèse le furent donc sous Domitien[543].

Au demeurant, pour la première fois, un *IURIDICUS PROUINCIAE BRITANNIAE*, en l'occurrence Javolenus Priscus, est recensé sous Domitien[544]. Salvius Liberalis Nonius Rassus a sans doute été *IURIDICUS* (juge rendant la justice dans une province) de Bretagne, fonction désignée par la formule *LEGATO AUGUSTORUM[PROVIN OU IURIDI]C(IAE OU O) BRITANN(IAE)* dans l'inscription de Salvius Liberalis[545].

Quant à la province impériale d'Hispanie Citérieure, elle était, dès l'époque d'Auguste[546], administrée par un gouverneur prétorien. À la fin du Ier siècle, il était qualifié tantôt de *LEGATUS HISPANIAE CITERIORIS*[547], tantôt de *IURIDICUS HISPANIAE CITERIORIS TARRACONENSIS*[548].

En 93, Baebius Massa, ancien gouverneur de Bétique et délateur qui fut accusé de malversations au cours d'un procès retentissant, fut condamné à payer d'importants dommages et intérêts aux victimes[549]. Par ailleurs, la *Vie d'Alexandre Sévère* de l'*Histoire Auguste*, dont l'auteur, probablement d'après Marius Maximus, attribue à un conseiller de Trajan, Homullus, un jugement qui opposait Domitien à ses principaux collaborateurs[550]. Cependant, Suétone, qui stipule que le prince fit preuve de rigueur dans le contrôle de ses gouverneurs, écrit : « il mit tant de zèle à réprimer les agissements des magistrats urbains et des gouverneurs de province qu'ils ne se montrèrent jamais plus désintéressés ni plus justes, tandis que nous en avons vu un grand nombre, d'après lui, accusés de tous les crimes. »[551] Ce constat est sobrement corroboré par Aurélius Victor[552].

Du reste, Domitien récompensa quelques hommes de mérite et de bonne moralité en les nommant gouverneurs de province. Parmi eux, citons le

---

[543] I. Carradice, *Coinage and finance in the reign of Domitian*, Oxford, 1983, p. 210-213.
[544] *CIL*, III, 9960.
[545] *CIL*, IX, 5533.
[546] Strab., III, 4, 20.
[547] *CIL*, V, 6974-6976.
[548] *CIL*, XII, 3167.
[549] Tac., *Hist.*, IV ; Plin., *Ep.*, VI, 29, 8 ; VII, 33, 50 ; Juv., I, 35 ; Mart., XII, 29, 2 ; Sidon., *Ep.*, V, 7 ; *PIR*², B, 26 ; *LP*, 22, 12.
[550] Hist. Aug., *Alex. Sev.*, 65, 5 : *Et id quidem ab Homullo ipsi Traiano dictum est, cum ille diceret Domitianum pessimum fuisse, atnicos autem bonos habuisse [...]*
[551] Suet., *Dom.*, 8, 3 : *Magistratibus quoque urbicis prouinciarumque praesidibus coercendis tantum curae adhibuit ut neque modestiores umquam neque iustiores extiterint ; e quibus plerosque post ilium reos omnium criminum uidimus.*
[552] Aur. Vict., *Epit.*, 11, 3 : *[...] Domitianus, primo clementiam simulans neque adeo iners domi belloque tolerantior uidebatur.*

jurisconsulte Octavius Tidius Tossianus L. Javolenus Priscus, qui devint légat de Germanie Supérieure, ou encore celui qui eut la charge de la Syrie, Arrius Antoninus, grand-père maternel d'Antonin et de Sex. Julius Frontinus, tous deux proconsuls d'Asie. Funisulanus Vettonianus fut successivement gouverneur de Dalmatie, de Pannonie, de Mésie Supérieure et peut-être même proconsul d'Afrique. C. Antius A. Julius Quadratus devint légat de Cappadoce, proconsul de Crète et de Cyrène, légat de Lycie et de Pamphylie. Agricola, quant à lui, resta gouverneur de Bretagne durant sept ans[553].

D'après Pline le Jeune, approcher Domitien n'était pas chose aisée pour les députations des provinces et des cités[554]. Toutefois, Philostrate explique qu'il accueillit immédiatement et favorablement les réclamations de la province d'Asie à propos de l'édit sur la plantation des vignes[555].

Les opérations de recensement effectuées en Gaule au cours de l'année 83 furent présidées par l'empereur-censeur[556]. Deux tables de bronze, gravées entre 82 et 84[557] et retrouvées près de Malaga au XIXe siècle, contiennent une partie de la constitution du *municipium Flauium Malacitanum* (Malaga[558]) et du *municipium Flauium Salpensanum* (Salpensa)[559]. En outre, la législation d'une autre cité espagnole, probablement appelée Irni, quoique son nom ne soit pas définitivement établi, fut retrouvée en 1986[560]. Dotées du droit latin par Vespasien[561], ces cités, comme ce fut le cas pour toute l'Hispanie[562], se virent confirmer leur nouveau statut juridique au début du règne de Domitien, qui leur accorda en outre une large autonomie. Le fait qu'il se sente concerné par ces provinciaux peut être expliqué par sa volonté de voir l'État comme un ensemble insécable. Un peuple se sentant opprimé ne se montrait guère productif, et pouvait constituer une menace pour la cohésion de l'Empire.

---

[553] *Cf. infra.*
[554] Plin., *Paneg.*, 79.
[555] Philostr., *Soph.*, I, 21, 12 ; *Apoll.*, VI, 42. *Cf. supra.*
[556] Frontin., *Strat.*, I, 1, 18.
[557] Elles sont antérieures à l'année 84, à partir de laquelle Domitien porte toujours sur les monuments le surnom de « Germanicus », qu'on n'y lit pas. Mais elles ne remontent pas tout à fait au début du règne de Domitien, car elles mentionnent des édits antérieurs rendus par ce prince (Loi de Malaga, 22 et 23).
[558] M. McCrum et A. G. Woodhead, *Select Documents of the Principates of the Flavian Emperors, including the Year of Revolution ad 68-96*, Cambridge, 1966, p. 453-454 ; B. Levick, "Domitian and the Provinces", *Latomus*, 41, 1982, p. 50-73.
[559] R. Sherk, *The Roman Empire : Augustus to Hadrian*, Cambridge, 1988, p. 97.
[560] *AE*, 1986, 333. Voir : H. Galstener, « Municipium Flavium Irnitanium », *JRS*, 78, 1988, p. 78-90 ; J. L. Mourges, "The so-called letter of Domitian at the end of the *lex Irnitanium*", *JRS*, 77, 1987, p. 78-87.
[561] *CIL*, II, 261-262.
[562] Plin., *Nat.*, III, 30.

Les magistrats municipaux étaient élus par les assemblées du peuple, composées de tous les citoyens ; les élections devaient être transparentes. Chaque magistrat pouvait exercer un droit d'*intercessio* à l'égard de ses collègues, ce qui limitait leur pouvoir. De plus, les charges étaient annuelles, et un intervalle de cinq ans devait être respecté avant de pouvoir prétendre à une réélection. Par ailleurs, le conseil des décurions aidait les magistrats à administrer le municipe. Les *duumuiri*, quant à eux, convoquaient et présidaient les comices et le Sénat, géraient les finances, adjugeaient les travaux publics, affermissaient les propriétés communales, recueillaient les revenus, infligeaient les amendes, jugeaient les procès, et assuraient la juridiction volontaire. L'empereur pouvait symboliquement exercer la fonction du *duumuir* du municipe mais, si tel était le cas, il était représenté par un préfet unique, élu comme les autres magistrats et doté des mêmes fonctions que celles des *duumuiri* ordinaires. L'intérêt des citoyens pour la gestion de la ville était ainsi stimulé par le pouvoir impérial, qui permettait, entre autres, de délivrer le droit de cité aux magistrats hors charge, ainsi qu'à leur famille.

L'ensemble de ces dispositions ne peut être attribué à Domitien, car toutes les cités de droit latin, de même qu'une grande partie des cités romaines, y étaient soumises bien avant son règne. Toutefois, il convient de souligner qu'il ne les a ni réduites ni abolies. Les empereurs flaviens accordèrent beaucoup de droits aux provinciaux, comme le prouvent les nombreux noms T. Flavius, surtout en Orient et en Afrique[563]. Cependant, les libertés municipales ne pouvaient pas empiéter sur le pouvoir de l'empereur : elles s'appliquaient dans des territoires relativement restreints, traitaient d'affaires totalement différentes de celles revenant au pouvoir central, et elles permettaient l'initiation aux affaires administratives d'*homines noui*, qui pouvaient ensuite exercer des fonctions publiques.

À cette époque, de plus en plus de provinciaux faisaient partie des deux premiers ordres de l'État, et exerçaient d'importantes fonctions dans la magistrature. Certains entrèrent dans la curie grâce à Vespasien[564], d'autres s'élevèrent par la voie ordinaire progressive du *cursus honorum*. Parmi eux, citons Trajan et Valerius Vegetus, tous deux originaires de Bétique et consuls en 91[565] ; Licinius Sura et Minicius Natalis, de Tarraconnaise[566], qui firent carrière sous Domitien ; le pontife de 82-83, Helsius Agrippa, était de famille espagnole[567], à l'instar de Marius Priscus[568], proconsul d'Afrique à la

---

[563] *CIL*, III, 1074 ; VIII, 999.
[564] Suet., *Vesp.*, 9.
[565] *CIL*, II, 2074 ; 2076-2077 ; *PIR¹*, III, P 561.
[566] Pour Sura (consul suffect fin 85 ou début 86), voir : Mart., I, 49, 40 ; *CIL*, II, 4508 ; 4536 ; 6148 ; *PIR²*, V, 1, L 253 ; *LP*, 43, 6 ; 56, 77. Pour Minicius Natalis, voir : *CIL*, II, 4509.
[567] *CIL*, II, 1184 ; 1262.

fin du règne, puis consul sous Domitien ; issu d'une famille de Fréjus dans la Gaule narbonnaise, Valérius Paulinus reçut des honneurs sous Domitien[569] ; T. Aurélius Fulvus, préfet de la Ville sous le même, était de Nîmes, comme le prétorien Iulus Maximus Ma(... ?) Brocchus[570] ; Antius Julius Quatratus[571], né à Pergame, fut consul en 93 et gouverneur de plusieurs provinces orientales ; à la fin du règne de Domitien, Caecilius Classicus fut probablement proconsul de Bétique[572]. La présence d'un grand nombre de provinciaux au sommet de l'État est prouvée par Trajan, qui obligea les candidats aux magistratures à justifier le placement d'un tiers de leur patrimoine en immeubles italiens[573]. Dans la littérature aussi, les provinciaux s'illustrèrent ; parmi les Espagnols[574], outre Martial, on peut citer le rhéteur Quintilien, le poète historien Canius Rufus[575], le jurisconsulte Maternus[576], l'avocat Licinianus[577], le philosophe Deciamus[578].

Au demeurant, la nomination d'un curateur empêchait la cité de disposer librement de ses revenus, mais elle la protégeait aussi de la ruine tout en constituant une garantie contre l'incompétence ou les malversations des magistrats. Cette mesure a d'ailleurs souvent été souhaitée par les villes elles-mêmes. L'institution de curateurs en Italie et dans les provinces devait par ailleurs satisfaire Domitien, car elle portait atteinte aux droits administratifs du Sénat[579].

Au surplus, Domitien semble avoir suivi la politique de son père en ce qui concerne l'attribution du droit de cité. Accélérer la romanisation des régions qui se montraient encore réticentes à l'idée d'adopter les mœurs romaines était en effet l'un de ses principaux objectifs. Comme nous le verrons ultérieurement, Agricola s'en préoccupa en Bretagne[580]. En outre, les fondations de colonies répandirent les coutumes et les institutions romaines ou grecques en Pannonie, en Mésie et en Thrace. En 88, la domination

---

[568] Plin., *Ep.*, III, 9, 3 ; *PIR²*, V, 2, M 315.
[569] Plin., *Ep.*, IV, 9, 20.
[570] *CIL*, XII, 3167.
[571] *CIG*, 3549 = *IGR*, 4, 387 ; *CIL*, III, 7086.
[572] Plin., *Ep.*, III, 9, 3.
[573] Plin., *Ep.*, VI, 19.
[574] Sur les sénateurs espagnols, voir : R. Étienne, « Domitien et les sénateurs hispaniques », *Pallas*, 40, 1994, p. 241-250.
[575] Mart., I, 61 ; III, 20.
[576] Mart., X, 37.
[577] Mart., I, 49 ; 61.
[578] Mart., I, 8 ; 61.
[579] B. W. Jones, *Domitian and the Senatorial Order*, Philadelphie, 1979.
[580] *Cf. infra.*

romaine étant clairement établie, l'une des deux légions de la Tarraconaise quitta la région[581].

Par ailleurs, si, habituellement, les surnoms des cités et les noms des provinciaux sont autant d'indicateurs du prince qui leur accorda privilèges et droit de cité, dans la mesure où Vespasien, Titus et Domitien s'appelaient tous trois *T. Flavius*, on peut difficilement distinguer les apports de chacun. Toutefois, nous savons de source sûre qu'un certain nombre de villes portèrent le titre de *Flauia*[582] à partir du règne de Domitien, ce qui renvoie à la fondation d'une colonie, à l'octroi du droit romain ou latin, ou encore à d'autres privilèges. Nombre d'entre elles reçurent ce titre sous Domitien. Toutefois, le qualificatif de *flauia* disparut après la mort de Domitien.

On le voit : dans une optique universaliste et holiste, l'intérêt local et régional fut subordonné à l'intérêt de l'ensemble de l'Empire. En effet, à bien des égards, le « nous » avait tôt pris le pas sur le « je », et s'était nourri par là même de deux éléments structuraux : la pensée holiste, du fait que le « mouvement », qui résultait d'attentes communes, englobait une somme d'individus pour former une unité certes virtuelle, mais bien visible et perceptible, et la tradition collective qui s'était notamment manifestée par l'utilisation récurrente du « nous » pour représenter l'investissement collectif des citoyens. Un univers de signification dans lequel se reconnaissaient la plupart des Romains se formalisait autour d'idées et de valeurs communes, telles que celles du *mos maiorum*. Du reste, Domitien cumulait les *imperia* puisqu'il était à la fois *princeps*, *consul* et le *duumuir*.

XI. L'économie et la numismatique

a) L'économie

Vespasien était assurément un gestionnaire consciencieux. De ce fait, nous ignorons si Titus gaspilla toutes les richesses accumulées, laissant ainsi Domitien aux prises avec des problèmes économiques dont il ne parvint pas

---

[581] *Cf. infra*.
[582] Dans les Champs Décumates (rive droite du Rhin) : *Arae Flaviae* (Rottweil) ; en Germanie Supérieure : *Flauia Nemetum* : *ciuitas* des Némètes ; en Helvétie, tout le pays des Helvètes (*ciuitas heluetiorum*) fut désigné comme *Colonia Pia Flauia Constance Emerita Heluetiorum foederata* ; en Pannonie : *Municipum Flauium Scarbantia* (Oedenburg) ; en Dalmatie : *Municipum Flauium Scardona* ; en Mésie : *Colonia Flauia scupi* (Kautschewitsch) ; en Thrace : Philippolis est qualifiée de Fl(avia) sur une inscription ; en Achaïe : *Colonia Julia Flauia Augusta Corintus*.

à se défaire complètement, ou si, au contraire, Titus suivit les traces de son père, et si ce fut Domitien qui gaspilla l'argent de l'État en guerres et en banquets.

Dans un premier temps, Domitien fit preuve d'une grande générosité à l'égard du *populus*, annulant des dettes (*aerarium*) et refusant qu'elles fussent payées par le biais de successions (*fiscus*). Par cela, il réduisit d'éventuelles sources de revenus. Néanmoins, vers la fin de l'année 82, il revit complètement sa politique budgétaire, et augmenta notablement les dépenses. Il proposa un ambitieux programme de constructions, et, en 83, augmenta le salaire de l'armée de 33 %[583]. Notons que la distinction entre le trésor public (*aerarium*) et les revenus privés de l'empereur (*fiscus*) était ténue sous la dynastie flavienne, les deux termes étant presque des synonymes. Les fonds de l'État étaient passés sous le contrôle de l'empereur, mais ses ressources ainsi que ses propriétés avaient été absorbées par le domaine public. Du reste, il appliqua un régime de taxes élevées dès les années 82-83. Dion Cassius établit à cet effet un lien entre la révolte des Nasamons[584] et une politique de collecte des impôts trop austère[585]. Toutefois, Suétone[586] ne nous fait part d'aucune autre source de revenus en dehors de cadeaux offerts à Domitien.

De son côté, Frontin raconte comment Domitien réorganisa la collecte des droits perçus sur l'eau des aqueducs, des fontaines et des réservoirs qui, habituellement, étaient perdus pour cause de mauvaise gérance. Cette opération fit gagner à l'empereur presque 250 000 sesterces pour le *fiscus*, mais il n'est pas certain que cette somme représentait un profit net, le *fiscus* étant un fonds destiné au paiement de la main-d'œuvre et des matériaux utilisés. Frontin admet que la gestion des réserves d'eau et la collecte des revenus avaient été laxistes, mais laisse entendre que Domitien gardait l'argent récupéré pour son propre compte[587].

De 82 à 84, l'émission des pièces de bronze cessa, alors que les nouvelles pièces d'or et d'argent gagnaient en finesse. Pendant trois ans, ces standards de haute qualité prévalurent, mais, de 85 à 96, la qualité du métal se détériora, ce qui ramena la monnaie aux standards de la fin de l'époque néronienne. Elle demeura pourtant plus forte que lors des règnes de Vespasien et Titus[588]. La crise qui conduisit à la décision d'abaisser la

---

[583] P. Southern, *Domitian. Tragic Tyrant*, Londres – New York, Routledge, 1997, p. 53.
[584] *Cf. infra.*
[585] Dio Cass., LXVII, 4, 6.
[586] Suet., *Dom.*, 12.
[587] Front., *Aquis*, II, 116-118. Voir : A. Turner, "Frontinus and Domitian : Laus Principis in the *Stratagemata*", *Havard Studies in Classical Philology*, 103, 2007, p. 423-449.
[588] I. Carradice, *Coinage and Finances in the Reign of Domitian*, Oxford, 1983, p. 157.

qualité de frappe pourrait trouver son origine dans le déclenchement de la guerre dacique[589]. La réduction de la quantité d'argent dans la composition du *denarius* avait pour but d'économiser le précieux métal afin de permettre notamment l'achat de matériel de guerre et de procurer de la nourriture en suffisance à l'*exercitus Romanus*. Le refus de Domitien de dévaluer davantage sa monnaie a probablement conduit aux difficultés financières auxquelles il fit face dans les années 90[590].

Dès 85, lorsqu'il fit face à une crise qui requit un abaissement de la qualité de la frappe monétaire, Domitien commença à confisquer des propriétés. L'argent récolté par ces mesures devait constituer une manne financière au lendemain de la guerre, principalement en cas de défaite romaine ; convertir des demeures confisquées en espèces sonnantes et trébuchantes prenait du temps. Était-ce pourtant là la seule raison de ces expropriations ?

Certains chercheurs ont estimé que les confiscations de propriétés auraient apporté une contribution substantielle aux finances de l'État[591]. Toutefois, vendre immédiatement ces biens au prix coûtant du marché aurait à peine été suffisant pour contrebalancer les frais afférents à l'entreprise. R. Syme, qui soutient que Domitien a laissé des finances saines, argue que les confiscations avaient des motivations politiques, car elles auraient participé à saper les finances des sénateurs[592]. D'autres modernes insistent sur le fait que Domitien était plus intéressé par l'idée de maintenir des standards moraux élevés et de renforcer la loi que de s'approprier des biens pour s'enrichir[593].

La simple motivation financière dans la confiscation de propriétés n'est donc pas établie au-delà de toute certitude. La théorie de la cupidité domitienne n'est d'ailleurs pas plus confirmée par Pline, qui indique que les expropriations étaient le résultat d'une faiblesse dans la personnalité de l'empereur, et non celui d'un quelconque problème d'ordre financier[594]. Cette thèse est appuyée par le fragment de l'auteur exaltant Trajan, paré de toutes les vertus, pour sa politique autorisant de nouveaux propriétaires à se porter acquéreurs des propriétés confisquées et, apparemment, tombées en ruines[595]. Ce faisant, il sous-entend que Domitien n'avait pas fait en sorte que les biens immobiliers confisqués puissent générer des revenus.

---

[589] *Cf. infra*.
[590] P. Southern, *Domitian. Tragic Tyrant*, Londres – New York, Routledge, 1997, p. 63-64.
[591] P. M. Rogers, "Domitian and the Finances of State", *Historia*, 33, 1, 1984, p. 62 ; 71 ; 76.
[592] R. Syme, "The Imperial Finances under Domitian, Nerva and Trajan", *JRS*, 20, 1930, p. 66.
[593] I. Carradice, *Coinage and Finances in the Reign of Domitian*, Oxford, 1983, p. 165.
[594] Plin., *Paneg.*, 50, 5.
[595] Plin., *Paneg.*, 50, 4.

b) La numismatique au service du pouvoir

Les premières pièces de monnaie en circulation sous Domitien, uniquement battues à Rome, datent du printemps 82. L'empereur a fait graver sur certaines d'entre elles des thèmes et motifs antérieurs, notamment les effigies des membres de la dynastie julio-claudienne[596]. Dans le même registre, on note les similitudes entre des monnaies de Domitien le représentant en train de sacrifier un animal au moment des jeux séculaires et des sesterces de Caligula le montrant occupé à immoler un bœuf devant le temple du divin Auguste[597]. Le thème de la divinisation des membres de la famille impériale, cher à Domitien, n'était pas une nouveauté. Toutefois, il a été élargi, comme en témoigne la figure du fils défunt de l'empereur, représenté trônant sur un globe et ceint d'astres[598]. Au demeurant, le monnayage de Domitien constituait indubitablement un progrès dans l'efficacité de la diffusion de l'image impériale par une maîtrise bien supérieure de l'iconographie impériale[599].

Nous l'avons vu, Domitien se plaçait sous la protection de Jupiter, convaincu d'avoir été choisi par le roi des dieux pour l'élever à l'Empire à la suite du sauvetage miraculeux sur le Capitole[600], et, surtout, de Minerve ; il est aisé d'observer qu'entre 82 et 85, la représentation de la déesse Minerve dominait la plupart des avers des *denarii* et des *aurei*[601]. Ce double soutien s'incarnait dans le monnayage romain dès 81[602]. Le thème de la liaison entre cultes jovien et minervien et culte impérial[603] éclipsait tous les autres par la fréquence des sesterces qui le représentaient. Ceux-ci, chez la déesse de la guerre intelligente, mettaient en évidence tant ses attributs guerriers que ses valeurs morales. Minerve apparaît en effet tantôt brandissant sa haste, tenant le foudre ou munie des ailes de la victoire, tantôt adoptant une posture de

---

[596] *RIC*, 453-464.
[597] *RIC*, 378.
[598] *RIC*, 213.
[599] J. Alexandropoulos, « La propagande impériale par les monnaies de Claude à Domitien : quelques aspects d'une Évolution », *Pallas*, 40, 1994, p. 86.
[600] *Cf. supra.*
[601] I. Carradice, *Coinage and Finances in the Reign of Domitian*, Oxford, 1983, p. 142.
[602] M. Susplugas, « Les monnaies romaines de Domitien, témoins de sa politique », *Latomus*, 62, 1, 2003, p. 82.
[603] Pour J.-M. Pailler (« Domitien, la 'loi des Narbonnais' et le culte impérial dans les provinces sénatoriales d'Occident », *Revue archéologique de Narbonnaise*, 22, 1989, p. 171-189), si un consensus veut que le culte impérial, créé par Auguste et d'abord limité aux provinces placées sous la responsabilité directe de l'empereur, ait été introduit dans les provinces sénatoriales par Vespasien, il convient pourtant d'attribuer cette innovation à Domitien, du moins en Narbonnaise et en Bétique.

concordia et de *grauitas*, devenues vertus impériales[604]. Au revers d'une monnaie de bronze, Domitien figurait debout, en tenue militaire, pour afficher sa valeur guerrière, tenant une lance dans sa main gauche, le foudre, l'un des trois attributs de Jupiter, dans la droite et couronné par une Victoire[605]. Ce fut la première proclamation officielle du statut de l'Empereur investi par Jupiter pour être son représentant terrestre. En 86, après la première phase de sa campagne contre les Daces[606], il fit procéder à une seconde émission du thème Felicitas[607].

XII. L'armée à la veille des campagnes militaires

Bretagne, Rhin et Danube : là furent les trois théâtres d'opérations militaires majeurs du règne de Domitien, que nous analyserons dans les pages qui suivent. Les sources anciennes à notre disposition sont à la fois partielles et partiales, inspirées tantôt par l'*adulatio* tantôt par l'*odium*. Le seul moyen de dépasser la perspective tronquée que nous imposent les textes anciens semble résider en une étude systématique des armées et des frontières, notamment par le biais de l'épigraphie et de l'archéologie.

Ayant besoin du soutien de l'armée contre l'aristocratie et demeurant soucieux de s'attirer la gloire militaire de manière à constituer un *exemplum* digne d'émulation, Domitien éleva la solde de ses *milites*[608], qui se plaignaient, depuis le début du règne de Tibère, d'être insuffisamment rémunérés. En effet, se sachant détesté de la plupart des sénateurs et de certains légats, Domitien, qui craignait un soulèvement, décida, après la guerre contre les Chattes de 83[609], d'augmenter la solde de chaque légionnaire. Ainsi, ce dernier, le plus souvent issu des provinces, bénéficiait désormais tous les quatre mois cent deniers au lieu de soixante-quinze[610]. L'attachement des prétoriens à l'empereur décrit par Tacite laisse croire qu'il augmenta aussi leur solde, laquelle montait pourtant à sept cent-vingt deniers l'an[611] ; à lire Dion Cassius, qui stipule que l'armée n'était pas

---

[604] L. Morawiecki, « The symbolism of Minerva on the coins of Domitianus », *Klio*, 59, 1, 1977, p. 185-193 ; J.-L. Girard, « Domitien et Minerve, une predilection impériale », *ANRW*, II, 17, 1, 1981, p. 233-245. *Cf. supra.*
[605] M. Susplugas, « Les monnaies romaines de Domitien, témoins de sa politique », *Latomus*, 62, 1, 2003, p. 82.
[606] *Cf. infra.*
[607] *Cf. supra.*
[608] *Cf. supra.*
[609] *Cf. infra.*
[610] Suet., *Dom.*, 7 : *Addidit et quartum stipendium militi, aureos ternos* ; Zon., XI, 19.
[611] Tac., *Ann.*, I, 17.

unanimement favorable à l'empereur, les prétoriens auraient pu avoir fait défection[612]. D'après Suétone, Domitien, ruiné par les constructions entreprises et la paie de ses soldats, envisagea un temps de réduire leur nombre, mais y renonça au vu des nombreuses attaques des Barbares qui menaçaient l'Empire[613]. Au surplus, les troupes reçurent souvent des dons supplémentaires (*donatiua*)[614]. Par ailleurs, selon Pline le Jeune, il fit preuve d'indulgence vis-à-vis du manquement de discipline de ses soldats[615]. La révolte de L. Antonius Saturninus, sénateur hispanique puis consul suffect en 82[616], amènera toutefois Domitien à prendre des précautions supplémentaires envers ses généraux[617].

Pour toutes ces raisons, les légions et leurs chefs furent favorables à Domitien, et encouragèrent dès lors ses projets de conquête ; comme Auguste, il avait compris que la *Pax Romana* était pourvoyeuse de richesse et de sérénité conduisant à l'apothéose. Même si, selon Pline, ils furent animés de sentiments de défiance réciproque, ce qui aurait nui à la fois à la discipline et aux opérations militaires[618], ses troupes, qui désireuses de venger leur empereur après sa mort[619], lui permirent d'engranger un certain nombre de victoires. Notons toutefois que Pline, qui souligne les mérites des légionnaires, se fait largement l'écho des « victoires imaginaires »[620], des « chars de comédie »[621], des « simulacres de triomphe »[622] de Domitien.

Parmi les principales légions domitiennes, citons la *Legio XXI Rapax* et la *Legio I Minerua*. La première semble avoir été démantelée, car l'expression *legione cum legato simul caesa* utilisée par Suétone[623] indique certes une grave défaite et la mort du légat, mais n'implique pas nécessairement que l'unité ait été complètement exterminée ; on peut également penser que Tacite, dont la gravité était inhérente à son style, n'eût pas manqué d'évoquer un désastre aussi complet que celui de Varus. À ces arguments

---

[612] Dio Cass., LXVII, 16 ; 18.
[613] Suet., *Dom.*, 12 : *temptauit quidem ad releuandos castrenses sumptus militum numerum deminuere. Sed cum obnoxium se barbaris per hoc animaduerteret* ; Zon., XI, 19.
[614] Veg., II, 20.
[615] Plin., *Paneg.*, 18 [à Trajan] : *disciplinam castrorum lapsam extinctamque refouisti, depulso prioris saeculi malo, inertia et contumacia et dedignatione parendi.*
[616] *PIR*² I A, 874, p. 169-170 ; *LP*, 49, 19 ; 185, 40. Voir : R. Étienne, « Domitien et les sénateurs hispaniques », *Pallas*, 40, 1994, p. 241.
[617] *Cf. infra.*
[618] Plin., *Ep.*, VIII, 14, 7 : *in castris [...] ducibus auctoritas nulla, nulla militibus uerecundia, nusquam imperium, nusquam obsequium, omnia soluta, turbata, atque etiam in contrarium uersa* ; *Paneg.*, 18.
[619] *Cf. infra.*
[620] Plin., *Ep.*, VIII, 12, 2.
[621] Plin., *Ep.*, VIII, 16, 1-3.
[622] Plin., *Ep.*, VIII, 17, 1.
[623] Suet., *Dom.*, 6.

négatifs s'ajoute un élément positif : le martelage du nom de la *XXI Rapax* sur les inscriptions du camp de Vindonissa, où elle avait tenu garnison à l'époque julio-claudienne[624]. Toutefois, certaines inscriptions épigraphiques tendraient à confirmer[625] que cette légion fut anéantie par les Sarmates en 92[626]. La seconde[627], quant à elle, fut créée au début du règne de Domitien, et fut qualifiée de « Pia Fidelis » en 88-89[628]. Cette légion, qui avait son camp à Bonn à la fin du règne de l'empereur après qu'elle eut passé un court laps de temps le long du Danube, fit partie de l'armée de Germanie Inférieure, où elle se trouvait peu après 100, et sans doute déjà en 88[629]. Licinius Sura, probablement au commencement du règne de Domitien, fut légat de cette légion[630], avant d'être celui de la Gaule Belgique, puis consul. Comme la *Legio XXI Rapax* fut envoyée en Germanie Supérieure[631] lors de la guerre chattique, on peut penser que la *I Minerua* fut créée pour la remplacer et rejoindre les trois autres légions en Germanie Inférieure.

À la mort de Domitien en 96, l'armée romaine était divisée en vingt-huit légions réparties comme suit[632] :

3 légions en Bretagne : *II Augusta* ; *IX Hispana* ; *XX Valeria Victrix*
3 légions en Germanie Inférieure : *I Mineruia* ; *VI Victrix* ; *X Germina*
2 légions en Mésie Inférieure : *I Italica* ; *V Macedonica*
3 légions en Syrie : *III Gallica* ; *IV Scythica* ; *VI Ferrata*
1 légion en Judée : *X Fretensis*
3 légions en Germanie Supérieure : *VIII Augusta* ; *XXI Claudia* ; *XXII Primigenia*
2 légions en Mésie Supérieure : *IV Flavia* ; *VII Claudia*
1 légion en Afrique : *III Augusta*
1 légion en Hispanie : *VII Gemina*
2 légions (?) en Égypte : *III Cyrenaica* ; *XII Deiotariana* (?)[633]

---

[624] *CIL*, XIII, 5201 ; 5237 = *AE*, 1971, 275 ; 11 514 ; 1934, 18 ; G. Walser, *Römische Inschriften in der Schweiz*, Berne, 1979-1980, 154 ; 172. Voir : Fr. Bérard, « Bretagne, Germanie, Danube : mouvements de troupes et priorités stratégiques sous le règne de Domitien », *Pallas*, 40, 1994, p. 225.
[625] *CIL*, III, 6813 ; V, 7447 : [POMPONIANUS SECUNDUS P. CESTI[US ...] PRISCUS DUCENICUS PROC[ULUS, LEG(ATUS) IMP(ERATORIS) CA]ES(ARIA) NERVAE TRAJANI AUG(USTI) LEGION(IS) [..., SEVIR EQ(ULLUM) R(OMANORUM)] TURM(AE) VI, TRIBUN(US) MILITUM LEGION(IS) XXI RA[PACIS].
[626] *Cf. infra*.
[627] Dio Cass., LV, 3.
[628] *CIL*, VI, 1444.
[629] *Cf. infra*.
[630] *CIL*, VI, 1444.
[631] *Cf. infra*.
[632] St. Gsell, *Essai sur le règne de Domitien*, Paris, 1893, p. 159-163.
[633] La dernière mention de cette légion est de l'année 84 (*CIL*, III, 36).

5 légions (?) en Pannonie : *XIII Germina* ; *XV Apollinaris* ; *II Adjutrix* ; *XIV Gemina* ; et sans doute *I Adjutrix*
2 légions (?) en Cappadoce : *XII Fulminata* ; *XVI Flavia* (?)[634]

Sur la frontière du Danube, étaient cantonnées quelques troupes et cohortes auxiliaires, dont un certain nombre portait le nom de *Flauia*. Si l'on ne peut préciser si cette dénomination venait de Vespasien, de Titus ou de Domitien, on incline à penser que cette épithète faisait référence à Vespasien puisque c'est lui qui réorganisa l'armée.

- En Hispanie[635] : *II Flauia Hispanorum ciuium Romanorum*
- En Mésie Inférieure, en 100 : *Gallorum Flauiana*
- En Pannonie Inférieure, en 113[636] : *I Flauia Augusta Britannica militaria ciuium Romanorum*, une des unités les plus décorées de l'armée romaine, avant même les guerres daciques de Trajan durant lesquelles il obtiendra le titre *de bis torquata*. Sous Domitien, elle avait déjà reçu l'épithète impériale *Domitiana*, transformée en *Augusta* après la *damnatio memoriae*, et la citoyenneté romaine pour tous ses soldats, certainement en récompense de leur comportement au combat, soit dans les guerres de Bretagne, soit plus probablement dans celles du Danube[637].
- En Pannonie Inférieure (?)[638] : *Flauia Pannoniorum*
- En Mésie Inférieure, en 100 : *I Flauia Sebastenorum*
- En Rhétie, en 106 : *I Flauia Gemelliana*
- En Rhétie, en 107[639] : *I Flauia Singularium ciuium Romanorum*
- En Rhétie[640] : *II Flauia Singularium*
- (?) : *I Flauia Gallorum Tauriana*[641]
- (?) : *I Flauia Gaetulorum*
- (?) : *II Flauia Agrippiana*[642]

---

[634] Suet., *Vesp.*, 8 : *Cappadociae [...] legiones addidit*.
[635] *CIL*, II, 2554 ; 2600 ; 9637.
[636] *CIL*, III, 869.
[637] Sur cette legion, voir : D. Kennedy, « The ala I and cohors I Britannica », *Britannia*, 8, 1977, p. 249-255 ; B. Lörincz, « Beiträge zur Geschichte der ala I Flauia Britannica milliaria c. R. », *Alba Regia*, 17, 1979, p. 357-359 ; P. A. Holder, *The Auxilia from Augustus to Trajan*, Oxford, 1980, p. 14-15 ; V. A. Maxfield, « The ala Britannica, Dona and Peregrini », *ZPE*, 52, 1983, p. 141-150 ; K. Strobel, « Zu den Auszeichnungen der ala I Flauia Augusta Britannica milliaria c. R. bis torquata ob uirtutem », *ZPE*, 73, 1988, p. 176-180.
[638] *CIL*, III, 3223.
[639] *CIL*, III, 867.
[640] *CIL*, III, 5822.
[641] *CIL*, VIII, 2394 ; 2395.
[642] *CIG*, 3497 = *SEG*, 37, 1819.

Ajoutons-y les cohortes :

- En Dacie, en 110[643] : *I Flauia Ulpia Hispanorum miliaria ciuium Romanorum equitata*
- En Maurétanie Césarienne, en 107[644] : *I Flauia Hispanorum miliaria equitata*
- En Pannonie, en 85[645] : *I Flauia Brittonum*[646]
- En Syrie en 162[647] : *I Flauia Chalcidanorum equitata sagittariorum*
- En Germanie Supérieure, en 90[648] : *I Flauia Damascenorum miliaria equitata sagittariorum*
- En Germanie Supérieure : *I Flauia Damascenorum peditata*
- En Germanie inférieure : *I Flavia*
- En Mésie inférieure, en 100[649] : *II Brittonium equitata*
- En Égypte, sous Domitien : *I Flauia Thracum*
- En Dacie[650] : *II Flauia Commagenorum*
- En Lycie-Pamphylie, en 178 : *I Flauia Numidarum*
- En Dacie Inférieure, en 129[651] : *II Flauia Numidarum*
- En Maurétanie Césarienne, en 107 : *I Flauia Musulamiorum*
- En Numidie[652] : *I Flauia equitata*
- (?) : *III Flauia Afrorum*
- (?) : *I Flauia ciuium romanorum*
- (?) : *Flauiana*

Enfin, trois autres cohortes ne peuvent pas être localisées : la *III Flauia Afrorum*[653] ; la *I Flauia ciuium Romanorum*[654] ; la *Flauiana*[655].

Existant sous Trajan, la troupe des *equites singulares* (gardes du corps) a peut-être été créée par Domitien. Un certain nombre de T. Flavii[656] s'y trouvaient, mais ils pouvaient également y avoir été intégrés après 96, car quatorze Flavii ont été enrôlés entre 103 et 118[657].

---

[643] *CIL*, III, 1627.
[644] *CIL*, X, 6426.
[645] *CIL*, III, 855.
[646] *CIL*, III, 4811.
[647] *CIL*, III, 129.
[648] *CIL*, III, 870.
[649] *CIL*, III, 865.
[650] *CIL*, III, 1343 ; 1355.
[651] *CIL*, III, 876.
[652] *CIL*, VIII, 2844 ; 4527.
[653] *CIL*, V, 6584.
[654] *CIL*, III, 600.
[655] *CIG*, 3615-3617 = *SEG*, 55, 2096.
[656] *CIL*, VI, 3252 ; 3260.
[657] *CIL*, VI, 3252.

XIII. Agricola en Bretagne

Quand il fut désigné empereur, Domitien hérita d'une guerre en cours en Bretagne. Celle-ci est documentée par Tacite dans la biographie qu'il rédigea de son beau-père, Cn. Julius Agricola[658]. Ce chapitre se concentrera essentiellement sur les points de vue adoptés par ce dernier et par Domitien sur le conflit britton.

L'*Agricola* montre à la fois la solide armature intellectuelle que Tacite possédait et le fait qu'il n'était pas dénué de toute subjectivité[659]. Or une *laudatio* ne saurait présenter les mêmes garanties qu'un récit éminemment historique. Si l'historien, qui a franchi les étapes de sa carrière sous la dynastie flavienne, n'y salue l'action bienfaitrice de Trajan qu'à demi-mot, il apporte sa contribution à l'idéologie anti-impériale (même si l'on est encore loin de la critique faite dans les *Annales*), et exprime, sans ambages et par le biais d'une piété filiale, sa rancœur à l'égard de Domitien, qui a destitué son beau-père. De la sorte, les sentiments personnels de l'auteur y côtoient l'expression d'opinions politiques discutables. Bien plus, cette biographie, destinée à faire l'objet de récitations publiques, n'avait de chance d'être bien reçue que si elle contenait des allusions malignes et véhémentes à l'égard de Domitien. En somme, s'il ne s'acharne pas à noircir la dynastie flavienne à qui il doit sa carrière, Tacite présente Agricola comme une antithèse vertueuse du prince.

Le conflit en Britannia fut entrepris par les gouverneurs Petilus Cerialis, qui soumit le nord de l'actuelle Angleterre, et Julius Frontinus, qui conquit la majeure partie de l'actuel pays de Galle. Agricola prit la succession de ce dernier lorsqu'il quitta son poste. L'étendue des conquêtes de Cerialis dans le nord fut élucidée grâce aux fouilles archéologiques, à l'étude numismatique et à la dendrochronologie des rondins de bois du fort de Carlisle. Pour Domitien, la Calédonie (Écosse) était alors la prochaine région à inclure dans l'Empire.

Tacite divise narrativement les mandats d'Agricola en étés et en hivers, sans fournir de dates précises. De ce fait, il est impossible de vérifier à quel

---

[658] Outre quelques mots de Dion Cassius (LXVI, 20), la seule source, pour ces campagnes, est l'*Agricola* de Tacite. Voir : E. Birley, "Britain under the Flavians : Agricola and His Predecessors", *Durham University Journal*, 7, 1946, p. 79-84 ; T. A. Dorey, "Agricola and Domitian", *Greece & Rome*, 7, 1, 1960, p. 66-71.

[659] Tacite (*Agr.*, I, 1) incite son lectorat à considérer Agricola comme un un homme illustre dont les actions doivent passer à la postérité : *clarorum uirorum facta moresque posteris tradere, antiquitatis usitatum, ne nostris quidem quamquam incuriosa suorum aetas omisit*. Voir : J. K. Evans, "Tacitus, Domitian, and the Proconsulship of Agricola", *RMP*, 119, 1976, p. 79-84.

moment exact le légat fut en fonction au moment de la passation de pouvoir entre la mort de Titus et le début du règne de Domitien. Cependant, les modernes s'accordent sur le fait qu'il fut gouverneur de la Brittania dès 77[660]. Agricola y avait déjà séjourné à deux reprises, la première, en tant tribun militaire, sous Suetonius Paulinus[661], et la seconde, sous Vettius Bolanus et Cerialis, comme légat[662].

Dans le cadre d'une expédition glorieuse contre les Ordoviques, Agricola avait achevé la conquête du pays de Galles, et occupé l'île d'Anglesey, où la résistance celte avait été virulente[663]. D'autres peuples voisins[664], que Tacite ne nomme pas, ayant été soumis, Rome dominait désormais la majeure partie de la Bretagne, au moins jusqu'à Eburacum (York)[665].

Par une bonne administration, Agricola essaya de convertir les peuples conquis de l'île à la romanité : il les traita avec respect, abrogea tout abus susceptible de les humilier ou de les appauvrir, diminua leurs impôts, et

---

[660] Agricola fut consul en 77 (*Agr.*, 9). Aussitôt après, il reçut le gouvernement de la Bretagne : *Consul egregiae tum spei filiam iuueni mihi despondit ac post consulatum collocauit et statim Britanniae praepositus est* (*Agr.*, 9). Il arriva dans sa province au milieu de l'été : *Hunc Britanniae statum [...] media iam aestate transgressus Agricola inuenit* (*Agr.*, 18), et il y fit sept campagnes. Domitien le rappela après avoir reçu la nouvelle de la victoire du mont Graupius, remportée à l'extrémité de la Bretagne, quand l'été était déjà terminé : *exacta iam aestate* (*Agr.*, 38). Ce fut sans doute au commencement de l'année qui suivit cette victoire, qu'il quitta la province. La question est de savoir si Agricola fut légat depuis l'été de 77 jusqu'au début de 84 ou depuis l'été de 78 jusqu'au début de 85. Dion Cassius (LXVI, 20) écrit qu'à la suite des victoires d'Agricola, Titus prit sa XVe salutation impériale. Or, dès la fin de 79, Titus était *Imperator XV* ; la campagne faite cette année-là par Agricola fut donc marquée par un important succès. Pendant la deuxième année de son commandement, il ne semble pas avoir fait de grande expédition (*Agr.*, 20-21) ; au contraire, dans la troisième année, il s'avança peut-être jusqu'au Firth of Tay. Il faut probablement en conclure que cette troisième année correspond à l'année 79, et que, par conséquent, Agricola arriva en Bretagne au cours de l'été de 77. Il dut être consul du 1er mai 77 au 30 juin, et partir dès le mois de juillet pour sa province. Voir : W. S. Hanson, *Agricola and the Conquest of the North*, Londres, 1987 ; A. R. Birley, *The Fasti of Roman Britain*, Oxford, 1981, p. 73-81 ; A. R. Birley, "Agricola, the Flavian dynasty, and Tacitus", dans B. Levick (éd.), *The Ancient Historian and His Materials*, Westmead, 1975, p. 139-154.
[661] Tac., *Agr.*, 5.
[662] Tac., *Agr.*, 8.
[663] Tac., *Agr.*, 18.
[664] Tac., *Agr.*, 20 (campagne de l'année 78).
[665] Eburacum, dans le pays de Brigantes, appartenait sans aucun doute aux Romains en 79, à l'époque où Agricola commença ses campagnes vers le nord, car il lui fallait un point d'appui et de concentration pour attaquer les Calédoniens. Cette ville fut peut-être occupée par Petillius Cerialis, qui vainquit les Brigantes. Tac., *Agri.*, 17 : *Terrorem intulit Petillius Cerialis, Brigantum ciuitatem, quae numerosissima prouinciae totius perhibetur, aggressus, multa praelia et aliquando non incruenta, magnamque Brigantum partem aut uictoria amptexus, aut bello* ; Plin., *Nat.*, IV, 102.

s'occupa de faire instruire les fils de leurs chefs. Il appela en outre les hommes intègres à le seconder[666].

Il nourrissait également le projet de conquérir la Calédonie et l'Hibernie (Irlande) non seulement pour faire valoir sa *uirtus*, mais aussi pour faire avorter toute volonté indépendantiste chez les Bretons qui, ainsi, n'auraient plus à envier leurs voisins ni à attendre d'eux le moindre soutien[667], et pour faciliter les liaisons maritimes avec l'ouest de l'Empire[668]. Pour ce faire, il disposait de pas moins de quatre légions[669], composées de trente cohortes et de dix ailes de cavalerie. Malgré les difficultés inhérentes à la marche, au ravitaillement, et aux combats à mener dans une contrée inconnue, vallonnée et couverte de forêts et de marécages, toutes les expéditions entreprises vers le nord permirent à l'*Vrbs* d'y affermir, un temps du moins, son autorité.

En 79, Agricola s'avança jusqu'à l'estuaire du Tanaus (Tay), jusqu'alors inconnu aux Romains[670]. L'année 80 fut entièrement consacrée à y consolider ses positions. Pour ce faire, il éleva une ligne de forts (*praesidia*), allant de l'estuaire de la Clota (Clyde), sur la mer d'Irlande, à celui de la Bodotria (Forth), sur la mer du Nord, faisant ainsi de tout le pays environnant un territoire soumis à Rome[671]. Antonin le Pieux, plus tard, ne fera que restaurer cette ligne de défense. Une avancée au-delà du Tanaus sans avoir, dans un premier temps, sécurisé les communications ainsi que les réserves de vivres et, par-dessus tout, prévu une retraite, aurait ouvert la voie à un grand désastre en cas d'échec sur le champ de bataille. Malgré les précisions fournies par Tacite, aucun des *praesidia* installés dans cette zone n'a été identifié avec certitude. Les forts d'Elginhaugh et de Barochan pourraient en faire partie, mais la disposition des postes entre la Clota et la Bodotria, qui ne semble guère avoir pris en considération le relief de la région, demeure incertaine.

---

[666] Tac., *Agr.*, 19 ; 21.
[667] Tac., *Agr.*, 24 : *Saepe ex eo* [d'Agricola] *audiui, legione una et modicis auxiliis debelari obtinerique Hiberniam posse ; idque etiam aduersus Britanniam profuturum, si Romana ubique arma, et uelut e conspectu libertas tolleretur.*
[668] *Agr.*, 24 : *Si quidem Hibernia, medio inter Britanniam atque Hispaniam sita et Gallico quoque mari opportuna, ualentissimam imperii partem magnis inuicem usibus miscuerit.*
[669] La *IX Hispana*, peut-être à Eburacum (*CIL*, VII, 241) ; la *II Adjutrix*, à Lindum (*CIL*, VII, 185) ; la *II Augusta* à Isca (Caerleon), dans le pays des Silures, qui furent soumis sous Vespasien par Frontin (Tac., *Agr.*, 17) ; la *XX Valeria Victrix* à Deva (Chester), d'où elle surveillait le pays des Ordoviques, récemment soumis.
[670] Tac., *Agr.*, 22 : *usque ad Tanaum (aestuario nomen est).* On ne sait pas d'une manière certaine où se trouvait cet estuaire.
[671] Tac., *Agr.*, 23 : *Atque omnis proprior sinus tenebatur.* Le mot *sinus* ne signifie pas ici « golfe », mais « étendue de terre ». Voir : M.-Th. Raepsaet-Charlier, « Principat », *ANRW*, II, 33, 3, 1991, p. 1807-1857.

Quelles furent les actions entreprises par Agricola en 81 ? Tacite écrit simplement qu'il s'embarqua dès que la saison le lui permit, puis soumit des peuplades inconnues jusqu'alors. Nous pouvons penser qu'il s'agissait de tribus du nord de l'estuaire de la Clota, en Écosse[672]. Il prépara ensuite une expédition vers l'Hibernie. Ayant accueilli l'un de ses roitelets chassé par une révolte, il noua avec lui des liens d'*amicitia* pour servir ses objectifs militaires[673]. C'est à ce moment-là que Domitien succéda à Titus.

Agricola ne fut pas rappelé à Rome, et le nouvel empereur lui permit de continuer ses expéditions, du moins, en Bretagne. En 82, le général avança au-delà de la Bodotria, en Calédonie, en longeant les côtes. Malgré tout, les Calédoniens harcelèrent l'armée romaine[674], laquelle commençait à se décourager et à souhaiter à quitter ces contrées hostiles. Toutefois, Agricola refusa de tenir compte de ces craintes.

Figure 1 : L'occupation romaine de l'Écosse au Ier siècle

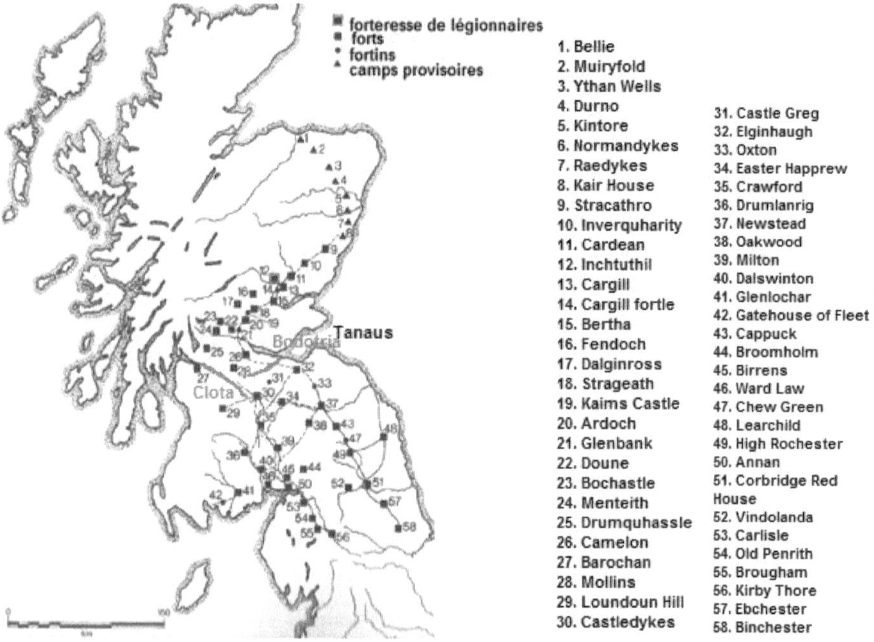

■ forteresse de légionnaires
■ forts
• fortins
▲ camps provisoires

1. Bellie
2. Muiryfold
3. Ythan Wells
4. Durno
5. Kintore
6. Normandykes
7. Raedykes
8. Kair House
9. Stracathro
10. Inverquharity
11. Cardean
12. Inchtuthil
13. Cargill
14. Cargill fortle
15. Bertha
16. Fendoch
17. Dalginross
18. Strageath
19. Kaims Castle
20. Ardoch
21. Glenbank
22. Doune
23. Bochastle
24. Menteith
25. Drumquhassle
26. Camelon
27. Barochan
28. Mollins
29. Loundoun Hill
30. Castledykes
31. Castle Greg
32. Elginhaugh
33. Oxton
34. Easter Happrew
35. Crawford
36. Drumlanrig
37. Newstead
38. Oakwood
39. Milton
40. Dalswinton
41. Glenlochar
42. Gatehouse of Fleet
43. Cappuck
44. Broomholm
45. Birrens
46. Ward Law
47. Chew Green
48. Learchild
49. High Rochester
50. Annan
51. Corbridge Red House
52. Vindolanda
53. Carlisle
54. Old Penrith
55. Brougham
56. Kirby Thore
57. Ebchester
58. Binchester

Carte inspirée de : P. Southern, *Domitian. Tragic Tyrant*, Londres – New York, Routledge, 1997, p. 74.

---

[672] Tac., *Agr.*, 24.
[673] Tac., *Agr.*, 24.
[674] Tac., *Agr.*, 25 : *Castella adorti*.

Ayant été informé de l'intention des Calédoniens de l'encercler, et parfaitement conscient à la fois de leur nombre et de la connaissance qu'ils avaient des lieux, Agricola décida de marcher droit sur eux, divisant son armée en trois corps, lesquels demeuraient suffisamment rapprochés pour pouvoir se porter secours[675]. Les Calédoniens, réunis en une seule masse, attaquèrent la IXe légion (*IX legio Hispana*) de nuit et par surprise[676]. Celle-ci, probablement levée par César avant 58 avant J.-C., passait, du temps de Domitien, pour la plus faible. Alors que le camp fut envahi, Agricola prit les Calédoniens à revers, et leur infligea une défaite cuisante. Ils s'enfuirent alors par les forêts et les marécages pour empêcher les Romains lourdement armés de les poursuivre[677]. Nous ignorons malheureusement où se déroula cette bataille.

Tacite, qui préfère insister sur la bravoure de son beau-père, n'explique pas les causes de cette quasi-défaite. A. R. Birley estime possible qu'un détachement de la IXe légion ait été chargé de sécuriser les communications en arrière de la colonne expéditionnaire ou qu'une grosse partie de la légion fût restée en position dans sa base à York dans le but de surveiller le territoire des brigands, vaincus récemment, qui requérait de ce fait d'être plus surveillé que des zones situées plus au sud[678]. Une autre possibilité serait qu'Agricola ait volontairement détaché une partie de ses forces afin d'encourager les Calédoniens à attaquer et à engager une bataille.

Les troupes, revigorées par cette victoire et par la *uirtus* de leur chef, voulaient poursuivre la conquête, mais Agricola jugea plus prudent de ne pas avancer plus avant à l'intérieur des terres[679]. Il se mit cependant à préparer une expédition de grande ampleur pour 83. Pour ce faire, il renforça son armée en levant des auxiliaires parmi les Bretons les plus courageux, car il semble qu'une partie de ses forces ait été rappelée sur le continent. Fort de son expérience, il ordonna à la flotte de partir la première, en éclaireur, et d'attaquer différentes bourgades pour distiller la terreur, avant qu'il ne s'avance avec son armée[680].

---

[675] Tac., *Agr.*, 25.
[676] Tac., *Agr.*, 26 : *Vniuersi nonam legionem ut maxime inualidam, nocte adgressi.*
[677] Tac., *Agr.*, 26. Au lendemain de cette victoire, Domitien prit peut-être sa deuxième salutation impériale. Il l'avait certainement le 19 juillet 82 (*CIL*, IX, 5420). Les monnaies sur lesquelles cette salutation est indiquée portent toutes *CO(N)S(UL) VIII, DESIG(NATUS) VIIII* (*CIL*, II, 862 ; III, 4176).
[678] A. R. Birley, "Roman frontiers and Roman frontier policy : some reflections on Roman Imperialism", dans *Trans. Architectural and Archeological Society of Durham and Northumberland*, 3, 1974, p. 14 ; ID., *The Fasti of Roman Britain*, Oxford, 1981, p. 81.
[679] Tac., *Agr.*, 27.
[680] Tac., *Agr.*, 29.

Entre-temps, les Calédoniens avaient fabriqué une myriade d'armes, conclu des accords entre eux, et mis femmes et enfants à l'abri[681]. À la fin de l'année 83, fin prêts, ils attendirent Agricola au mont Graupius, au nord de l'Écosse (Bennachie ?)[682]. Commandés par Galgacus[683], ils étaient plus de trente mille ; Agricola, lui, disposait d'environ vingt-six mille hommes[684]. La narration tacitéenne fait la part belle aux discours, imaginés par l'auteur, tenus par les deux chefs de guerre, Agricola et Galgacus, à leurs troupes respectives avant la bataille finale. Huit mille fantassins auxiliaires, suivis par les légionnaires, stationnaient au centre du champ de bataille, et trois mille cavaliers étaient placés aux ailes[685]. Les ennemis des Romains, quant à eux, disposèrent les cavaliers et une partie des fantassins dans la plaine, ceux restant ayant été rangés tout autour des pentes des collines[686].

Les Calédoniens firent tomber sur les Romains une grêle de traits. Agricola lança alors la cavalerie des ailes, adjointe aux auxiliaires les plus aguerris (trois cohortes de Bataves et deux de Tongres) ; les autres soldats suivirent. Les Calédoniens de la plaine furent rapidement défaits, car ils n'étaient armés que de petits boucliers et d'épées longues sans pointe, sans compter qu'ils furent gênés par leurs chariots et leurs chevaux fuyant les Romains. Les soldats des collines descendirent alors pour tenter d'encercler l'armée d'Agricola. Cependant, ayant prévu l'adoption de ce dispositif, celui-ci lança les quatre escadrons de cavalerie tenus en réserve. Les ennemis furent donc cernés, avant d'être renversés. Une des principales difficultés des Romains inhérentes à une lutte dans une région montagneuse résidait dans la multiplicité d'endroits d'où les indigènes pouvaient tantôt jaillir tantôt se cacher pour recourir au *dolus*. Les Barbares furent poursuivis jusqu'à la nuit, et dix mille d'entre eux tombèrent contre, selon Tacite, trois cent soixante Romains seulement[687].

Les Romains obtinrent donc la victoire grâce à leur cavalerie et à la supériorité tactique de leur chef. Pour Tacite, le comportement vertueux

---

[681] Tac., *Agr.*, 27.
[682] Tac., *Agr.*, 29.
[683] Tac., *Agr.*, 29-30.
[684] Agricola avait sous ses ordres : trois mille hommes de cavalerie (*Agr.*, 35) et quatre autres ailes (Tac., *Agr.*, 37), c'est-à-dire deux mille hommes environ. En tout cinq mille cavaliers, presque toute la cavalerie de l'armée de Bretagne ; huit mille auxiliaires à pied (Tac., *Agr.*, 35), répartis en treize cohortes environ. Ces troupes auxiliaires étaient formées de Germains, de Gaulois, de Bataves, de Bretons (Tac., *Agr.*, 29 ; 32 ; 36). Quant aux légionnaires, on ne connaît pas leur nombre, mais on peut l'évaluer à environ treize mille hommes, chiffre équivalent à celui des soldats auxiliaires.
[685] Tac., *Agr.*, 35.
[686] Tac., *Agr.*, 35
[687] Tac., *Agr.*, 36-37. Le récit de la bataille par Tacite est très peu clair de plus, le texte étant corrompu en plusieurs endroits.

d'Agricola devait être un objet d'émulation pour Domitien. Plusieurs éléments témoignent de ce lien : la harangue avant la bataille, la moralité, la volonté de protéger l'Empire... Tout cela contribuait à voir en Agricola un chef idéal, dont Domitien était incité à suivre l'exemple. En fournissant un *exemplum* moral dans le but de montrer au lecteur à quel point il était important de vivre de façon vertueuse, Tacite, comme Tite-Live, a à cœur de combattre le relâchement, et de participer à l'effort de régénération morale entrepris par Auguste.

La ligue des Calédoniens détruite, il suffisait aux Fils de la Louve de vaincre les derniers îlots de résistance, notamment au nord des *Highlands* actuels. Toutefois, la saison de la guerre étant trop avancée, Agricola décida de ramener ses troupes dans le pays des Borestes (peuple dont nous ignorons tout), où furent envoyés des otages. Aucun nom de site de ces régions n'étant fourni par Ptolémée, ces informations furent collectées par la marine plutôt que par l'armée de terre, ce qui, concomitamment, confirme le fait que celle-ci n'ait jamais pénétré à l'intérieur de celles-ci. Il regagna alors ses quartiers d'hiver[688], puis ordonna à la flotte de circonscrire l'actuelle Grande-Bretagne tout entière. Elle en profita pour soumettre les Orcades et entrevoir Thulé (sans doute l'une des îles Shetland)[689]. Toutefois, Agricola ne contrôlait pas encore la totalité de la Calédonie. Du reste, Domitien lui avait peut-être interdit d'entamer une expédition en Hibernie.

Sans accuser ouvertement Domitien d'avoir ordonné l'assassinat d'Agricola, Tacite le laisse entendre. En effet, tout en exaltant la vigueur de son beau-père au combat et en insistant sur la sérénité dans laquelle il expira, il écrit en guise d'oraison funèbre : « Heureux Agricola, non seulement par l'éclat de ta vie, mais aussi par l'opportunité de ta mort [...] Comme l'assurent ceux qui assistèrent à tes derniers entretiens, c'est avec fermeté et résignation que tu as accepté ton destin, comme si, pour ta part, tu avais voulu faire don au prince de l'innocence. »[690] Selon Tacite, les vertus morale et militaire, symbolisées par un individu digne d'émulation, semblent avoir été parmi les principales cibles de Domitien. Ainsi, dans l'*Agricola*, où les

---

[688] Tac., *Agr.*, 38.
[689] Tac., *Agr.*, 10 : *Hanc oram* [le long de la Calédonie] *nouissimi maris tunc primum Romana classis circumuecta, insulam esse Britanniam adfirmauit, ac simul incognitas ad id tempus insulas, quas Orcadas uocant, inuenit domuitque. Dispecta est et Thule quia hac tenus iussum ; nix et hiems adpetebat* ; *Agr.*, 38 : [Agricola] *praefecto classis circumuehi Britanniam praecepit ; datae ad id uires et praecesserat terror [...] Classis secunda tempestate ac fama Trutulensem portum tenuit, unde proximo Britanniae latere lecto omni redierat.* On ignore ce qu'était le *Trutulensis portus* ; Dio Cass., LXVI, 20 ; Stat., *Silv.*, V, 1, 91 ; Juv., II, 59.
[690] Tac., *Agr.*, 46, 4 : *Tu uero felix Agricola, non uitae tantum claritate, sed etiam mortis opportunitate. Vt perhibent qui interfuere nouissimis sermonibus tuis, constans et libens fatum excepisti, tamquam pro uirili parte innocentiam principi donares.*

partis-pris sont manifestes, ce dernier symbolisait les vices de la tyrannie et préfigurait les personnages les plus sombres dépeints dans ses *Annales*.

À tout le moins, remplacé en 84, Agricola revint à Rome sans avoir atteint ses deux objectifs : la soumission définitive de l'île et la romanisation des territoires précédemment conquis. Tacite, qui encense la victoire de son beau-père au mont Graupius tout en minimisant la victoire de Domitien sur les Chattes, prétend que cet échec résultait de la jalousie que l'empereur éprouvait à son égard : « Domitien sentait bien qu'on s'était moqué de son triomphe récent sur les Germains, triomphe mensonger où avaient figuré comme prisonniers, avec le costume et la coiffure des barbares, des hommes achetés sur les marchés d'esclaves ; mais, cette fois, il n'était bruit que d'une véritable, d'une grande victoire et d'ennemis tués par milliers. Ce qu'il craignait le plus, c'était que le nom d'un simple citoyen fût élevé plus haut que celui du prince : à quoi lui aurait servi d'avoir étouffé l'éloquence et les arts de la paix, si un autre s'emparait de la gloire militaire ? Il aurait pardonné plus facilement tout le reste, mais la qualité de grand général est une prérogative de l'empereur. »[691]

Si le prudent Domitien ne pouvait accorder une confiance totale à de brillants légats capables d'acquérir une renommée suffisante pour lui faire de l'ombre, il permit cependant à Agricola de rester gouverneur de Bretagne pendant sept ans, alors que la durée légale en était de trois. De plus, après ses dernières victoires, il lui fit accorder par le Sénat les ornements triomphaux, la plus haute récompense de l'Empire pour un général, récompense qu'il n'accorda vraisemblablement qu'une seule fois[692], une statue couronnée de laurier et surtout, tous les honneurs traditionnels du triomphe[693]. Agricola tomba ensuite en disgrâce, mais Domitien ne tint guère compte des accusations portées contre lui[694]. Au surplus, il accorda à Tacite, gendre de l'*imperator*, la préture[695], et peut-être même un gouvernement de province ou un commandement de légion[696]. Dès lors, si l'historien ne rejoignit ni l'opposition contre Domitien ni la campagne anti-domitienne orchestrée après la chute du prince, il sut se tenir à l'écart d'une servilité dégradante qui aurait enfreint sa *libertas*.

---

[691] Tac., *Agr.*, 39.
[692] Pline le Jeune (*Ep.*, II, 7, 1) se plaint que les ornements triomphaux aient été, avant Nerva, donnés seulement à des gens *qui numquam in acie steterunt, neque castra uiderunt, neque denique tubarum sonum nisi in spectaculis audierunt*.
[693] Tac., *Agr.*, 40 ; Dio Cass., LXVI, 20. Voir : R. A. Gergel, "An Allegory of Imperial Victory on a Cuirassed Statue of Domitian", *Record of the Art Museum, Princeton University*, 45, 1, 1986, p. 2-15.
[694] Tac., *Agr.*, 41.
[695] Tac., *Ann.*, XI, 11 ; *Hist.*, I, 1 : *dignitatem nostram [...] a Domitiano longius prouectam*. Le terme *a*, préféré à *sub*, semble indiquer que Tacite fut un candidat du prince.
[696] Tacite était absent de Rome lors de la mort d'Agricola, au mois d'août 93 (Tac., *Agr.*, 45).

Pourtant, Tacite, qui participa indirectement à la *damnatio memoriae* littéraire de Domitien[697], avait suggéré qu'en acceptant de servir avec sagesse, par-delà le tyran, les intérêts de Rome, son beau-père avait démontré que « même sous de mauvais princes il peut y avoir de grands hommes »[698]. Cette opinion était-elle justifiée ?

Domitien n'était pas partisan de la conquête de la Calédonie et de l'Hibernie. Contrairement à Vespasien et à Titus, il ne s'intéressait d'ailleurs guère à la Bretagne[699]. De plus, le moment choisi par Agricola pour mener ses offensives était assez mal venu puisque la sécurité de l'Empire était menacée sur le Rhin et le Danube[700]. Dès lors, si les soldats de Bretagne s'étaient trouvés en difficulté, aucun secours n'aurait pu leur être envoyé ; c'étaient, au contraire, les armées du continent qui avaient besoin de renforts. Cependant, nous pouvons nous interroger sur le fait que Domitien n'ait pas demandé à Agricola de mobiliser ses légions le long du *limes* séparant l'Empire des Germains.

Il est également probable que les dernières campagnes d'Agricola aient été coûteuses tant en hommes qu'en matériel, ce qui n'arrangeait pas Domitien, soucieux de diminuer les dépenses militaires. Corrélativement, la Bretagne coûtait plus qu'elle ne rapportait[701] ; la Calédonie et l'Hibernie étaient plus pauvres encore[702]. Soumettre de nouveaux peuples était *ipso facto* moins utile qu'assurer la domination romaine sur les Bretons, dont beaucoup nourrissaient l'espoir de recouvrer leur indépendance[703].

Du reste, une romanisation rapide de l'île aurait été difficile à entreprendre, car ces contrées insulaires, d'accès peu aisé, étaient habitées par des tribus favorisant la *libertas*. Une présence militaire constante y aurait somme toute été indispensable, et le profit à en tirer n'aurait été que très faible.

En fin de compte, selon nous, si Domitien fit avorter la mission d'Agricola, c'était donc surtout pour des raisons pragmatiques, plus que par envie ou jalousie. Le rappel du général, présent en Bretagne depuis 77 et détenteur d'un gouvernement d'une longueur exceptionnelle, n'avait d'ailleurs rien de déshonorant. L'abandon de la politique de conquête pouvait parfaitement se justifier : ni le nord de la Calédonie ni l'Hibernie n'étaient d'un grand intérêt

---

[697] *Cf. infra.*
[698] Tac., *Agr.*, 42, 6 : *etiam sub malis principibus magnos uiros esse.*
[699] Tac., *Agr.*, 13 ; Dio Cass., LXV, 8 ; Suet., *Vesp.*, 4 ; *Tit.*, 4.
[700] *Cf. infra.*
[701] App., *Praef.*, 5.
[702] Tacite (*Agr.*, 31) fait dire à Galgacus : *Neque enim arua nobis, aut metalla, aut portus sunt, quibus exercendis reseruemur.*
[703] Tacite (*Agr.*, 13) dit d'eux : *Jam domiti ut pareant, nondum ut seruiant.*

stratégique pour l'*Vrbs*, d'autant plus que l'Empire était confronté à des problèmes plus impérieux sur le Rhin et le Danube, qui exigeaient des troupes aguerries[704]. Toutefois, la présence d'Agricola aurait pu être utile sur les frontières du Rhin et du Danube.

Domitien renonça donc à la conquête de la Calédonie[705], abandonnant aussi, semble-t-il, la ligne de la Clota à la Bodotria et le pays situé au nord d'Eburacum. L'étude de la numismatique romaine en ces contrées suggère fortement que ce retrait fut soudain, et qu'il s'effectua en une seule fois. Aucune pièce romaine de 87 n'y a été trouvée, ce qui implique que les forts aient été désertés avant cette date. Une certaine forme d'empressement se manifesta notamment par l'enterrement de plus d'un million de clous dans le fort d'Inchtuthil (Pinnata Castra), construit par Agricola en 82 ou 83, qui étaient probablement trop encombrants à emporter et trop précieux pour être laissés aux indigènes.

En ce qui concerne la Britannia, l'approvisionnement de pièces de bronze battues de 81 à 85 était faible, contrastant ainsi avec la relative importance de celles frappées entre 86 et 87, qui s'échangèrent dans la plupart des sites britanniques, comme le prouvent diverses pièces de 86 mises au jour par les archéologues dans le camp légionnaire de Viroconium (près de Wroxeter, au nord-ouest de Birmingham)[706].

Domitien décida donc de garder sous contrôle romain la majeure partie de la Britannia, les régions les plus rentables de l'île ; celles où aucun effort n'avait été encore consenti dans la romanisation des populations locales ont été abandonnées.

Il semble cependant que vers 87, un nouveau retrait des cités de la Britannia du Nord se soit opéré. Des patrouilles longues distances devaient servir à maintenir une zone tampon à l'avant des forts restés sous contrôle romain. La fin de la fabrication de poteries romaines à Newstead (au nord de Nottingham) au tout début du IIe siècle suggère que cette cité fut momentanément abandonnée par les pouvoirs romains[707].

Il a été suggéré que ce repli ait pu résulter d'une guerre menée à la fin du règne de Domitien. Les fossés antiques de Newstead contenant d'innombrables débris d'armes et des têtes humaines, qui ne peuvent être datés avec précision, suggèrent qu'un massacre a eu lieu à cet endroit. Celui-

---

[704] *Cf. infra*.
[705] Tac., *Hist.*, 1, 2 : *perdomita Britannia et statim missa*.
[706] I. Carradice, *Coinage and Finances in the Reign of Domitian*, Oxford, 1983, p. 175-180.
[707] P. Southern, *Domitian. Tragic Tyrant*, Londres – New York, Routledge, 1997, p. 76-77.

ci a pu résulter soit d'une lutte opposant des Romains aux indigènes, à la suite de laquelle ceux-ci auraient enterré les armes de leurs ennemis rendues inutilisables et exposé leurs têtes pour qu'elles servent de trophée (observant ainsi une vieille coutume celte) ; soit d'une rébellion des Brittons romanisés contre Domitien.

Une inscription enregistrant une série de récompenses glanées entre 89 et 128 par Gaius Julius Karus, préfet de la *Cohors II Asturum* connu pour sa *fides* à l'égard de l'empereur, de même que pour sa contribution dans une guerre conduite en Bretagne[708], pourrait faire allusion à une révolte menée par Sallustius Lucullus, gouverneur de Britannie après le départ d'Agricola[709], et exécuté par Domitien pour avoir prétendument donné son nom à une lance[710]. Cependant, nous pensons que s'il y avait eu une rébellion, organisée par Sallustius Lucullus ou tout autre gouverneur, et finalement matée par Karus, ou s'il y avait eu une recrudescence de batailles importantes avec les Brittons à la fin du règne de Domitien, nul doute que certaines sources, principalement celles hostiles à l'empereur, en auraient fait mention, même si la province romaine la plus au nord et la plus « exotique » faisait constamment preuve d'insoumission à l'autorité romaine.

Au IIe siècle, deux remparts assureront la défense de la Bretagne : celui d'Hadrien (du golfe de Solway à l'embouchure de la Tyne) et celui d'Antonin le Pieux (de l'estuaire de la Clyde à celui du Forth).

XIV. Guerre sur le Rhin

Si les grandes lignes des batailles menées par Domitien sont connues, une frise chronologique détaillée est très difficile à réaliser eu égard à l'absence d'informations disponibles. La biographie de Domitien due à Suétone, à l'instar des onze autres rédigées par le polygraphe, regroupe thématiquement des faits révélant à peine des bribes de ligne du temps. Les affirmations franches et colorées contenues dans l'*Agricola* de Tacite ne constituent pas non plus un outil décisif pour fixer avec exactitude l'ensemble des campagnes domitiennes. Pour ce faire, nul doute que les livres de ses *Annales* consacrés à la vie du Flavien, en dépit d'une partialité prégnante, nous auraient été précieux.

---

[708] *AE*, 1951, p. 88.
[709] *PIR*, S, 63 ; *LP*, 70, 12.
[710] *Cf. infra*.

Domitien mena plusieurs guerres le long du Rhin et du Danube. Les Barbares menaçant les frontières de l'Empire, il fallait à la fois empêcher d'éventuelles invasions et ranimer l'esprit militaire des troupes car, depuis la ruine de Jérusalem et la révolte de Civilis, à l'exception de la campagne de la Bretagne, plus aucune guerre de grande ampleur n'avait mis à l'épreuve la *uirtus* de l'*exercitus*. De surcroît, il était absolument nécessaire pour Domitien de se faire apprécier et surtout respecter de ses soldats au moyen de grandes victoires.

a) Les légions romaines en présence

Hantée par le désastre de Varus et découragée par la campagne de Tibère, Rome avait renoncé à conquérir la Germanie[711] ; les légions présentes sur la rive gauche du Rhin se contentaient de surveiller les Barbares.

Au début du règne de Domitien, il devait s'y trouver huit légions réparties comme suit[712] :

Dans la Germanie Inférieure :
- La *X Gemina* : rappelée d'Hispanie pour affronter Civilis[713], elle y était encore stationnée du temps de Trajan, et était cantonnée à Noviomagus (Nimègue) ;
- La *VI Victrix* : rappelée contre Civilis[714], elle y demeurait au début du règne de Trajan ;
- La XXI Rapax : de Germanie Supérieure[715], elle aussi fut envoyée contre Civilis[716] ; son camp avait été établi à Bonn ;
- La *XXII Primigenia* a sans doute également fait partie de l'armée de la Germanie Inférieure, avant d'être cantonnée en Germanie Supérieure[717]. En 89, elle reçut les surnoms de « Pia Fidelis »[718]. Deux briques trouvées en Germanie Inférieure portent à son propos l'inscription « leg(io) XXII Pr(imigenia) P(ia) F(idelis) D ou Do », c'est-à-dire « Domitiana », surnom qu'elle n'a pu porter que du vivant de Domitien ; elle était probablement cantonnée à Noviomagus (Nimègue).

---

[711] Tac., *Ann.*, XI, 19-20.
[712] St. Gsell, *Essai sur le règne de Domitien*, Paris, 1893, p. 176-179.
[713] Tac., *Hist.*, V, 19-20.
[714] Tac., *Hist.*, IV, 68 ; V, 14 ; 16.
[715] Tac., *Hist.*, IV, 70.
[716] Tac., *Hist.*, IV, 68.
[717] *CIL*, III, 550.
[718] *Cf. infra*.

Dans la Germanie Supérieure :
- la *XIIII Gemina* : cantonnée à Mayence au début du règne de Vespasien[719], elle quitta probablement cette région en 89[720].
- La *VIII Augusta* : envoyée sur le Rhin contre Civilis[721], elle fut ensuite transférée à l'armée de Germanie Supérieure pour être basée à Argentoratum (Strasbourg).
- La *XI Claudia* : dépêchée en Germanie par Vespasien[722], elle campa à Vindonissa.
Deux légions, dont la *XIII Gemina*, résidaient à Mayence jusqu'en 89[723]. Il semble que la seconde ait été la *I Adjutrix*, rappelée d'Hispanie où elle était en marche en 69-70[724] pour combattre Civilis[725].

En tenant compte des troupes auxiliaires, ces armées stationnées dans les deux Germanies comptaient environ soixante-cinq mille hommes. Interrogeons-nous désormais sur la situation qui se présentait à Domitien dans cette partie du monde connu lorsqu'il devint empereur.

À l'est de Mayence, dans la vallée inférieure du Main, lieu stratégique, les Romains n'avaient que peu de possessions. Les Mattiaques, tribu du peuple Chatte, habitaient la région et, à l'instar des Bataves, devaient fournir des corps auxiliaires à l'Empire[726]. Les sources thermales appelées Aquae Matticae se trouvaient dans cette région (Wiesbaden)[727]. Les Usipiens, qui se trouvaient plus au nord[728], dépendaient de l'Empire au début du règne de Domitien ; en 82, une de leur cohorte servit dans l'armée de Bretagne[729].

Quant aux Champs Décumates, situés entre le bassin du Neckar et la Forêt-Noire, ils avaient été évacués par les Germains sur ordre des Romains. Une redevance a pu leur avoir été imposée, ce qui aurait eu pour conséquence de rendre cette région dépendante de l'Empire, sans qu'elle en fît pour autant partie avant 83. Une route militaire reliait par ailleurs Argentoratum (Strasbourg) à Offenburg par la rive droite du Rhin dès l'époque de

---

[719] Tac., *Hist.*, V, 19.
[720] *Cf. infra.*
[721] Tac., *Hist.*, IV, 68.
[722] Tac., *Hist.*, IV, 68.
[723] Suet., *Dom.*, 7.
[724] Tac., *Hist.*, II, 67 ; 86 ; III, 44.
[725] Tac., *Hist.*, IV, 68.
[726] Tac., *Germ.*, 29.
[727] Plin., *Nat.*, XXXI, 20 ; Amm., XXIX, 4, 3.
[728] Tac., *Ann.*, I, 51 ; XIII, 55 ; Dio Cass., LIV, 32-34.
[729] *Cf. infra.*

Domitien. Les Champs Décumates furent ensuite annexés à la Germanie Supérieure[730].

La politique de Domitien, qui ne différait guère, en la matière, de celle de ses prédécesseurs, permettait de protéger les frontières en contractant des alliances avec des peuples germains tout en usant des rivalités entre eux. Il semblerait dès lors qu'aucune expédition militaire importante ne se fît sur le Rhin Inférieur sous son règne. Les Bataves et les Frisons vivaient en paix depuis la révolte matée de Civilis. La région de l'Ems-Supérieur, vers les sources de la Lippe, où habitaient les Bructères, qui avaient participé à cette révolte, et qui furent encouragés par les prophéties de Velléda, aurait été placée sous domination romaine. Les Chérusques, qui avaient autrefois écrasé Varus et Marbode, et qui vivaient sur le cours moyen du Weser, étaient, eux aussi, placés sous la protection de l'Empire depuis la mort d'Arminius[731]. Domitien continua à soutenir Clariomère, leur roi. Précisons que, puisqu'il n'y avait pas de nécessité à renforcer l'armée de la Basse-Germanie[732], ce fut vraisemblablement en 89 que la *XXII Primigenia* quitta la province pour aller s'installer à Mayence[733].

Par contre, prendre l'offensive et annexer de nouveaux territoires sur le Rhin Moyen s'avérait indispensable aux Romains. Habitant la Hesse actuelle, au nord et nord-est des possessions romaines de la rive droite du Rhin, les Chattes étaient le peuple le plus redouté de la région. Tacite, qui, nourri de la nostalgie des temps anciens, grandit sans cesse la *uirtus* germanique, écrit : « Ils ont plus que les autres Germains, le corps robuste, les membres nerveux, le visage menaçant, une grande vigueur d'âme. Ils montrent, pour des Germains, beaucoup d'intelligence et de finesse. Ils savent se choisir des chefs, écouter ceux qui les commandent, garder leurs rangs, saisir les occasions, différer les attaques, profiter du jour, se retrancher la nuit, compter la fortune parmi les chances, le courage parmi les certitudes, et, ce qui est très rare et ne peut-être que l'effet de la discipline, avoir confiance dans le général plus que dans l'armée. Toute leur force est dans l'infanterie, qu'ils chargent, outre ses armes, d'outils de fer et de provisions. Les autres Barbares semblent n'aller qu'au combat, les Chattes vont à la guerre. »[734]

---

[730] Tac., *Germ.*, 29 : *Mox limite acto, pronotisque praesidiis, sinus imperii ac pars prouinciae habentur.*
[731] Tac., *Germ.*, 36.
[732] La *I Mineruia* remplaça sans doute la *XXI Rapax* à Bonn.
[733] *Cf. infra.*
[734] Tac., *Germ.*, 30.

b) La guerre chattique

Le territoire des Chattes s'étendait autour de Kassel et Fritzlad, au nord de la région de Taunus dans l'actuel land de Hesse (région de Francfort). Selon la tradition, doté d'une certaine *uirtus*, ce peuple germanique se laissait pousser la barbe et les cheveux qu'il ne coupait qu'après avoir tué un ennemi ; d'autres portaient un anneau de fer avant d'avoir accompli cet exploit[735]. Résidant dans une contrée difficile à attaquer parce que couverte de forêts et de montagnes[736], les Chattes étaient portés à envahir et à piller le territoire de l'Empire romain[737]. Ils avaient d'ailleurs déjà rencontrés et affrontés les Fils de la Louve avant Domitien. En effet, Drusus avait songé à les soumettre[738], et ils avaient été vaincus par Germanicus, au début du règne de Tibère[739]. Des hordes de Chattes pénétrant à l'intérieur de l'Empire avaient été souvent repoussées par les légions de la Haute-Germanie[740]. En 50, elles s'étaient emparées de l'actuelle Mayence. Pomponius Secundus, qui avait mis fin à leur razzia, avait reçu le triomphe. En 69, ils avaient à nouveau attaqué Mayence, mais en vain. Après la guerre civile, Vespasien avait renforcé les défenses de la tête de pont du Rhin, et occupé le Wetterau, tout en construisant une ceinture de forts de Mayence-Kaste à Freidberg[741].

Durant la révolte de Civilis, Mayence fut assiégée par les Chattes, les Usipiens et les Mattiaques, qui avaient pour objectif de piller la Germanie Supérieure[742]. En paix relative avec Rome[743], ils se montraient pourtant menaçants[744]. Ils étaient concomitamment les ennemis des Hermendures, avec lesquels ils étaient entrés en guerre pour des questions territoriales[745], et des Chérusques[746], deux peuples alors fidèles aux Romains[747].

Conjointement, ses ambitions déçues de lors de la guerre de 70[748] avaient éveillé en Domitien un sentiment de revanche. En effet, il était déterminé à montrer de quoi il était capable si l'occasion se présentait. Il partageait au

---

[735] Tac., *Germ.*, 31.
[736] Tac., *Germ.*, 30.
[737] À l'époque des guerres de Germanicus, la capitale des Chattes s'appelait Mattium (Tac., *Ann.*, I, 56 ; Ptol., II, 11, 14).
[738] Dio Cass., LIV, 33 ; LV, 1.
[739] Tac., *Ann.*, I, 56 ; II, 7 ; 25.
[740] En 41, Dio Cass., LX, 8 ; Suet., *Galba*, 6 ; en 50, Tac., *Ann.*, XII, 27-29.
[741] P. Southern, *Domitian. Tragic Tyrant*, Londres – New York, Routledge, 1997, p. 82.
[742] Tac., *Hist.*, IV, 37.
[743] Zon., XI, 19.
[744] Frontin., *Strat.*, I, 8 : *Germanos qui in armis erant*.
[745] Tac., *Ann.*, XIII, 57.
[746] Tac., *Ann.*, XII, 28 : *Cherusci cum quis aeternum discordant*.
[747] Tac., *Germ.*, 41.
[748] *Cf. supra*.

surplus le rêve propre au monde romain de conquérir la Germanie au-delà du Rhin, peut-être jusqu'à l'Elbe, un projet de grande envergure mis en sommeil après le désastre de Varus en 9. Faire la guerre aux Chattes paraissait donc nécessaire à plus d'un titre à l'empereur.

Figure 2 : Peuples germains et Empire romain à la mort de Domitien

Le début de la guerre chattique a été situé soit en 82[749] soit en 83[750]. Des éléments de preuves variés ont été avancés pour venir étayer chacune de ces deux théories, mais, en tout état de cause, aucune date précise n'est retenue entre la fin de 81 et le début de 82. La contribution de Dion Cassius, à travers la compilation de Jean Xiphilin, historien byzantin du XIe siècle, est dépendante de la date de la punition des Vestales, décrite juste avant le récit du déclenchement de la guerre[751]. Toutefois, le Bithynien ne fournit aucune

---

[749] B. W. Jones, *The Emperor Domitian*, Londres, 1992, p. 129-130.
[750] P. Southern, *Domitian. Tragic Tyrant*, Londres – New York, Routledge, 1997, p. 80 ; K. Strobel, "Der Chattenkrieg Domitians : historische und politische Aspekte", *Germania*, 65, 1987, p. 427.
[751] Dio Cass., LXVII, 3. *Cf. supra.*

information chronologique précise à ce sujet. Si Eusèbe de Césarée explique que les Vestales furent violemment éprouvées durant l'année 2098 (post-Abraham), soit, entre le 1er octobre 81 et le 30 septembre 82, Hiéronyme, évêque de Vienne du IVe siècle, attribue cet épisode à l'année suivante[752].

Il est, selon nous, improbable que les hostilités aient débuté pendant l'hiver de 81/82, car le déclenchement de la guerre chattique si tôt dans le règne de Domitien ne correspond pas à la chronologie indiquée par Eusèbe, et aurait vraisemblablement occasionné des commentaires de la part des auteurs antiques sur les ardeurs guerrières mal avisées dont aurait fait preuve le *princeps* en s'embarquant dans une guerre seulement deux ou trois mois après son accession au pouvoir. La durée de commandement de Domitien sur le front est donc également inconnue. Selon nous, les préparatifs de la guerre chattique eurent lieu en 82, et la bataille se déroula au printemps de l'année 83. Frontin relate d'ailleurs la façon dont l'empereur prit soin de dissimuler ses projets le plus longtemps possible afin de garder l'avantage de la surprise quand il attaqua finalement ses adversaires[753].

Parti pour la Gaule sous prétexte de présider aux opérations du cens[754], Domitien attaqua donc les Chattes par surprise[755]. Les légions qui y prirent part furent sans doute la *XIV Gemina* et la *I Adjutrix*, toutes deux cantonnées à Mayence, ainsi que les deux légions de Germanie Supérieure, la *XI Claudia*[756] et la *VIII Augusta*. Si l'on se fie à une inscription gravée sur une plaque de bronze et retrouvée à Friedberg, en Hesse, la *XXI Rapax* fut rappelée de la Germanie Inférieure[757]. Q. Sosius Senecio, gendre de Frontin, aurait été l'un des tribuns de la *XXI Rapax* en 83, lorsqu'il aurait participé à l'expédition contre les Chattes. Quand celle-ci eut lieu, cinq légions auraient donc été présentes en Germanie Supérieure. On appela aussi sur le continent une vexillation de la *IX Hispana* qui faisait partie de l'armée de Bretagne[758] et qui semble avoir été sur le pied de guerre en Pannonie pendant au moins

---

[752] P. Southern, *Domitian. Tragic Tyrant*, Londres – New York, Routledge, 1997, p. 79.
[753] Frontin., *Strat.*, I, 8.
[754] Frontin., *Strat.*, I, 1, 8 : *Imperator Caesar Domitianus Augustus Germanicus, cum Germanos qui in armis erant, uellet opprimere, nec ignoraret maiore bellum molitione inituros, si aduentum tanti ducis praesensissent, profectioni suae census obtexuit Galliarum, sub quibus inopinato bello adfusus contusa inmanium ferocia nationum prouinciis consuluit.*
[755] Frontin., *Strat.*, I, 1, 8 ; Suet., *Dom.*, 6 : *Expeditionem sponte suscepit* ; Zon., XI, 19.
[756] *Ephem.*, V, p. 612.
[757] Brambach, 1416 : *leg(ionis) XXI Rapacis Sosi Seveki*.
[758] *CIL*, XIV, 3612 : *L. RO[S]CIO, M. F(ILIO), QUI(RINA TRIBU), AELIANO MAECIO CELERI, CO(N)S(ULI), TRIB(UNO) MIL(ITUM) LEG(IONIS) IX HISPAN(AE), VEXILLARIOR(UM) EJUSDEM IN EXPEDITIONE GERMANIC(A), DONATO AB IMP(ERATORE) AUG(USTO) MILITARIB(US) DONIS, CORONA VALLARI ET MURALI, VEXILLIS ARGENTEIS II, HASTIS PURIS II.*

cinq ans (92-97)[759]. Selon Fr. Bérard, trois exemples de vexillation sont attestés durant le règne de Domitien : celles de Maecius Celer[760], décoré par Domitien à l'occasion de la guerre contre les Chattes ; celle de Velius Rufus, ancien primipile de la *XII Fulminata*, préfet de neuf vexillations légionnaires, puis tribun de la XIIIe cohorte urbaine qui a probablement mené une expédition contre les Marcomans ; la *uexillatio Britannica* décrite ci-avant[761].

Nous ne possédons que peu d'informations concernant les opérations menées lors de la guerre contre les Chattes. D'après Dion Cassius, Domitien était revenu à Rome sans même avoir combattu[762]. Si l'œuvre de l'historien bithynien est reconnue pour sa fiabilité par les modernes, ce serait un leurre de croire en son exactitude totale en ce qui concerne la vie de Domitien. Zonaras livre une version identique des événements[763].

Frontin en établit un très bref compte rendu. L'auteur prétend que les Barbares furent vaincus. Ainsi écrit-il : « L'empereur César Domitien Auguste, voyant que les Germains, selon leur habitude, sortaient à l'improviste de leurs bois et de leurs retraites secrètes pour attaquer les nôtres, et trouvaient ensuite un sûr refuge dans les profondeurs des forêts, traça des frontières sur une longueur de cent vingt mille pas, et ainsi il ne changea pas seulement les conditions de la guerre, mais il soumit encore à sa domination les ennemis, dont il avait déboisé les retraites. »[764] Il fait ici allusion aux Chattes, comme le prouve d'ailleurs un autre extrait selon lequel « l'empereur César Auguste le Germanique, voyant que les Chattes évitaient les combats de cavalerie en se réfugiant précipitamment dans leurs forêts, ordonna à ses cavaliers, dès qu'ils furent entrés dans des terrains où leurs bêtes avaient de la peine à se mouvoir, de descendre de cheval et de combattre à pied. »[765]

Frontin, qui souhaite mettre en avant la lâcheté de ce peuple germanique, suggère donc que Domitien ait été sur le terrain des opérations, et ait pris des décisions spontanées tout en ne se laissant pas abuser par l'ennemi.

---

[759] *Cf. infra.*
[760] *PIR²*, V, 2 M 51 ; *LP*, 16, 22.
[761] Fr. Bérard, « Bretagne, Germanie, Danube : mouvements de troupes et priorités stratégiques sous le règne de Domitien », *Pallas*, 40, 1994, p. 221-240. *Cf supra* chapitre sur Agricola.
[762] Dio Cass., LXVII, 4.
[763] Zon., XI, 19.
[764] Frontin., I, 1, 8 ; II, 11, 7 : *uictis hostibus*.
[765] Frontin., I, 3, 10 : *Imperator Caesar Domitianus Augustus, cum Germani more suo e saltibus et obscuris latebris subindo impugnarent nostros tutumque regressum in profunda siluarum haberent, limitibus* [et non pas *militibus*] *per centum uiginti milia passuum actis non mutauit tantum statum belli, sed et subiecit ditioni suae hostes, quorum refugia nudauerat.*

Une guerre éclair dénote soit un fiasco, tel que le dépeignent les sources hostiles à l'empereur (Pline le Jeune et Tacite)[766], soit une opération menée de main de maître par un chef talentueux. Néanmoins, la réalité se situe sans doute à mi-chemin entre ces deux scénarios extrêmes. Il est probable que la campagne fut difficile tant à cause de l'action hardie de ces Germains qu'en raison de la configuration de la région, couverte de forêts dans laquelle ils s'étaient réfugiés, qui empêchait le développement de la cavalerie, et favorisait le recours aux embuscades[767]. Il est en outre possible que des affrontements aient eu lieu contre les Usipiens, peu soumis[768].

Domitien fut qualifié de « Germanicus »[769], probablement à la toute fin de l'année 83, car ce surnom n'apparaît ni dans un diplôme daté du 9 juin 83, ni sur plusieurs monnaies alexandrines de 83, alors qu'il figure à plusieurs reprises sur celles frappées en 84 ainsi que sur des inscriptions de la même année[770]. L'année 84 fut d'ailleurs remarquable par la richesse de son monnayage[771]. Parmi les thèmes célébrant la victoire de Domitien, on trouve ceux mettant en scène le Germain vaincu : un trophée se dressait entre deux captifs, un Germain se tenait debout, les mains liées derrière le dos, ainsi qu'une allégorie de la Germanie, assise sur un bouclier et se lamentant sur son sort ; la légende *GERMANIA CAPTA* ne devait laisser subsister aucun doute[772]. Sur deux pièces frappées en 84, la Victoire se tenait debout à gauche, une palme à la main, et un bouclier et un trophée à ses pieds, à droite[773].

Dion Cassius argue que ce fut après son triomphe sur les Chattes que Domitien se fit décerner le consulat pour dix ans, sans doute lors de la tenue des comices du 9 janvier 84[774]. Cette cérémonie devait donc avoir eu lieu à la fin 83. Les salutations impériales reçues par Domitien cette année-là se

---

[766] Plin., *Pan.*, 16 : *mimicos currus et falsae simulacra uictoriae* ; Tac., *Agr.*, 39.
[767] Frontin., II, 3, 23 : *Imperator Caesar Augustus Germanicus, cum subinde Catti equestre proelium in siluas refugiendo diducerent, iussit suos equites, simulatque ad impedita uentum esset, equis desilire pedestrique pugna confligere : quo genere consecutus, ne quis non loci eius uictoriam moraretur.*
[768] Martial (VI, 60, 3) dit d'eux : *Sic leue flauorum ualeat genus usiporum quisquis / et Ausonium non amat imperium.*
[769] Frontin., II, 11, 7 : *Imperator Caesar Domitianus Augustus Germanicus, eo bello, quo uictis hostibus cognomen Germanici meruit, cum in finibus Cubiorum castella poneret, pro fructibus locorum, quae uallo comprehendebat, pretium solui iussit, atque ita iustitiae fama omnium fidem adstrinxit. Cf. supra.*
[770] R. Merkelbach, "Warum Domitians Siegername : 'Germanicus' eradiert worden ist", *ZPE*, 34, 1979, p. 62-64.
[771] M. Susplugas, « Les monnaies romaines de Domitien, témoins de sa politique », *Latomus*, 62, 1, 2003, p. 92.
[772] *RIC*, II, 252 ; *BMCRE*, II, p. 362 ; *BNCMER*, III, p. 282-284.
[773] *RIC*, II, 268 ; 296.
[774] *Cf. supra.*

rapportent d'ailleurs à l'expédition contre les Chattes. *IMPERATOR II*, le 19 septembre 82[775], puis *IMP. III*, le 9 juin 83, il ne semblait toutefois pas arborer ces titres, car ils ne figuraient sur aucune monnaie retrouvée. Toutefois, sur une pièce datant de fin 83[776], il est qualifié d'*IMP(ERATOR) V*. Les salutations III et IV provenaient probablement de la campagne contre les Chattes et la Ve était sans doute en lien avec la victoire du mont Graupius. Quand Domitien revint triomphalement à Rome[777], il reçut du Sénat le droit de porter la *stola triumphalis* pour paraître dans la Curie, de se faire accompagner de vingt-quatre licteurs dans les rues de Rome, puis de se faire élire consul pour dix ans[778]. Grâce à ses succès, il put manifester davantage ses tendances monarchiques. On célébra des jeux splendides en son honneur[779], de nombreuses monnaies commémoratives furent frappées[780], et des poètes chantèrent sa gloire[781].

Pour quelles raisons certains écrivains postérieurs, hostiles à Domitien, essayèrent-ils de tourner en ridicule cette expédition contre les Chattes, et mirent en doute le triomphe qui en suivit[782] ?

Il est possible qu'en 83, Domitien ait véritablement cru en avoir triomphalement terminé avec les Chattes, mais qu'il ait très rapidement dû revoir sa position à tel point que l'armée fut contrainte de reformer ses rangs pour une seconde campagne dans laquelle l'empereur fut relativement effacé, et qui dura de 83/84 à 85. Cette hypothèse jetterait un éclairage peu favorable sur l'expertise militaire de Domitien. L'interrogation quant à l'existence de deux campagnes distinctes ou plutôt un long conflit, ne pourra sans doute jamais être résolue, mais celle portant sur une guerre d'usure semble plus plausible, les sources écrites et épigraphiques ne faisant le récit d'aucune bataille décisive à l'instar de celles du Mont Graupius et de Tapae[783]. Toujours est-il que l'enclave chattique fut annexée à l'Empire romain.

---

[775] *Ephem. Epigr.*, V, p. 612.
[776] I. Carradice, *Coinage and finance in the reign of Domitian*, Oxford, 1983.
[777] Tac., *Agr.*, 39 ; Mart., I, 4, 3 ; Dio Cass., LXVII, 4.
[778] *Cf. supra.*
[779] Dio Cass., LXVII, 4 ; Mart., I, 5 ; 6 ; 11 ; 14 ; 21-22 ; 26 ; 43 ; 48 ; 51 ; 60 ; 104.
[780] I. Carradice, *Coinage and finance in the reign of Domitian*, Oxford, 1983.
[781] Mart., II, 2 : *Creta dedit magnum, maius dedit Africa nomen, / Scipio quod uictor, quodque Metellus habet / Nobilius domito tribuit Germania Rheno, / et puer hoc dignus nomine, Caesar, eras / frater idumaeos meruit cum patre triumphos, / quae datur ex Cattis laurea tota tua est.*
[782] Dio Cass., LXVII, 4 ; Plin., *Pan.*, 16 : *mimicos currus et falsae simulacra uictoriae* ; Tac., *Agr.*, 39.
[783] *Cf. supra* (Graupius) et *infra* (Tapae).

En effet, si la guerre chattique fut d'une importance relative, elle permit d'agrandir le territoire romain sur la rive droite du Rhin. Selon Frontin[784], les Romains établirent alors une frontière artificielle de 120 milles (177 km) entre leur empire et les terres récemment confisquées. Aucun toponyme n'est toutefois indiqué dans son récit. Cependant, il y a lieu de croire qu'il fait référence à l'établissement de la frontière de la Taunus-Wetterau, qui apparaît avoir la longueur requise d'environ 120 miles. Domitien a donc pu avoir échafaudé un plan d'ensemble pour la frontière de Germanie, pour lequel la conquête du peuple des Chattes était une nécessité absolue. Au surplus, l'établissement des deux provinces germaniques allait de pair avec la réorganisation de cette frontière[785].

Les Chattes étaient ainsi davantage éloignés des bords du Rhin et de la Gaule, qu'ils avaient souvent envahie ; de ce fait, les armées pouvaient plus facilement pénétrer à l'intérieur de leurs territoires par la vallée inférieure du Main. Enfin, pour l'*Vrbs*, ces annexions permettaient à des pays jusque-là couverts de forêts, d'avoir accès à la civilisation romaine dont l'influence y resta cependant très faible. Cependant, Domitien, même s'il affirma sa *uirtus imperatoria*[786], n'en avait pas fini avec les tribus de la région danubienne.

Qu'advint-il des Chattes ? Il semblerait que Chariomère, roi des Chérusques, ait été dépouillé de sa couronne par ces derniers, probablement après 89. Revenant avec quelques renforts peu après, il fut vainqueur, mais il avait envoyé des otages à Domitien, et ses fidèles l'abandonnèrent. Implorant alors le *princeps*, il ne reçut pas de soldats mais de l'argent[787], et dut dès lors rapidement se rendre. Une longue période de paix ayant affaibli les Chérusques, les Chattes n'eurent aucun mal à les asservir. Le même sort fut réservé aux Foses, tribu voisine[788]. Les Chattes, demeurés nombreux, avaient donc manifestement conservé une grande part de leur puissance[789]. Cela prouve que leur défaite face à Domitien était loin d'avoir été totale.

Pour vaincre définitivement les Chattes, une guerre longue et pénible aurait été nécessaire : l'armée aurait pu être mécontente, les forêts faisant craindre un nouveau désastre de Varus et, surtout, pour conquérir un pays sans

---

[784] Frontin., II, 3, 23.
[785] *Cf. supra.*
[786] Sur la *uirtus* sous Domitien, voir : S. L. Tuck, "The Origins of Roman Imperial Hunting Imagery : Domitian and the Redefinition of *Virtus* under the Principate", Greece & Rome, 52, 2, 2005, p. 221-245.
[787] Dio Cass., LXVII, 5.
[788] Tac., *Germ.*, 30. Les rapports de Dio Cass. et de Tacite sont tout à fait indépendants l'un de l'autre. Cependant, rien n'empêche d'admettre que l'événement rapporté par Tacite eût été la conséquence de la défaite de Charlomère.
[789] Tacite (*Germ.*, 37) écrit à propos des Germains : *Proximis temporibus triumphati magis quam uicti sunt.* C'est une allusion aux deux triomphes de Domitien sur les Chattes.

frontières naturelles, habité par un peuple belliqueux, il aurait fallu rassembler davantage de troupes et d'argent. Il fallait dès lors adopter une politique défensive à l'égard des Chattes[790], se limitant à les éloigner des frontières de l'Empire. Domitien, qui s'était montré ou bien habile et prudent, ou bien peu hardi, atteignit cet objectif puisqu'il n'y eut plus de guerres entre eux jusqu'au règne de Caracalla.

En 85, Domitien considéra quoi qu'il en soit sa tâche en Germanie comme accomplie. Les sources antoniennes jettent la disgrâce sur le Flavien, laissant entendre que la campagne était inutile et qu'une fois entreprise, elle fut bâclée. Il est suggéré que Domitien entreprit dans l'unique but de satisfaire son brûlant désir de gloire militaire une guerre d'usure inutile[791]. Cependant, l'établissement de la frontière du Rhin au Neckar ne peut être fortuit. Le *princeps* avait d'ailleurs d'autres projets de conquête.

Le double triomphe de Domitien sur les Chattes et les Daces peut être daté précisément. Dans la mesure où aucun *Acte des Arvales* de l'année 90, que nous possédons dans leur intégralité[792], n'y fait allusion, il ne peut avoir eu lieu à cette date, pas plus que dans les années qui suivirent car, de 89 à 96, Domitien ne reçut que la XXIIe salutation impériale que l'on peut vraisemblablement lier à la guerre suévo-sarmatique de 92[793]. Néanmoins, du 13 septembre 88 à la fin de 89, Domitien fut désigné six fois *imperator*, ce qui est en lien net avec les guerres qui furent l'objet du double triomphe. Elles se déroulèrent après la révolte de Saturninus, dans la mesure où Martial en fait mention dans ses livres V et VI[794], et où celle-ci est déjà citée dans le livre IV[795]. Or on sait que l'agitation mise en place par Saturninus eut lieu fin 88 et début 89[796]. Il est dès lors possible de conclure que les deux triomphes furent célébrés en 89.

Stace[797] précise que l'empereur organisa une fête à l'amphithéâtre un 1er décembre. Si le poème n'indique pas l'année, on peut raisonnablement penser qu'il s'agit bien de 89. Dans son livre V, Martial, lui aussi, y fait allusion[798]. Or nous savons que le livre fut édité au mois de décembre 88[799],

---

[790] Tac., *Germ.*, 33.
[791] *Cf. supra.*
[792] *CIL*, VI, 2067.
[793] *Cf. infra.*
[794] Mart., V, 19, 3 ; VI, 4, 2 ; 10, 8.
[795] Mart., IV, 11.
[796] *Cf. infra.*
[797] Stat., I, 6.
[798] Mart., V, 49, 8 : *Hic error tibi profuit decembri tum cum prandia misit imperator.*
[799] Mart., V, 30, 5 : *Sed lege fumoso non aspernanda decembri / Carmina mittuntur quae tibi mese tuo.*

après le double triomphe[800], et il est logique de penser que le poète ne s'exprimerait pas de cette manière si Domitien n'avait pas célébré en même temps ce double événement[801]. Dion Cassius, qui fait écho à Stace, écrit à propos des fêtes qui suivirent le triomphe sur les Daces : « Domitien offrit au peuple un banquet qui dura toute la nuit. Souvent aussi, il donnait des combats de nuit, et parfois il mettait aux prises des nains et des femmes. »[802] De plus, l'empereur était certainement de retour en Italie quand le livre fut publié. Eusèbe explique que l'année 2106 commença le 1er octobre 89 et finit le 30 septembre 90[803]. La date des triomphes peut ainsi être précisée : la fête du 1er décembre fit partie des réjouissances qui suivirent les deux triomphes, lesquels eurent lieu au mois de novembre 89.

c) Les autres peuples du Rhin et le *limes*

Qu'en était-il des Mattiaques ? Tacite écrit : « La tribu des Mattiaques se trouve vis-à-vis de Rome dans les mêmes rapports de dépendance que les Bataves, car la grandeur des peuples romains a porté le respect de l'Empire au-delà du Rhin et au-delà des anciennes limites. »[804] Dans la mesure où une partie du pays des Mattiaques appartenait déjà à l'Empire avant Domitien, il est possible que Tacite englobe les annexions anciennes et les nouvelles conquêtes du Flavien, sans nommer celui-ci, sa mémoire ayant été condamnée. La *Laterculus Veronensis* précise : « Au-delà du Castellum Montiacese (sur le Rhin, en face de Mayence) […], les Romains ont possédé quatre-vingts lieues au-delà du Rhin. »[805] L'Empire se serait donc étendu jusque vers Hersfeld, sur la Fulda.

Une inscription datant de la fin du Ier siècle semble mentionner les peuples qui firent partie de l'Empire romain après les annexions de Domitien : les Usipiens au nord du Taunus, « Voisins des Chattes »[806] ; les Tubantes (Tubantum), vivant sur le Rhin Inférieur[807] ; les Nictrensium (Nicerensium), sur les rives du Neckar ; les Novarii (Abnovariorum), sur le mont Abnoba, ou Forêt-Noire ; les Casuariorum qui, selon Tacite[808], auraient été situés à

---

[800] Mart., V, 19, 3 : *Quando magis dignos licuit spectare triomphos*.
[801] Mart., V, 65.
[802] Dio Cass., LXVII, 8.
[803] *Cf. supra*.
[804] Tac., *Germ.*, 29 : *Est in eodem obsequio et Mattiacorum gens : protulit enim magnitudo populi Romani ultra Rhenum ultraque ueteres terminos imperii reuerentiam*.
[805] *Laterculus Veronensis* : *Trans castellum Montiacense […] LXXX leugas trans Rhenum Romani possederunt*.
[806] Tac., *Germ.*, 32.
[807] Ptol., II, 11, 11.
[808] Tac., *Germ.*, 34.

l'est des Chamaves et d'Angrivarius, en face de la Germanie Inférieure, hors du territoire romain (Ptolémée[809] les place à tort à l'est du mont Abnoba).

Du reste, les archéologies ont également mis au jour de nombreux restes de la *XIIII Genina* à Wiesbaden, à Hofheim, à Höchst, à Nied, à Francfort, à Heddernheim, à Friedberg, à Rödelheim, à Heidelberg, à Gernsheim et à Bade. Certaines briques de la *I Adjutrix* ont été excavées à Wiesbaden, à Heddernheim, à Gernsheim et d'autres de la *XI Claudia* ont été mises au jour à Friedberg et à Rottweil. Or la *XXI Rapax* aurait été détruite en 92 et la *XXIIII Gemina* aurait quitté le Rhin dès 89 ; la *I Adjutrix* et la *XI Claudia* se trouvaient encore en Germanie Supérieure au début du règne de Trajan[810].

Si la frontière de l'Empire romain à l'époque de Domitien n'est guère comparable à celle du temps d'Hadrien et d'Antonin, d'imposants vestiges d'un rempart romain datant du IIe siècle, ont été mis au jour entre le Danube et le Rhin. Sa première partie, le *limes rheticus*, d'un mètre d'épaisseur et muni de tours, s'étendait de Lorch, sur le Rems, à Kehlhein, au confluent de l'Altmühl et du Danube. Le prolongement du *limes rheticus*, le *limes Germanicus*, était long de trois cent soixante-douze kilomètres ; il s'agissait davantage d'une ligne douanière et d'observation militaire que d'une véritable muraille défensive. En retrait, se trouvaient des postes fortifiés distants de huit à seize kilomètres de Hönningen. Ceux-ci bordaient le Rhin en face du confluent du Vinxtbach, qui marquait la limite entre les deux Germanies, vers le sud-est jusqu'à Langenchwalbach, tout en longeant le Taunus par l'est jusqu'à Saalbrug, avant de bifurquer vers le nord pour enfermer la Wetterau puis de se diriger au sud jusqu'à Grosskrotzenburg, près d'Hanau, sur le Main, où le *limes* s'arrêtait. C'est ensuite ce fleuve qui servait de frontière jusqu'à Altstadt, près de Miltenberg[811].

Le problème est de savoir s'il faut suivre Tacite, qui fait abstraction de nombreuses réalisations flaviennes dans la campagne rhénale, ou Frontin, en attribuant à Domitien la construction de ce *limes* ou, tout au moins, une partie de celui-ci. Nous n'avons pas mis au jour, dans les *castella*, des marques de briques qui dateraient avec certitude du règne de Domitien, mais le pont permanent en pierre qui reliait Mayence à la rive droite du Rhin a peut-être été construit sous le règne de l'empereur flavien.

Parallèlement à l'érection de nouvelles garnisons sur le *limes*, Domitien ordonna l'évacuation de nombreux camps situés dans l'intérieur des

---

[809] Ptol., II, 11, 11.
[810] St. Gsell, *Essai sur le règne de Domitien*, Paris, 1893, p. 192.
[811] St. Gsell, *Ibid.*, p. 193.

provinces, dont ceux de Mirebeau[812], en Bourgogne, de Burnum, en Dalmatie[813], et peut-être de Poetovio, en Pannonie[814].

La composition des armées du Rhin fut modifiée après la guerre contre les Chattes. *La XXI Rapax* semble être restée en Germanie Supérieure, à Mayence plus exactement, puisqu'elle y a laissé des traces archéologiques. C'est probablement elle qui a remplacé la *I Adjutrix*, envoyée sans doute en Hispanie[815]. Domitien créa la *I Mineruia* pour remplacer la *XXI Rapax*, et la cantonna à Bonn[816].

En 89, Domitien décida alors de réduire les effectifs de l'armée de la Germanie Supérieure. Il nous est donc permis de penser qu'après cette date, deux légions se rendirent sur le Danube, la *XIV Gemina* et la *XXI Rapax*.

XV. Guerres du Danube

L'Empire, sous Domitien, fut aux prises avec pratiquement tous les peuples vivant le long du Danube.

a) Quelques peuples établis le long du Danube

Les Hermondures, qui occupaient un territoire couvrant la partie nord de la Bavière actuelle et le sud de la Saxe, restèrent des alliés de Rome[817]. Les Marcomans, établis en Bohème, et les Quades, en Moravie[818], bien que représentant potentiellement un danger, se proposèrent également de servir la cause romaine. Quant aux nomades Jazyges, peuple Sarmate[819] occupant la plaine située entre le Danube et la Theiss et en relation suivie avec les Marcomans[820], ils furent appelés à rejoindre l'*exercitus* en 69 pour garder les frontières pendant l'absence des légions danubiennes parties combattre les

---

[812] Le camp de Mirebeau, construit au début du règne de Vespasien par la *VIII Augusta*, fut sans doute évacué au profit de Strasbourg.
[813] E. Ritterling, "Legio", *RE*, 12, 1542.
[814] E. Ritterling, *Ibid.*, 1715.
[815] *Cf. supra.*
[816] *Cf. supra.*
[817] Tac., *Germ.*, 41.
[818] Tac., *Germ.*, 42.
[819] Plin., *Nat.*, IV, 80 ; Tacite (*Ann.*, XII, 29 ; *Hist.*, III, 5) les appellent les Sarmates Jazyges (*Sarmatae Jazyges*).
[820] Tac., *Ann.*, XII, 29-30.

Vitelliens en Italie. Bien que préférant la guérilla aux batailles rangées[821], ils proposèrent aussi leur cavalerie, mais les Romains refusèrent cette proposition. Tacite écrit : « On craignait qu'au milieu de la guerre, ils ne se souviennent qu'ils étaient étrangers et qu'ils ne se vendissent à l'ennemi. »[822]

Figure 3 : Frontière danubienne à la fin du règne de Domitien

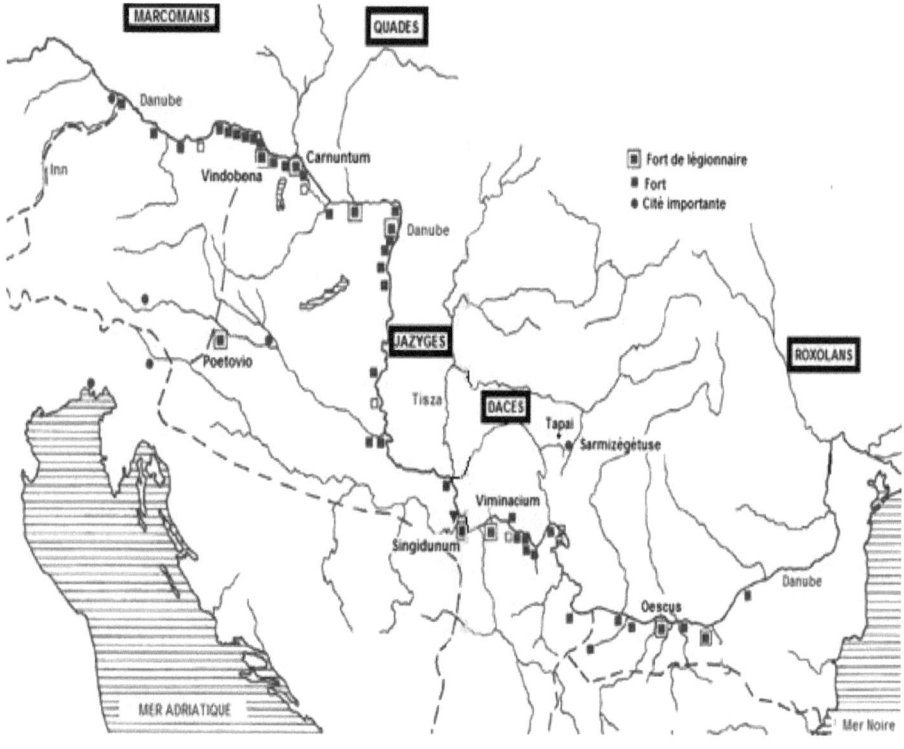

Force est donc de constater qu'une surveillance active était nécessaire pour empêcher les invasions sur les cours moyen et inférieur du Danube. En effet, les Bastarnes, de race germanique comprenant des éléments scythiques et thraces[823], vivaient au nord des bouches du Danube, dans les plaines de la

---

[821] Tac., *Ann.*, XII, 30 ; *Hist.* III, 5 ; Amm., XII, 12, 2-3.
[822] Tac., *Hist.*, III, 5.
[823] Strab., VII, 1, 1 ; VII, 3, 2 ; VII, 3, 17 ; Plin., *Nat.,* IV, 81 ; IV, 100 ; Tac., *Germ.*, 46.

Moldavie et de la Bessarabie[824], tandis que les Sarmates occupaient la côte septentrionale du Pont-Euxin. Ayant envahi plusieurs fois le territoire romain[825], ils menaçaient aussi les villes grecques établies le long de cette mer[826].

Domitien disposait donc d'environ cent mille hommes pour défendre une frontière de cinq cents lieues. En Rhétie et en Norique, se trouvaient des troupes auxiliaires[827]. De toutes les provinces du Danube, la moins affectée par les années de conflit sous Domitien et Trajan fut le Norique, une terre foncièrement romanisée. En Pannonie, deux légions étaient stationnées : la *XIII Gemina*, cantonnée à Vindobona[828], et la *XV Apollinaris*, basée à Carnuntum. Quatre légions avaient gagné la Mésie : la *IV Flavia*, cantonnée à Singidunum (Belgrade) dès le début de l'époque flavienne[829] ; la *VII Claudia*, installée de manière permanente à Viminacium (Kostolatz)[830] ; la *I Italica* et la *V Macedonia*, dont nous ignorons l'endroit du cantonnement. Cent mille autres soldats composaient les corps auxiliaires[831]. En outre, en Dalmatie et en Thrace, se trouvaient des ailes et des cohortes[832], et deux flottes stationnées sur le fleuve et ses affluents[833], alors qu'une troisième protégeait les côtes du Pont-Euxin[834].

b) Domitien et la Dacie (Roumanie)

Au Ier siècle, les Daces, qui s'affirmaient alors comme une puissance de premier plan, se trouvaient entre la Theiss, les Carpathes, le Sereth et le Danube[835], et bravaient de nombreux dangers, car ils croyaient en l'immortalité de l'âme. De même origine que les Thraces et les Mésiens, sujets de Rome[836], ils espéraient obtenir leur soutien pour lutter contre les Romains ; en l'espace d'un siècle, ils avaient plusieurs fois envahi la rive droite du Danube. En 69, les Daces profitèrent de l'affaiblissement de la Mésie à la suite d'une guerre civile qui la déchira pour pénétrer une nouvelle

---

[824] Tac., *Germ.*, 46 ; Strab., VII, 3, 15.
[825] Dio Cass., XXXVIII, 10 ; LI, 23-25 ; Flor., II, 29 ; Ov., *Pont.*, I, 2, 79 ; *Trist.*, II, 191 ; Suet., *Tib.*, 41 ; Tac., *Hist.*, I, 79 ; Ios., *Bell. Iud.*, VII, 4, 3 ; *CIL*, XIV, 3608.
[826] *CIL*, XIV, 3608 ; Dion. Chrys., 36.
[827] Tac., *Hist.*, I, 68 ; III, 5 ; IV, 70.
[828] Tac., *Hist.*, III, 1.
[829] Strab., III, 9, 3 ; *CIL*, III, 1665 ; 6326 ; 8276.
[830] *CIL*, III, 1650 ; 1651 ; 1700 ; 8103 ; 8275.
[831] *CIL*, III, 855.
[832] Ios., *Bell. Iud.*, II, 16, 4.
[833] *CIL*, III, 858.
[834] Ios., II, 16, 4 ; Tac., *Hist.*, II, 83.
[835] Ptol., III, 8, 1-2.
[836] Strab., VIII, 3, 2.

fois à l'intérieur de l'Empire, mais Mucien, qui marchait pour combattre Vitellius[837], les repoussa. Nous pouvons supposer qu'un traité de paix entre Rome et la Dacie fut conclu peu de temps après[838].

Duras ayant abdiqué[839], Diappaneus, plus communément appelé Décébale[840], procéda à une unification de tous sous son autorité. Dion Cassius écrit : « C'était un homme qui, dans les choses de la guerre, savait concevoir et agir, connaissant le moment opportun pour l'attaque comme pour la retraite, capable de préparer des embuscades et de livrer une bataille, de profiter d'une victoire et de se relever après une défaite. »[841] Il résista ainsi aux Romains pendant plus de vingt ans ; il fallut quatre grandes guerres menées contre lui par Domitien et Trajan pour réussir à le défaire.

Décébale attira à lui des déserteurs romains, thraces et mésiens[842], se procura des machines de guerre, et éleva des fortifications dans le but d'affronter et de vaincre les armées de Domitien[843]. Rusé et sans scrupule, il n'hésita pas à mener des négociations tout en violant des traités[844]. Il se fit, par compromis ou par contrainte, l'allié d'autres peuples du Danube[845] ; peut-être même conclut-il une alliance avec Pacorus III, le roi des Parthes[846].

D'après un diplôme datant du 19 septembre 82, l'aile de cavalerie *Claudia noua* et les cohortes *III Gallorum* et *V Hisponorum*, stationnées en Germanie Supérieure en 74[847], étaient alors en Mésie. Seules y sont mentionnées des troupes de l'armée de Germanie Supérieure, en plus des trois corps cités ci-dessus. Légalement, ces derniers faisaient partie de cette armée, et leur présence en Mésie relevait d'un détachement temporaire destiné à renforcer les troupes en place. Domitien engrangea alors quelques succès militaires puisqu'en 84, il reçut deux salutations impériales (la 6ᵉ et la 7ᵉ)[848].

---

[837] Tac., *Hist.*, III, 46.
[838] Jord., *Get.*, XIII, 76 : *Domitiano imperatore regnante [...] foedus quod dudum cum aliis principibus pepigerant Gothi* [= Daci] *soluentes*.
[839] Dio Cass., LXVII, 6.
[840] Dio Cass., LXVII, 6.
[841] Dio Cass., LXVII, 6.
[842] *Cf. supra*.
[843] Dio Cass., LXVIII, 9-10.
[844] Dio Cass., LXVIII, 8-10.
[845] Dio Cass., LXVIII, 10-11.
[846] *Cf. infra*.
[847] *CIL*, III, 582.
[848] Sur cinq monnaies frappées entre le 1ᵉʳ janvier et le 13 septembre 84, Domitien est qualifié d'*imperator V*, titre qu'il portait déjà en 83 ; sur quatre autres, d'*imperator VI*. Il reçut donc cette salutation vers le printemps de l'année 84. Le 9 septembre 84, il était *imperator VII*.

Un grand nombre de soldats furent congédiés pour être envoyés en Pannonie en septembre 85[849], ce qui laisse supposer que le danger dace était provisoirement écarté. Cependant, peu de temps après, les Daces traversèrent le fleuve, sans doute gelé[850], et envahirent la Mésie[851]. D'après Jordanes, par crainte de la cupidité de Domitien[852], ils n'envahirent l'Empire romain que dans le but de le piller, comme ils l'avaient déjà fait plusieurs fois. Oppius Sabinus, consul ordinaire en 84, puis légat de la province[853], fut tué concomitamment à la dévastation de toute la région[854]. C'est là l'événement qui aurait déterminé Domitien à quitter Rome pour rejoindre les rives du Danube[855]. Toutefois, aux dires de Suétone, l'empereur mena deux expéditions contre les Daces : la première après la défaite d'Oppius Sabinus ; la seconde, après celle de Cornelius Fuscus[856].

Si la seconde campagne eut lieu en 89, la première, quant à elle, ne peut être datée avec précision. Elle dut avoir eu lieu postérieurement à l'année 85, après que Sabinus fût défait par les armées de Décébale, et avant la révolte de Saturninus (fin 88)[857], car cette dernière est mentionnée dans le livre I de Martial[858], alors que ce soulèvement n'apparaît que dans le livre IV[859]. Sans doute se déroula-t-elle avant l'été 88, Domitien ayant assurément séjourné à Rome durant cette période[860]. La première guerre dacique ne put non plus avoir eu lieu ni en 87, ni au début 88 puisqu'aucune salutation impériale ne fut accordée à cette époque[861]. De plus, les *Actes des frères Arvales* de 87 ne mentionnent aucune expédition entreprise par Domitien[862]. D'après cette

---

[849] *CIL*, III, 855.
[850] Plin., *Paneg.*, 12 : *Eo tempore quod amicissimum illis (populis), difficillimum nobis, cum Danubius ripas gelu iungit, duratusque glacie ingentia tergo bella transportat, cum ferae gentes non telis magis quam suo caelo, suo sidere armantur.* Voir : B. W. Jones, "Domitian's Advance into Germany and Moesia", *Latomus*, 41, 1982, p. 329-335.
[851] Jord., *Get.*, XIII, 76.
[852] Jord., *Get.*, XIII, 76 : *Domitiano imperatore regnante eiusque auaritiam metuentes, foedus [...] Gothi soluentes.*
[853] *PIR*, O, 77 ; *LP*, 125, 27.
[854] Suet., *Dom.*, 6 ; Jord., *Get.*, XIII, 76.
[855] Suet., *Dom.*, 6 ; Dio Cass., LXVII, 6.
[856] Suet., *Dom.*, 6 : *[expeditiones suscepit] in Dacos duas, primam Oppio Sabino consulari oppresso, secundam Cornelio Fusco* ; Mart., IX, 101, 17 : *Cornia Sarmatici ter perfida contudit Histri*.
[857] *Cf. infra*.
[858] Mart., I, 22.
[859] Mart., IV, 11.
[860] R. Syme, « Antonius Saturninus », *JRS*, 68, 1978, p. 12-21.
[861] Ce fut seulement vers l'été de 88 qu'il devint *imperator* pour la quinzième fois, peut-être à la suite de la révolte du faux Néron.
[862] *CIL*, VI, 2065. Ces actes nous apprennent, en outre, que, quelques jours avant le 22 janvier 87, Domitien était à Rome.

même source[863], le *princeps* était également à Rome début janvier 86. De même, il est impossible de placer durant la courte période s'étalant de septembre 85 à janvier 86 à la fois l'invasion de la Mésie par les Daces, la défaite d'Oppius Sabinus, le départ de Domitien pour le Danube, l'expulsion des Daces de la Mésie, la préparation de l'expédition de Cornelius Fuscus et le retour de l'empereur à Rome, devenu *imperator X* et *imperator XI*.

La date de la première expédition domitienne contre la Dacie est donc à situer, soit entre le milieu de 84 et le 5 septembre 85, soit au début de 86. Dans ce premier cas, la VIIIe salutation reçue par Domitien, qui eut lieu après le 3 septembre 84 et au plus tard début 85[864], et la 9e, qui date du printemps 85[865], sont toutes deux à mettre en rapport avec la guerre dacique. Dans le deuxième cas, ce sont les XIIe et XIIIe salutations reçues respectivement entre le 17 février et le 13 mai 86[866] et entre le 13 mai et le 13 septembre[867] qui seraient à mettre en relation avec cette guerre. Il est cependant plus probable que l'expédition de Domitien ait été entreprise en 86. En effet, en 85, Domitien, qui avait mis un terme à la guerre chattique, était présent à Rome puisqu'il se fit conférer d'abord la *Censora Potestas* en début d'année, puis la censure à vie, vers l'automne[868]. Cette décision devait lui donner l'image d'un empereur tout-puissant et maître du temps associé à Janus ; ce n'est sans doute pas un hasard si Domitien choisit de construire son Forum là où se dressait jadis un sanctuaire dédié au dieu bicéphale. Domitien aurait quitté Rome fin janvier 86, comme le laisseraient penser ces vœux des frères Arvales datés du 22 janvier de cette année-là : « Pour le salut de l'empereur et l'éternité de l'Empire. »[869]

Toujours est-il qu'une partie de la garde prétorienne[870] et Cornelius Fuscus accompagnèrent Domitien sur le Danube. Selon Martial, qui prédisait la victoire de l'empereur, il « dédaignait ces barbares autant que le lion apprivoisé dédaigne le lièvre qu'il tient dans sa gueule et qu'il relâche ensuite »[871]. Cette guerre mobilisa à tout le moins des forces

---

[863] *CIL*, VI, 2064 : [ID]US JANUARI(AE) IN AEDEM CONCORDIAE ASTANTIBUS FRATRIBUS ARVA[LIBUS], MAGISTERIO [IMP(ERATORIS)] CAESARIS DOMITIANI AUGUSTI GERMANICI.
[864] Le 3 septembre 84, il était IMPERA(TOR) VII (*Eph. Epigr.*, V., p. 93).
[865] *Cf. supra*.
[866] *CIL*, III, 856-857.
[867] On a une monnaie antérieure au 13 septembre, où se lit IMP(ERATOR) XIII. Voir : I. Carradice, *Coinage and finance in the reign of Domitian*, Oxford, 1983.
[868] *Cf. supra*.
[869] *Cf. supra*.
[870] *CIL*, VI, 2725.
[871] Mart., I, 22.

considérables[872]. Les Daces furent vaincus, puis chassés du territoire romain[873], et les Mésiens semblent avoir été soumis à cause de leur sympathie pour ceux-ci. Domitien refusa les offres de traités que Décébale lui avait soumises. Voulant venger Oppius Sabinus, il prépara au contraire une invasion de la Dacie. Néanmoins, il ne voulait pas prendre la direction de l'armée, probablement par défiance (il n'avait jamais été général). Il s'établit donc dans une ville de Mésie[874], avant de rentrer peu de temps après à Rome.

Il commit alors l'erreur de confier l'expédition à Cornelius Fuscus[875], qui n'avait pas assez d'expérience militaire, ayant fait, comme l'écrit Juvénal, son apprentissage au fond de son palais de marbre[876]. Ce choix était sans doute dû au zèle qu'il avait mis à servir Vespasien lorsqu'il était procurateur de Pannonie en 69[877]. « D'humeur aventureuse, il aimait les dangers moins pour le fruit qu'on en tire que pour les dangers mêmes[878] », écrit Tacite. Cornelius Fuscus traversa le Danube, et, avec une armée nombreuse, envahit donc le territoire des Daces[879]. Estimant que les Romains en avaient une méconnaissance, Décébale pensait que sa victoire serait rapide. Il envoya donc des messagers à l'armée romaine pour lui faire savoir qu'il consentirait à accepter la paix si les Romains lui versaient la somme de deux oboles par tête tous les ans. Dans le cas contraire, il les combattrait, et leur causerait de grands dommages.

Ne voulant pas d'une bataille rangée dont il connaissait mal la stratégie, Décébale laissa les Romains s'avancer plus loin à l'intérieur des terres, jusque dans la vallée étroite de la Témès et de la Bistra qui conduisait à la capitale des Daces, Sarmizégétuse. C'est là qu'il les attaqua[880], et que l'armée romaine entière, y compris le général, fut anéantie[881]. Il put ainsi s'emparer des machines de guerre, des armes et même d'un aigle impérial[882].

---

[872] Jord., *Get.*, XIII, 76 : *Domitianus cum omni uirtute sua Illyricum properauit et totius paene reipublicae militibus ductore fusco praelato.*
[873] Eus., *Chron.*, année 2101.
[874] Dio Cass., LXVII, 6.
[875] Suet., *Dom.*, 6 ; Jord., *Get.*, XIII, 76
[876] Juv., IV, 112 : *Fuscus marmorea meditatus praelia uilla.*
[877] Tac., *Hist.*, II, 86 ; III, 4 ; 66.
[878] Tac., *Hist.*, II, 86.
[879] Jord., *Get.*, XIII, 77 ; Mart., VI, 76, 6.
[880] Dio Cass., LXVIII, 9.
[881] Suet., *Dom.*, 6 ; Mart., VI, 76 ; Juv., IV, 111 : *et qui uulturibus seruabat uiscera Dacis / Fuscus* ; Jord., *Get.*, XIII, 78.
[882] Jord., *Get.*, XIII, 78 : *Diuitias de castris militum spoliant.*

Rome n'avait plus connu pareille catastrophe depuis la défaite de Varus. Tacite, dans ses *Histoires*, ne voulut pas donner le nombre de morts[883]. Toujours est-il qu'il n'y eut plus de troubles dans ces contrées en 87 et 88[884].

Cependant, Domitien prépara une nouvelle expédition contre Décébale ; c'est sans doute à cette époque qu'il divisa la Mésie en deux provinces, les dotant chacune de deux légions pour mieux les protéger contre les Daces[885]. Son objectif, selon Suétone, était de faire oublier la défaite de Cornelius Fuscus[886]. Le *princeps* envoya Julianus affronter les Daces, après lui avoir sans doute accordé un commandement sur le Danube[887]. Martial, dans son livre VI, publié vers le milieu de l'année 90, écrit que les Romains entendaient tirer vengeance de cet affront, et qu'ils massacrèrent de ce fait les Daces[888]. Dans la mesure où Domitien ne reçut aucune salutation militaire cette année-là, le triomphe contre les Daces devait remonter à la fin de l'année 89[889]. Il est peu probable que l'empereur fût retourné à Rome, comme l'indiquent les vers de Stace[890]. Par ailleurs, Dion Cassius soutient que la campagne de Julianus en Dacie eut pratiquement lieu en même temps que la révolte de Saturninus[891], et que Domitien rencontra Diegis pour conclure la paix[892] après le succès de Julianus[893]. Nous pouvons donc fixer la campagne de ce dernier en Dacie à 89.

Nous savons peu de choses de Julianus. Selon un diplôme militaire[894], il fut consul le 9 juin 83. Tacite précise qu'il aurait été légat de la *VII Claudia* en 69, et qu'il aurait reçu les ornements consulaires pour sa contribution à la défaite des Roxolans, qui avaient envahi la Mésie[895]. C'est sans doute à lui que Stace fait allusion quand il mentionne le frère de la mère de Claudius

---

[883] Oros., VII, 10 : *Nam quanta fuerint Diurpanei, Dacorum regis, cum Fusco duce proelia, quantaque Romanorum elades, longo textu euoluerem, nisi Cornelius Tacitus, qui hanc historiam diligentissime contexuit, de reticendo interfectorum numero, et Sallustium Crispum, et alios auctores quam plurimos sanxisse, et se ipsum idem potissimum elegisse dixisset.*
[884] *Cf. supra.*
[885] *Cf. supra.*
[886] *Cf. supra.*
[887] Dio. Cass., LXVII, 10.
[888] Mart., VI, 76.
[889] *Cf. supra.*
[890] Stat., *Silv.*, I, 1, 6-7 : *qualem modo frena tenentem Rhenus / et attoniti uidit domus ardua Daci.*
[891] Dio Cass., LXVII, 7. *Cf. infra.*
[892] *CIL*, XIV, 3608 : [PLAUTIUS SILVANUS, GOUVERNEUR DE MÉSIE] *REGES SIGNA ROMANA ADORATUROS IN RIPAM, QUAM TUEBATUR, PERDUXIT.*
[893] Dio Cass., LXVII, 7.
[894] *Ephem. Epigr.*, V, p. 612.
[895] Tac., *Hist.*, I, 79 ; II, 85 ; IV, 39-40.

Etruscus, chevalier[896]. D'après ces vers, ce dernier eut un oncle consul qui reçut un commandement important dans une guerre, laquelle fut suivie d'un triomphe sur les Daces. De plus, la mère de Claudius Etruscus avait comme *cognomen* « Etrusca »[897]. Ainsi le *gentilice* « Tettius » et le *cognomen* « Etruscus » se trouvent réunis, comme on peut lire dans la table alimentaire des Ligures Bébiens[898] : *Tettio Etrusco*. Son expérience et ses succès sur le Danube faisaient de lui un chef tout indiqué pour mener à bien une guerre contre les Daces.

Julianus envisagea d'entrer en Dacie, et d'atteindre Sarmizégétuse en passant par la Témès et la Bistra. Il est probable que ses bases d'opérations aient été les camps de la Mésie Supérieure (Viminacium et Singidunum). Sa route, identique à celle qu'empruntera Trajan et que décrira la table de Peutinger, le fit passer par Lederata sur le Danube, Arcidava, Centumputea, Bersovia, Azizis, Caput Bubali et Tibiscum, confluent de la Témès et de la Bistra[899]. Traversant d'abord la plaine située à l'ouest des montagnes, où prenaient leurs sources la Témès, la Karas et la Néra, elle suivait ensuite une vallée étroite dans une région boisée et montagneuse.

Les Daces attendaient Julianus à Tapae[900]. Ils y furent vaincus par le Romain. Vézénas, second personnage des Daces après Décébale, feignant d'avoir reçu un coup mortel, s'était laissé tomber par terre, ce qui lui permit de s'enfuir pendant la nuit, échappant ainsi aux Romains grâce au *dolus*[901]. Cette victoire encouragea Julianus à poursuivre vers la capitale. Cette marche à travers forêts, torrents et précipices[902] fut éprouvante pour l'armée. Le légat mit cependant un terme à l'avancée romaine. D'après Dion Cassius[903], Décébale fit couper les arbres sur la route et planter des armes dans les troncs pour effrayer l'ennemi ; étrangement, Frontin rapporte une anecdote quasi similaire lorsqu'il met en scène la rébellion de Spartacus[904]. Il y a cependant lieu de penser que les Romains n'allèrent pas plus loin à

---

[896] Stat., *Silv.*, III, 3, 115-118 : *Nec uulgare genus : fasces summamque curulem / Frater et Ausonios enses, mandataque fidus / signa tulit, cum prima truces amentia Dacos / impulit, et magno gens est dammata triompho.*
[897] Stat., *Silv.*, III, 3, 111 ; 207.
[898] *CIL*, IX, 1455.
[899] *Table de Peutinger*, VII, 2-4.
[900] Jord., *Get.*, XII, 74 : *[Dacia] corona montium cingitur, duos tantum habens accessus, unum per Tapas, alterum per Bontas.*
[901] Dio Cass., LXVII, 10. Stace (*Theb.*, I, 20) fait peut-être une allusion à cette victoire : *Et coniurato deiectos uertice Dacos*.
[902] Un vers de Stace (*Silv.*, I, 1, 8) fait probablement allusion à cette expédition de Julianus : *tu [Domitien] tardum in foedera montem / longo Marte domas*.
[903] Dio Cass., LXVII, 10.
[904] Frontin., *Strat.*, I, 5, 22.

cause des difficultés et des dangers réels de cette guerre, Julianus craignant sans doute de subir le même sort que Varus et Fuscus.

Cette campagne fut marquée par quelques succès mineurs ; Décébale offrit d'ailleurs la paix à l'*Vrbs*. Toutefois, Domitien, qui voulait se venger des Marcomans et des Quades qui n'avaient pas fourni d'auxiliaires contre les Daces[905], la refusa[906]. Par peur, les Marcomans et les Quades demandèrent la paix par deux fois, mais le *princeps* fit assassiner leurs envoyés, avant de les attaquer[907]. Cependant, vaincu par les Marcomans, il se résigna à fuir le champ de bataille[908]. À la suite de cet échec, il accepta finalement de négocier avec Décébale, et lui envoya des émissaires pour jurer un traité de paix. Craignant un piège, le chef dace, au lieu de rencontrer lui-même Domitien, envoya auprès de lui Diegis[909], qui était peut-être son frère[910]. Le prince posa alors un diadème sur sa tête. Décébale devenu allié des Romains, les Daces leur remirent des otages, et leur rendirent les armes et les prisonniers qu'ils avaient faits, conservant toutefois le butin amassé après la défaite de Fuscus[911]. Domitien, à son tour, donna à Décébale une importante somme d'argent, en lui promettant une plus grande fortune encore s'il maintenait sa *fides* à l'égard de Rome[912]. Des décorations et de l'argent furent distribués aux soldats, et des ambassadeurs de Décébale furent ensuite envoyés à Rome avec une lettre, écrite par Domitien lui-même, mais qu'il prétendit être de la main de Décébale[913].

En 89, Domitien revint à Rome pour recevoir les deux triomphes sur les Daces et les Chattes[914]. Des écrivains qui lui étaient hostiles prétendirent que

---

[905] Dio Cass., LXVII, 7.
[906] Dio Cass., LXVII, 7.
[907] Les mots de Pline le Jeune (*Paneg.*, 16), *decertare cupere cum recusantibus*, pourraient se rapporter à cette guerre.
[908] Plin., *Paneg.*, 11 : [Domitianus] *cuius pulsi fugatique non aliud maius habebatur iudicium, quam si triumpharet*.
[909] Dio Cass., LXVII, 7
[910] Mart., V, 3 : *Accola iam nostrae Degis, Germanice, ripae, / a famulis Histri qui tibi uenit aquis, / laetus et attonitus uiso modo praeside mundi, / adfatus comites dicitur esse suos : sors mea quam fratris melia, cui tam prope fas est cernere, tam longe quem colit ille deum !*
[911] Dio Cass., LXVIII, 9.
[912] Dio Cass., LXVII, 7 ; Mart., VI, 10, 7 : *Talia supplicibus tribuit disdemata Dacis* ; VI, 76, 5 : *Grande iugum domita Dacus ceruice recepit / et formulum uictrix possidet umbra (Fusci) nemus* ; Stat., *Silv.*, I, 1, 25 : *Discitur e uultu quantum tu mitior armis, / qui nec tu in externos facilis saeuire furores. / das Cattis Dacique fider* ; III, 3, 170 : *Suum Dacis donat clementia (Domitiani) montem* ; Plin., *Paneg.*, 11-12 : [Barbari] *sustulerant animos et iugum excusserant, nec iam nobiscum de sua libertate, sed de nostra seruitute certabant, ac ne indutias quidem nisi acquis condicionibus inibant, logesque, ut acciperent, dabant [...] Accipimus* [sous Trajan)] *obsides ergo, non emimus, nec ingentibus damnis immensisque muneribus paciscimus ut uicerimus*.
[913] Dio Cass., LXVII, 7.
[914] Dio Cass., LXVII, 7-8 ; Stat., *Theb.*, I, 18 : *Arctoos triumphos* ; *Silv.*, III, 3, 118. *Cf. supra.*

les trophées devant son char provenaient du garde-meuble impérial et ne résultaient pas d'une victoire sur l'ennemi[915]. Cependant, les flatteries des poètes furent, une fois encore, nombreuses[916]. À l'instar de l'*Énéide*, où Énée est, au fil de l'œuvre, perçu comme un proto-Romain et comme un modèle d'inspiration pour le nouveau maître du monde romain, Auguste, Domitien apparaît sous un jour positif dans la *Thébaïde*, ainsi qu'en témoignent les louanges en hexamètres composées par Stace au sujet des guerres qu'il a menées[917]. En effet, dans cette épopée, il reçut une couronne d'or pour avoir célébré les victoires de Domitien en Dacie et, sur le *limes* rhénan[918].

Le Sénat lui décerna le titre de « Dacicus »[919], et fit ériger une statue équestre à son effigie sur le Forum. Dion Cassius relate : « On lui décerné tant d'honneurs que, pour ainsi dire, tout l'univers qui était sous sa domination fut rempli de ses images et de ses statues d'argent et d'or. »[920]

Considérant Cornelius Fuscus comme vengé, Martial, qui estime que la victoire en Dacie résultait de la maîtrise militaire et diplomatique de Domitien, en fit l'épigraphe suivante : « Ici repose Fuscus, qui veilla sur la personne sacrée de César, du Mars en toge ; Fuscus, à qui fut confiée la garde de la demeure du maître de l'univers. Ô Fortune ! Il est permis maintenant de l'avouer : cette pierre n'a plus à craindre les menaces de l'ennemi. Le Dace a courbé sa tête sous le joug et l'ombre victorieuse du mort repose dans une forêt soumise à l'esclavage. »[921]

Pourtant, Domitien était accusé de vouloir accumuler des victoires militaires rapides et inachevées. C'est peut-être ce qui explique que Domitien n'ait revendiqué que le titre de « Germanicus » et qu'il n'ait pas porté le nom de « Dacicus ». En effet, la guerre danubienne n'était pas véritablement terminée, ce dont était probablement conscient l'empereur. D'ailleurs, une nouvelle expédition contre les Barbares du Danube s'avéra nécessaire trois ans plus tard.

---

[915] Dio Cass., LXVII, 7 ; Plin., *Paneg.*, 16.
[916] Stat., *Silv.*, I, 1 ; IV, 2, 66 ; Mart., V, 19 ; VI, 4 ; VI, 10.
[917] E. Courtney (éd.), *A Commentary on the Satires of Juvenal*, Londres, Athlone Press, 1980, p. 360 ; R. R. Nauta, *Poetry for Patrons : Literary Communication in the Age of Domitian*, Leiden, 2002, p. 196 ; 329-330 ; 359.
[918] Stat., *Theb.*, 1, 32-33 ; *Ach.*, 1, 14-19 ; *Silv.*, IV, 4, 95-96.
[919] Mart., *praef.* VIII : *Imperatori Domitiano Caesari Augusto Germanico Dacico*.
[920] Dio Cass., LXVII, 8.
[921] Mart., VI, 76.

c) Domitien contre d'autres peuples danubiens

Désormais, il ne s'agissait plus de combattre les Daces, mais bien les Jazyges, les Marcomans et les Quades, peuples que Domitien avait dû précédemment fuir. Afin de préparer au mieux sa revanche, il avait contracté des alliances avec plusieurs peuples germains, parmi lesquels les Lygiens, établis en Silésie actuelle[922] et en conflit depuis longtemps avec les peuples de Bohême et de Moravie[923], ainsi que les Suèves, au nord de la Bohême[924]. Domitien accueillit avec honneur[925] leur roi Masyos, la vierge Ganna, qui rendait des oracles, ainsi que Velleda[926].

Alors que ces Lygiens sollicitèrent l'aide de Domitien, celui-ci ne leur envoya pas de soldats pour intervenir dans des querelles internes, mais bien des cavaliers, car il pensait que ceux-ci pourraient faire diversion contre les Marcomans et les Quades. Cette attitude irrita les Suèves, les Marcomans et les Quades[927], qui s'allièrent alors aux Sarmates pour traverser le Danube[928]. Si, pour Tacite, les Quades et les Marcomans, soutenus par l'argent romain, n'étaient que de paisibles peuples soumis[929], d'après Suétone, ceux-ci massacrèrent une légion entière[930], sans doute la *XXI Rapax*, qui avait dû quitter Mayence en 89, au lendemain de la révolte de Saturninus[931]. Domitien entama alors une troisième expédition sur le Danube[932]. Martial argue que l'absence de l'empereur dura un peu moins de huit mois[933], et que son retour eut lieu le 1er ou le 2 janvier 90[934]. Il est dès lors possible de soutenir la thèse selon laquelle il partit en mars. Cette campagne, toujours selon l'épigrammiste, eut lieu après le double triomphe de la fin de 89 puisqu'il en fait mention dans ses livres V et VI[935], alors que l'expédition n'était pas terminée lors de la parution du livre VII[936]. Cette date est toutefois sujette à discussion.

---

[922] Ptol., II, 11, 10 ; Tac., *Germ.*, 43.
[923] Strab., VII, 1, 3 ; Tac., *Ann.*, XII, 29-30.
[924] Vell., II, 106 ; Ptol., II, 11, 8.
[925] Dio Cass., LXVII, 5.
[926] Tac., *Hist.*, IV, 61 ; *Germ.*, 8.
[927] Tac., *Germ.*, II, 42 ; *Hist.*, III, 5 ; *CIL*, V, 7425.
[928] Dio Cass., LXVII, 5.
[929] Tac., *Germ.*, 42, 2.
[930] Suet., *Dom.*, 6. C'était une légion de Pannonie (Tac., *Agr.*, 41).
[931] *Cf. infra.*
[932] Suet., *Dom.*, 6 ; Mart., IX, 1101, 17 : *Cornua Sarmatici ter perfida contudit Histri, / sudantem Getica ter niue lauit equum.*
[933] Mart., IX, 31, 3 : *luna quater binos non tota peregerat orbes.*
[934] Mart., VII, 8 ; VIII, 2 ; 4 ; 8.
[935] *Cf. supra.*
[936] Mart., VII, 6 ; 8.

À partir de 89 et jusqu'à sa mort, Domitien ne reçut plus que la XXIIe salutation impériale, entre le 14 juin 92[937] et le 13 juillet 93[938]. Elle se rapporte sans doute à l'expédition contre les Suèves et les Sarmates, qui dut avoir eu lieu quelque temps auparavant. D'ailleurs, Domitien était à Rome durant la seconde moitié de 93 puisque Tacite écrit qu'à la mort d'Agricola, le 23 août 93, « Messalinus insinuait ses perfides conseils au fond du palais d'Albano[939] », et que les procès de Rusticus Arulenus et d'Herennius Senecio, ainsi que l'expulsion des philosophes, à la fin de l'année 93[940], supposaient la présence de l'empereur à Rome. À cet égard, Tacite affirme d'ailleurs[941] qu'il assistait alors aux débats judiciaires. Nous pouvons donc en conclure que cette expédition eut lieu entre mars et mai 92. Plusieurs légions y prirent part : la *XIII Gemina*, la *II Adiutrix*[942] de l'armée de Pannonie[943], une légion de Mésie, la *IIII Flauia* ou la *VII Claudia*[944].

Domitien se rendit ensuite en Pannonie[945], et traversa peut-être le Danube[946], mais nous ne savons presque rien de cette expédition. Il se rendit peut-être sur les bords du Danube Inférieur[947] et sur le Rhin. Martial écrit : « Les régions glacées de l'Ourse, la sauvage Peucé, l'Ister échauffé par le piaffement des chevaux et le Rhin à la corne rebelle déjà trois fois brisée te retiennent, je le sais, à dompter des nations perfides. »[948] Par contre, les Daces ne semblaient pas avoir été concernés par cette nouvelle campagne. Dans ses livres VII et VIII, Martial n'en fait d'ailleurs qu'une seule mention[949].

---

[937] *CIL*, III, 858.
[938] *CIL*, III, 859.
[939] Tac., *Agr.*, 45.
[940] *Cf. infra*.
[941] Tac., *Agr.*, 45.
[942] *CIL*, III, 6818 : SOS[PI]LI [...] LE[ATO)] LEG(IONIS) XIII GEM(INAE), DONAT(O) DON(IS) MILITARIB(US) EXPEDIT(IONE) SUEBIC(A) ET SARM(ATICA) ; *CIL*, X, 135 : [...]ATRIO, Q. F(ILIO) HOR(ATIA TRIBU), SEP[...]TO [...] TRIBUNO MILITUM L[EG(IONIS) SE]CUNDAE ADJULRICIS P(IAE) F(IDELIS), DONIS [MILI]TARIBUS BELLO SUEBIQUIN (US).
[943] *Cf. supra*.
[944] Mart., IX, 31.
[945] Mart., VIII, 15, 1 : *Dum noua Pannonici numeratur gloria belli*.
[946] Sil. (III, 616-618) : *Idem [Domitianum] indignantem / transmittere Dardana signa / Sarmatinis uictor compescet sedibus Histrum [...]* Mais c'est une prophétie mise dans la bouche de Jupiter. Etait-elle réalisée lorsque Silius écrivait ces vers ? Stat. (*Silv.*, IV, 7, 49) fait dire à personnage qui fit cette campagne avec Domitien : *Ille [memorabili] ut inuicti rapidum secutus / Caesaris fulmen, refugis amaram*.
[947] Dio Cass., LXXI, 19.
[948] Mart., VII, 7 ; VIII, 11, 1 : *Peruenisse tuam iam te scit Rhenus in urbem ; / Nam populi uoces audit et ille tui*.
[949] Mart., VIII, 11, 3.

Le retour de Domitien à Rome ne fut, cette fois, ponctué d'aucun triomphe ; il se contenta d'aller déposer une couronne de laurier dans le temple de Jupiter Capitolin[950]. De grandes fêtes furent toutefois organisées[951] : le surnom de « Sarmaticus » lui fut peut-être attribué par le Sénat[952], on éleva un arc de triomphe à l'endroit de son entrée dans Rome[953], et des sacrifices solennels furent offerts aux dieux[954]. Martial salua le retour de l'empereur par des vers enthousiastes[955] qui exprimaient, du moins le prétendait-il, les regrets que le *populus* avait exprimés pendant son absence[956].

* * *

En résumé, on ne peut affirmer que les guerres de Domitien sur le Danube aient été très heureuses, car l'*exercitus Romanus* subit plusieurs défaites. Dans l'*Agricola*, Tacite regrette la perte de tant de soldats et d'armées entières en Mésie, en Dacie, en Germanie et en Pannonie : « Ce ne furent plus les limites de l'Empire et la rive d'un fleuve, ce furent les camps des légions et la possession de nos provinces qu'il fallut disputer. Les désastres succédèrent aux désastres et chaque année fut marquée par des funérailles et des revers. »[957]

À vrai dire, le seul véritable succès que les Romains connurent sur le Danube fut celui de Julianus. De fait, la Dacie ne fut effectivement conquise que lors de la seconde guerre menée par Trajan (105-106). Par ailleurs, en plus de mieux cultiver la patience et au lieu de gaspiller des deniers publics en dépenses somptuaires et distributions quelconques, Domitien aurait sans doute dû l'utiliser à l'augmentation du nombre des légions[958]. De plus, étant donné qu'il avait pour habitude de soupçonner les généraux, ceux-ci jouissaient généralement d'une liberté d'action restreinte[959].

---

[950] Suet., *Dom.*, 6 : *De Sarmatis lauream modo Capitolino Ioui tulit* ; Stat., *Silv.*, III, 3, 170 ; Mart., IX, 101, 19 : *Saepe recusatos parcus duxisse triumpho*.
[951] Mart., VIII, 11 ; 15 ; 26 ; 30 ; 50 ; 54-55.
[952] Mart., IX, 93, 7 : *Nunc bis quina mihi da basia, fiat ut illud / nomen ab Odrysio quod deus orbe tulit* ; 101, 19 : *Saepe recusatos parcus duxisse triumphos / uictor Hyperboreo nomen ab orbe tulit*.
[953] *Cf. supra*.
[954] Mart., VIII, 4 ; 15, 2.
[955] Mart., VIII, 15.
[956] Mart., VII, 5-8.
[957] Tac., *Agr.*, 41. Tacite exagère moins quand il dit, au début des *Histoires* (1, 2) : *coortae in nos Sarmatorum ac Sueborum gentes, nobilitatus cladibus mutuis Dacus*.
[958] *Cf. supra*.
[959] Plin., *Ep.*, VIII, 14, 7 : *in castris [...] Suspecta uirtus, inertia in pretio* ; *Paneg.*, 18 [l'orateur parle de Trajan] : *Quippe non is princeps qui sibi imminere, sibi intendi putet quod in hostes paretur ; quae persuasio fuit illorum qui, hostilia cum facerent, timebant. Idem ergo torpere militaria studia, nec animos modo sed et corpora languescere, gladios etiam incuria hebetari retundique gaudebant. Duces porro nostri non tam regum exterorum quam suorum*

Il faut cependant reconnaître que l'empereur dut faire face à des difficultés non négligeables : plusieurs peuples de la rive droite du Danube l'attaquèrent simultanément et les forces armées établies par Vespasien dans cette région étaient insuffisantes[960]. De plus, la révolte de Saturninus, soutenue secrètement par l'aristocratie et les Germains, l'obligea à se détourner du Danube[961].

XVI. Domitien en Orient et en Afrique

Les Parthes s'étaient alliés à Rome en 63. Ces relations furent cependant compromises dès le début du règne de Vespasien[962]. En effet, ce dernier, malgré les prières de Vologèse, refusa de lui envoyer des secours contre les Alamans[963]. Des hostilités eurent sans doute lieu sur l'Euphrate, si l'on se réfère au fait qu'Ulpius Trajanus, gouverneur de Syrie en 76[964], reçut les insignes triomphaux pour des succès remportés contre les Parthes. À l'époque de Domitien, ceux-ci étaient toujours hostiles aux Romains. En outre, il semble que le roi parthe Pacorus III et Décébale aient entretenu des relations cordiales[965].

Inquiète[966], Rome désirait entreprendre une guerre en Orient, avec comme double objectif de venger Crassus et d'ouvrir la route la plus directe vers l'Inde pour favoriser le commerce. Chez Silius Italicus[967], des prophéties de Jupiter annoncèrent que « les guerriers du Gange allaient mettre leurs arcs inoffensifs au pied de Domitien, qu'il verrait les carquois vides des Bactriens et que, comme Bacchus, il traverserait la ville sur un char de triomphe en grand vainqueur de l'Orient[968]. » Toutefois, il nous est impossible de savoir si le prince, à l'instar de pléthore de Romains, songeait à entreprendre une expédition contre les Parthes.

---

principum insidias, nec tam hostium quam commilitonum manus ferrum que metuebant ; Dio Cass., LXVII, 6.
[960] Tac., *Agr.*, 41 : *Tot exercitus [...] temeritate aut per ignauiam ducum amissi.*
[961] *Cf. infra.*
[962] Tac., *Hist.*, II, 82 ; IV, 51 ; Suet., *Vesp.*, 6 ; Ios., *Bell. Iud.*, VII, 5, 2.
[963] Dio Cass., LXVI, 15 ; Suet., *Dom.*, 2.
[964] *PIR¹*, III, U 375.
[965] Plin., *Ep.*, LXXIV.
[966] Mart., IX, 35, 3 : *Scis quid in Arsacia Pacorus deliberet aula.*
[967] Sil., III, 612-616.
[968] Stat., *Silv.*, IV, 1, 39-42 : *Mille trophaea feres, tantum permitte triumphos ! / Restat Bactra nouis, restat Babylona tributis / Frenari : nondum in gremio Iouis Indica laurus / Nondum Arabes, Seresque rogant.*

À tout le moins, Domitien organisa une campagne en Afrique contre les Nasamons, au sud de la grande Syrte[969]. Zonaras[970] écrit que ces Barbares se révoltèrent parce qu'ils étaient écrasés par les impôts. Ils pillèrent le camp romain après avoir vaincu Flaccus, légat de Numidie[971], qui les avait attaqués. Cependant, ils mangèrent et burent tant et si bien qu'ils s'endormirent. Informé de ce fait, Flaccus les surprit, et les tua tous, même ceux qui étaient désarmés. Cette victoire, datée de 85 ou 86[972], valut sans doute à Domitien une des nombreuses salutations impériales de cette époque. D'après Zonaras, il aurait tenu au Sénat les paroles suivantes : « J'ai empêché les Nasamons d'exister. »[973] Le versificateur Denys le Périégète, quarante ans plus tard, parlait à cet égard « du pays désert des Nasamons, contempteurs de Jupiter, dont la race avait été exterminée par la lance ausonienne. »[974]

Une expédition militaire très importante au cœur de l'Afrique aurait peut-être été menée sous Domitien. Chez Ptolémée, nous retrouvons la description suivante : « Au sujet de la route qui conduit de Garama chez les Éthiopiens voici ce que dit Marinus de Tyr : Septimus Flaccus, venu de la Libye avec des troupes, est arrivé chez les Éthiopiens, en partant du pays des Garamantes et en faisant une route de trois mois vers le sud. Quant à Julius Maternus, venu de Leptis Magna, il partit de Garama avec le roi des Garamantes et se rendit chez les Éthiopiens en marchant toujours vers le sud. Au bout de quatre mois, il arriva au pays des Éthiopiens, appelé Agisymba, où les rhinocéros se rencontrent. »[975] Pline, lui aussi, signale que les Romains firent campagne dans le pays des Garamantes[976].

Il est étonnant que Martial, Stace et Silius Italicus, propagandistes de l'empereur, ne disent mot de cette expédition qui aurait sans doute suscité beaucoup d'intérêt à Rome. Toutefois, ces pérégrinations lointaines étaient peut-être à mettre en relation avec les progrès de l'occupation militaire au sud de l'Afrique Proconsulaire.

---

[969] Herodt., II, 32 ; IV, 172. Voir : M. Le Glay, « Les Flaviens et l'Afrique », *MEFRA*, 80, 1968, p. 201-246.
[970] Zon., XI, 19.
[971] Dans le premier *nundinum* de 87, les *Actes des Arvales* (*CIL*, VI, 2065) indiquent comme suffect de l'empereur C. CALPU[...], sans aucun doute, Calpurnius.
[972] Eus., *Chron.*, année 2101 : *Nasamones et Daci bellum cum Romanis commiserunt et concisi sunt* à l'année 2101 (1er octobre 84-30 septembre 85) ou à l'année 2102 (1er octobre 85-30 septembre 86).
[973] Aelius Aristide, *Lettre sur Smyrne*, I, éd. Dindorf, p. 765.
[974] Denys le Périégète, *Description du monde*, 208-212.
[975] Ptol., I, 8, 4.
[976] Plin., V, 38 : *Ad Garamantes iter inexplicabile adhuc fuit [...] Proximo bello quod cum Oeensibus gessere initiis Vespasiani Imperatoris, compendium uiae quatridui deprehensum est.*

XVII. La personnalité de Domitien

Pendant les quelques premières années de son règne, Domitien n'était pas foncièrement cruel. Les sources qui lui sont le plus hostiles s'accordent sur le fait qu'il a, quelque temps, dissimulé sa véritable nature. Quand l'empereur ne put plus se voiler la face, il fit preuve de cruauté à l'égard de certains hommes. Suétone, moins acerbe, rapporte que la personnalité de Domitien *adulescens* contrastait âprement avec celle dont il faisait montre une fois adulte. Notons qu'après le soulèvement de Saturninus, donc dès la fin de 88, la cruauté de Domitien s'accrut considérablement.

L'hypothèse d'un revirement notable de la personnalité de Domitien n'est pas prouvée ; sa confirmation ou sa réfutation relèvent de la supputation. Soit il a dissimilé sa véritable personnalité dès le début, soit sa nature humaine a subi un changement notable, graduellement ou de manière soudaine. Quoi qu'il en soit, selon les auteurs antiques, il semble bien que rien dans la première partie de son règne ne laisse deviner la terreur des dernières années. À cet égard, que nous apprennent-elles du caractère du Flavien ?

L'empereur était sobre. « Après son repas du matin où il mangeait de bon appétit », écrit Suétone, « il lui arrivait souvent de ne pas prendre autre chose pendant le reste de la journée qu'une pomme et quelques gouttes de boisson qu'on lui gardait dans une fiole. S'il donnait fréquemment des festins somptueux, il les faisait servir à la hâte et jamais il ne les laissait se prolonger au-delà du coucher du soleil[977] ». « Il avait », poursuit le biographe, « une belle prestance, un visage modeste qui rougissait souvent, les yeux grands, quoiqu'un peu myopes. Il était beau et bien proportionné, surtout dans sa jeunesse[978] ». Martial et Stace, qui composa une pièce, *Agavé*[979], à Domitien, louent le côté noble et digne du personnage[980]. Comme le montrent certains de ses portraits, conservés, il était très vigoureux[981]. Admirant continuellement son visage, il écrivit dans l'une de ses lettres : « Ne vois-tu pas que je suis beau et grand ? »[982]

---

[977] *Dom.*, 21 ; Plin., *Paneg.*, 49 ; Mart., IV, 8, 10.
[978] *Dom.*, 18.
[979] Juv., VII, 87.
[980] Mart., V, 6, 10 : *Jouis sereni [= Domitiani] / cum placido fulget suoque uultu*. Cf. V, 7, 4 ; VI, 10, 6 ; VII, 12, 1 ; VII, 99, 1 ; IX, 24, 3. Stat., *Silv.*, I, 1, 15 ; III, 4, 17 et 44 ; IV, 2, 41 ; Tac., *Hist.*, IV, 40 : *decorus habitu, [...] crebra oris confusio pro modestia accipiebatur*. Voir : J. Garthwaite, *Domitian and the Court Poets Martial and Statius*, New York, 1978.
[981] Philostr., *Apoll.*, VII, 4.
[982] Suet., *Dom.*, 18 ; 20 : *Vellem, inquit, tam formosus esse, quam Maecius sibi uidetur*.

Avenant dans sa jeunesse, avec l'âge, Domitien afficha une expression plutôt malveillante : sourcils froncés, front plissé, grosse voix, bouche dédaigneuse et le visage couvert de rougeurs[983]. Pline le Jeune, qui use de l'exagération pour entretenir l'attention de ses lecteurs, en dresse le portrait suivant : « Son abord, son aspect étaient terribles : l'orgueil sur le front, la colère dans les yeux, une pâleur de femme sur le corps, l'impudence dissimulée par une vive rougeur sur le visage. »[984] Accusé de mollesse[985], il se faisait porter en litière, même à la guerre[986], car il marchait difficilement à la suite d'infirmités[987]. Suétone[988] prétend que Domitien avait les doigts de pieds trop courts, et que ses jambes, par suite d'une longue maladie, maigrirent beaucoup. Toutefois, dans la mesure où Caligula[989] et Néron[990], avaient, eux aussi, des jambes grêles, il y a peut-être lieu de croire que cet attribut était l'apanage des tyrans.

Rendu craintif et misanthrope[991], sans doute à cause d'un relatif abandon, de l'injustice dont il se croyait victime, et du peu d'estime qu'on lui portait, il était victime d'accès de colère répétés aussi soudains que violents[992]. Dion Cassius écrit : « Il voulait être flatté et se fâchait également contre ceux qui le courtisaient et ceux qui ne le courtisaient pas : dans sa pensée, les uns étaient des complaisants, les autres le méprisaient. »[993] C'est la raison pour laquelle il s'isolait le plus possible de ses congénères[994]. Du temps de son père, il craignait déjà l'empoisonnement ; se souvenant de l'assassinat de Claude, il refusait catégoriquement de manger des champignons, ce qui suscitait les moqueries de Vespasien.

À tout le moins, ce qui provoquait surtout l'indignation de l'aristocratie, tenaient en les actes de débauche commis par Domitien[995]. Domitia, qu'il avait enlevée à son mari Aelius Lamia Plautius Aelianus, ne lui resta pas fidèle, et prit comme amant Pâris, pantomime célèbre. Quand le *princeps* l'apprit, il le fit tuer en pleine rue, et envisagea également, selon Dion

---

[983] Tac., *Agr.*, 45 ; Philostr., *Apoll.*, VII, 28.
[984] Plin., *Paneg.*, 8.
[985] Dio Cass., LXVII, 6 ; Tac., *Agr.*, 40 ; Plin., *Paneg.*, 14 ; Tert., *Pall.*, 4 ; Suet., *Dom.*, 19 : *Laboris impatiens*.
[986] Suet., *Dom.*, 19 ; Plin., *Paneg.*, 24.
[987] Suétone (*Dom.*, 18) prétend qu'il avait les doigts des pieds trop courts, et que ses jambes, par suite d'une longue maladie, maigrirent beaucoup.
[988] Suet., *Dom.*, 18.
[989] Suet., *Cal.*, 50, 1.
[990] Suet., *Nero.*, 51.
[991] Dio Cass., LXVII, 1 ; Plin., *Paneg.*, 49 : *odio hominum*.
[992] Tac., *Agr.*, 42 : *Domitiani uero natura praeceps in iram* ; Dio Cass., LXVII, 1.
[993] Dio Cass., LXVII, 4.
[994] Tac., *Agr.*, 39 ; Plin., *Paneg.*, 48 ; 49 ; Suet., *Dom.*, 3 ; 21.
[995] K. H. Waters, "The Character of Domitian", *Phoenix*, 18, 1964, p. 49-77.

Cassius[996], de massacrer sa femme. Toutefois, sur le conseil de Flavius Ursus, sans doute l'un de ses *amici*, il se contenta de la répudier[997]. Le lieu de son exil est inconnu ; il se peut qu'elle n'ait pas quitté Rome. La version de Suétone ne fait pas mention de divorce[998]. Par la suite, il fit semblant de céder aux prières du peuple, et la reprit, car il l'aimait encore[999]. Cette anecdote a cependant pu être forgée par la campagne de délation menée contre l'empereur[1000]. En effet, dénoncer l'hypocrisie de Domitien à vouloir renforcer la législation morale alors que son épouse était accusée de frasques sexuelles aurait été tentant pour l'historiographie antonienne[1001], qui distillait quelquefois son opposition au Flavien par le biais de la *fama* et de la *rumor*. Au surplus, si Suétone, par pudibonderie, dépeint une Domitia ayant eu un chapelet d'amants, ayant mené une vie oisive au palais impérial et s'étant divertie tant qu'elle l'eut pu, elle fut mariée pendant dix ans au *princeps* sans exercer une quelconque forme d'ingérence dans la conduite des affaires.

Domitien ne cachait pas pour autant la relation amoureuse qu'il entretenait[1002] avec Julie, fille de Titus et, selon Philostrate[1003], femme de Flavius Sabinus, mais il craignait qu'avoir un enfant avec elle ne provoquât un scandale. C'est la raison pour laquelle il la poussa à avorter plusieurs fois[1004], ce qui causa sa mort[1005], avant l'année 90[1006]. Cette liaison entre un oncle et sa nièce, même si elle ne représente nullement un cas unique dans le cadre des familles nobles (on songe au mariage de Claude et d'Agrippine la Jeune), fut stigmatisée par les contemporains. Suétone ne donne aucune chronologie. Dion Cassius, quant à lui, établit cette succession d'événements comme suit : Domitien planifia d'exécuter sa femme, mais ne fit, en fin de compte, qu'en divorcer, avant de prendre Julie pour épouse, puis de rappeler Domitia tout en gardant sa nièce à ses côtés[1007].

---

[996] Dio Cass., LXVII, 3.
[997] *Cf. supra.*
[998] Suet., *Dom.*, 3.
[999] Dio Cass., LXVII, 3 ; Suet., *Dom.*, 3 ; 13 ; *Tit.*, 10 ; Zon., XI, 19 ; *Scolies* de Juv., VI, 87.
[1000] B. W. Jones, *The Emperor Domitian*, New York, 1992, p. 33-38.
[1001] Sur le compte rendu de Suétone, voir : M. Charles et E. Anagnostou-Laoutides, « The Sexual Hypocrisy of Domitian : Suet., *Dom.*, 8, 3 », *AC*, 79, 2010, p. 173-187.
[1002] Suet., *Dom.*, 22 ; Dio Cass., LXVII, 3 ; Plin., *Ep.*, IV, 11, 6 ; *Paneg.*, 52 : *incesti principis* ; *Scolies* de Juv., II, 29 ; Zon., XI, 19. Philostrate (*Apoll.*, VII, 7) raconte que Domitien avait épousé Julie après avoir fait tuer Sabinus.
[1003] Philostr., *Apoll.*, VII, 7.
[1004] Juv., II, 32.
[1005] Suet., *Dom.*, 22 ; Plin., *Ep.*, IV, 11, 6.
[1006] *CIL*, VI, 2067.
[1007] Dio Cass., LXVII.

Le prince eut également de très nombreuses maîtresses, de toutes conditions sociales, y compris parmi les prostituées[1008]. Se livrant aussi à l'homosexualité[1009], comme tant d'autres empereurs, on lui connut de nombreux favoris[1010], dont son affranchi[1011], un eunuque originaire de Pergame du nom de Flavius Earinus. L'adolescent cumulait les fonctions de barbier et d'échanson, ce qui permit aux poètes courtisans de le comparer à Ganymède. En 94[1012], il coupa sa chevelure et l'envoya, dans un coffret qui comprenait également un miroir de grand prix, à sa ville natale pour la consacrer à Asclépios. Pour le faire savoir, il commanda des vers à Stace et à Martial[1013]. Tous flattaient l'empereur, et mettaient en exergue son amour pour le jeune éphèbe. Ce fut peut-être cet attachement qui fut à l'origine de la législation interdisant la castration d'enfants édictée par l'empereur. Pourtant, en tant que censeur et restaurateur des mœurs du *mos maiorum*, il était tenu de réprouver toute forme d'adultère[1014]. Au surplus, Domitien était également blâmé en raison de sa passion immodérée pour le jeu de dés[1015].

Faisant état d'une haute idée de la fonction impériale, Domitien évitait toute forme de familiarité ; il se montrait très distant[1016], même lors des réceptions ou des dîners qu'il organisait[1017]. Selon Pline le Jeune, il fallait toujours qu'il se fît prier pour accorder quoi que ce fût[1018]. Par ailleurs, il ne supportait ni la contradiction ni les protestations, et se montrait souvent irascible. À une date incertaine, un citoyen clama au sein de l'amphithéâtre qu'un thrace valait un mirmillon, mais que l'organisateur du combat leur était inférieur.

[1008] Suet., *Dom.*, 22 ; Plin., *Paneg.*, 20, 49, 63 ; Mart., XI, 7 ; Dio Cass., LXVII, 1 ; 6 ; Zon., XI, 19 ; Suidas, *sub verbo*.

[1009] Dio Cass., LXVII, 6 ; Philostr., *Apoll.*, VII, 42.

[1010] Stat., *Silv.*, III, 4, 56 ; Mart., IX, 36, 9.

[1011] Dio Cass., LXVII, 2.

[1012] Un certain Lucius Silius Decianus fut consul suffect avec Titus Pomponius Bassus sous le règne de Domitien. D'après la titulature d'un diplôme militaire (*CIL*, III, suppl. 4-5, p. 2328 ; 66 ; XVI, 39), son entrée en fonction fut datée du 1er septembre 93, mais les *Fastes* d'Ostie nous conduisent à retarder d'un an leur consulat (*Fasti Ostienses*, Ins. It., XIII, 1, p. 177 ; 195 ; 222). Dans la mesure où, à notre connaissance, aucun autre document de la fin du Ier siècle ou du début du IIe siècle ne fait mention d'un Silius, il est permis d'admettre que Bassus partagea le consulat avec le fils de Silius Italicus. Voir : A. Augoustakis, « Silius Italicus, A Flavian Poet, » dans A. Augoustakis (éd.), *Brill's Companion to Silius Italicus*, Leyden, Brill, 2010, p. 6.

[1013] Stat., *Silv.*, III, 4 ; Mart., IX, 11-13 ; 16-17 ; 36. Voir : C. Henriksen, "Earinus : an Imperial Eunuch in the Light of the Poems of Martial and Statius", *Mnemosyne*, 50, 1997, p. 281-294.

[1014] Plin., *Ep.*, IV, 11, 6. Juv., II, 29-31.

[1015] Suet., *Dom.*, 21 ; Plin., *Paneg.*, 82 ; Ael. Arist., *Lettre sur Smyrne*, I, p. 765, édit. Dindorf. C'était cependant une passion fort répandue à cette époque. Voir : Juv., VIII, 10 ; IX, 176 ; XIV, 4.

[1016] Plin., *Paneg.*, 24 ; 47-48.

[1017] Plin., *Paneg.*, 49 ; Suet., *Dom.*, 21.

[1018] Plin., *Paneg.*, 91.

En guise d'exemple, Domitien le fit amener dans l'arène pour y être déchiqueté par des bêtes sauvages ; il dut par ailleurs porter cet écriteau : « Porteur de petit bouclier, puni pour avoir blasphémé[1019] » ; il s'agissait d'une sorte de *damnatio ad bestias*[1020]. L'empereur, qui souffrait de calvitie, prenait très mal les plaisanteries sur les chauves[1021], dans la mesure où les Anciens établissaient un lien entre la perte des cheveux et la débauche des mœurs. Notons que Flavius Ursus, qui avait désapprouvé certaines de ses conduites, manqua de se faire assassiner[1022]. Pâris, le pantomime, avait un élève qui lui ressemblait à la fois par la beauté et le talent ; Domitien le fit tuer, bien qu'il fût frappé d'une grave maladie, au seul motif qu'il lui rappelait son maître[1023]. Les nombreuses personnes qui avaient apporté des fleurs et des parfums à l'endroit où Pâris était mort[1024] furent également exécutées sur ordre du *princeps*.

Jaloux des principaux généraux et hommes d'État[1025], Domitien ne supportait pas que l'on vante leurs mérites publiquement. Par ailleurs, comme pléthore de ses contemporains, il était très superstitieux, et s'effrayait des prédictions funestes qui lui avaient été faites dans sa jeunesse. En effet, selon Suétone[1026], des astronomes chaldéens lui aurait assuré une mort violente à l'âge adulte.

Au surplus, Domitien semblait avoir strictement compartimenté sa vie publique et sa vie privée. Il ne rassemblait pas le Sénat dans sa résidence impériale, et cultiva toujours le culte du secret. L'une de ses erreurs fut sans doute son échec à reconnaître que la vie privée était un concept étranger aux Romains, et malséant à un chef d'État.

D'un naturel doux et généreux au départ, le prince devint, au fil des années, misanthrope[1027], méprisant l'être humain, et n'accordant que peu d'importance à la vie d'autrui. Un jour qu'un violent orage avait éclaté en plein milieu d'un combat naval sur la rive droite du Tibre, il avait revêtu d'autres vêtements, et était demeuré sur place, alors qu'il avait interdit aux spectateurs de quitter les lieux ou de se changer ; un certain nombre d'entre

---

[1019] Suet., *Dom.*, 10, 1 : *impie locutus parmularius* ; Plin., *Paneg.*, 33. *Cf. supra*
[1020] C. Vismara, « Domitien, spectacles, supplices et cruauté », *Pallas*, 40, 1994, p. 415.
[1021] Suet., *Dom.*, 18. Cependant, Martial se moque souvent des gens chauves (II, 41, 10 ; III, 93, 2 ; V, 49 ; VI, 57 ; 74, 2). Voir : C. Deroux, « De la calvitie de Domitien à la chevelure d'Alexandre : proposition sur Juvénal, sat. IV, 37-38 », *Latomus*, 209, 1990, p. 277-288.
[1022] Dio Cass., LXVII, 34.
[1023] Suet., *Dom.*, 10.
[1024] Dio Cass., LXVII, 3.
[1025] Tac., *Agr.*, 41 : *Infensus uirtutibus princeps* ; Plin., *Paneg.*, 14.
[1026] Suet., *Dom.*, 14.
[1027] Suet., *Dom.*, 10 : *Neque in clementiae, neque in abstinentiae tenore permansit ; et tamen aliquanto celerius ad saeuitiam desciuit, quam ad cupiditatem.*

eux tomba malade, puis mourut[1028]. Dans le but de faire amende honorable, Domitien offrit un banquet qui dura une nuit entière[1029].

L'individu autoritaire perçoit les gens comme de simples moyens pour atteindre une fin ; ses jugements sont dominés par un moralisme restrictif et traditionnel. Conséquemment, si la personnalité de l'empereur est difficilement pénétrable, celui-ci se complaisait dans les souffrances de ses adversaires, et aimait instaurer un climat de peur au sein des élites dirigeantes, comme l'illustre une anecdote racontée par Dion Cassius[1030] : pendant une nuit entière, des sénateurs et chevaliers qu'il avait invités à dîner crurent que le *princeps* préparait leur supplice, mais il n'en fut rien. C'est à Domitien que Pline le Jeune songeait quand il déclara à Trajan : « Il n'y a pas à craindre que quand je parlerai d'affabilité, il croit que je lui reproche l'orgueil ; quand je parlerai d'économie, le luxe ; de clémence, la cruauté ; de libéralité, l'avarice ; de bienveillance, la jalousie ; de bonnes valeurs, la débauche ; d'ardeur au travail, la paresse ; de courage, la lâcheté. »[1031]

La peur, surtout après la révolte de Saturninus, rendit Domitien cruel et vindicatif ; l'absence de soutien sénatorial au conjuré n'aurait pas pour autant rassuré le *princeps* quant à sa sûreté. Sans doute la crainte s'est-elle transformée, au fil du temps, en paranoïa. Celle-ci se manifeste le plus souvent par un sentiment de persécution, un isolement social prégnant, de la suffisance et des délires de persécution et de grandeur… Ainsi, la personne atteinte de ce trouble mental pense que ceux qui l'entourent cherchent à lui nuire ; elle est certaine que tout signe de faiblesse mènera à la destruction. Toujours à l'affût d'attaques personnelles, elle interprète mal des événements tout à fait fortuits. Le malade, dont l'intelligence n'est nullement altérée, peut, dans un second temps, être en proie à la folie des grandeurs.

Nonobstant, les moyens utilisés par Domitien, avide d'argent, dans l'optique d'augmenter ses avoirs, étaient, de prime abord, réguliers mais, au risque de commettre un anachronisme, peu « éthiques » ; beaucoup de Romains lui léguaient leur fortune par testament afin que leur famille hérite du reste de leurs biens, conformément au respect de leurs dernières volontés. C'est ainsi qu'Agricola nomma Domitien cohéritier au même titre que sa femme et sa

---

[1028] Dio Cass., LXVII, 8 ; Suet., *Dom.*, 4 : *inter maximos imbres perspectauit. Cf. supra.*
[1029] Dio Cass., LXVII, 8, 3.
[1030] Dio Cass., LXVII.
[1031] Plin., *Paneg.*, 3 : *Non enim periculum est ne, cum loquar de humanitate, exprobari sibi superbiam credat, cum de frugalitate luxuriam, cum de clementia crudelitatem, cum de liberalitate auaritiam, cum de benignitate liuorem, cum de continentia libidinem, cum de labore inertiam, cum de fortitudine timorem.*

fille[1032]. Si le nom de l'empereur, accusé d'*auaritia*, n'était pas inscrit sur le testament, ou s'il exigeait la totalité de l'héritage, on en réécrivait un nouveau qui était postdaté, annulant ainsi les volontés du défunt[1033]. S'il n'y avait qu'un seul témoin pour déclarer que la personne décédée instituait César héritier, toute la fortune allait à Domitien[1034]. L'impératrice, elle aussi, recevait de nombreux héritages. L'un de ses esclaves, sur une inscription, est qualifié d'*EXACTOR HERED(ITATIUM) LEGAT(ORUM), PECULIOR(UM)*[1035]. C'est ainsi que des domaines immenses devenaient des propriétés impériales. « On ne vous voit pas », écrit Pline à Trajan, « chassant les anciens maîtres, envelopper étangs, lacs, forêts, dans l'immensité de vos domaines. Les fleuves, les sources, les mers ne servent plus à flatter les regards d'un seul homme ; César peut voir quelque chose qui ne soit pas à lui et le patrimoine du prince est enfin moins grand que son Empire »[1036]. L'épistolier entend par là célébrer la modestie de Trajan, en l'opposant à la mégalomanie de Domitien.

Il est certain que cet orgueil et cet autoritarisme dérangeaient profondément l'aristocratie, elle qui estimait que le *princeps* avait encore moins qu'un autre le droit de se comporter de la sorte : il était en effet le fils d'une femme qui n'était pas citoyenne romaine de naissance[1037], et l'arrière-petit-fils d'un petit bourgeois de Réate[1038]. De plus, beaucoup pensaient qu'il n'était pas digne de son titre, surtout lorsqu'il s'agissait de soutenir la comparaison d'avec son père Vespasien et son frère Titus[1039], qui, tous deux, s'étaient montrés bienveillants vis-à-vis de la plupart des citoyens[1040]. Même quand il montrait de la justesse dans sa sévérité, il déplaisait aux nobles, car ceux qu'il punissait faisaient généralement partie des aristocrates. Beaucoup d'entre eux finirent donc par nourrir le dessein de l'assassiner.

Du reste, Domitien mettait tout en œuvre pour gérer son administration de façon optimale. Cette attitude traduisant une propension au perfectionnisme est généralement liée à la volonté de s'isoler des autres ou, à tout le moins, de s'en distinguer. Impatient, rigide et intolérant, il faisait montre d'une obsession pour l'efficacité administrative, mais il ne traitait pas ses subordonnés avec un tact particulier, même s'ils étaient obéissants et compétents.

[1032] Tac., *Agric.*, 43.
[1033] Plin., *Paneg.*, 43 [à Trajan] : *non tu falsis, non tu iniquis tabulis aduocaris*.
[1034] Suet., *Dom.*, 12.
[1035] *CIL*, VI, 8434.
[1036] Plin., *Paneg.*, 50.
[1037] Suet., *Vesp.*, 3.
[1038] Suet., *Vesp.*, 1.
[1039] Dio Cass., LXVII, 2.
[1040] Suet., *Vesp.*, 12 ; 13 ; 21-22 ; *Tit.*, 7, 8 ; Dio Cass., LXVI, 10, 11.

XVIII. Les conspirations contre l'empereur

Voulant ménager l'aristocratie qui bénéficiait encore d'une autorité morale incontestable, Domitien n'osa pas installer la monarchie. Pourtant, nous l'avons vu, les sénateurs se montraient hostiles à sa politique à cause des tendances autoritaires dont il faisait preuve. Ces derniers jugeaient notamment indécent d'avoir pris les surnoms de *dominus* et de *deus*[1041]. Au-delà de sa politique, ce que l'aristocratie ne supportait pas, c'était la personne même de Domitien qui, contrairement à son frère Titus, ne s'attirait pas facilement la sympathie.

La plupart des sénateurs pris individuellement se montraient flatteurs par prudence et par intérêt[1042] ; même les plus mécontents ne protestaient pas, se souvenant de la mise à mort d'Helvidius Priscus qui avait prononcé des paroles offensantes à l'encontre de Vespasien[1043]. Ainsi acceptaient-ils les charges que Domitien leur confiait, et les exerçaient-ils discrètement, de manière à ne pas faire d'ombre à l'empereur[1044] ; du reste, ils supportaient les disgrâces, et ne manquaient pas ses audiences[1045].

Parmi ses détracteurs, une partie des mécontents, préférant les discours à l'action, se limita à des protestations discrètes, anonymes ou déguisées. Des épigrammes et des pamphlets anonymes qui circulaient partout dans Rome, ce qui était très habituel à l'époque, fleurissaient[1046]. Des attaques indirectes émaillaient les pièces de théâtre mettant en scène des personnages célèbres ou mythologiques ; Helvidius Priscus le Jeune écrivit un mime sur le divorce de Pâris et d'Oenone, ce qui fut naturellement compris comme une allusion directe à celui de Domitien et de Domitia[1047]. Dans les entretiens privés, on faisait l'éloge de Titus[1048], alors que l'on maudissait son frère en lui souhaitant la mort, et qu'on le ridiculisait[1049]. Même les femmes se livraient à ces médisances[1050].

Cette opposition, plus mondaine et irrespectueuse que dangereuse, ne menaçait pas vraiment la sécurité de l'empereur. Néanmoins, d'autres

---

[1041] *Cf. supra.*
[1042] Plin., *Paneg.*, 2 : *Voces [adulationes] illae quas metus exprimebat* ; 72.
[1043] Suet., *Vesp.*, 15 ; Dio Cass., LXVI, 12.
[1044] Plin., *Paneg.*, 18, 93 ; *Ep.*, VIII, 14, 7.
[1045] Plin., *Paneg.*, 48.
[1046] Dio Cass., LXVI, 11 ; Tac., *Ann.*, 1, 72 ; Suet., *Aug.*, 55 ; *Oth.*, 3 ; Dio Cass., LVII, 22.
[1047] Suet., *Dom.*, 10. Voir : T. Power, "Helvidius Priscus in Suetonius' Domitian 10.3", *CPh*, 109, 1, 2014, p. 79-82.
[1048] Dio Cass., LXVII, 2.
[1049] Plin., *Ep.*, I, 12.
[1050] *Cf. supra.*

Romains songeaient à se débarrasser de lui, bien que le sachant apprécié des Italiens, des provinciaux et de l'armée. De nombreuses conspirations furent fomentées, mais on en sait peu de choses car, après la mort de Domitien, on se souvint davantage de ses crimes que des attaques qu'il avait subies. Le dernier *princeps* flavien, à la fois repu de flatteries burlesques et honni, était parfaitement conscient qu'il risquait de se faire assassiner. Il aurait d'ailleurs déclaré : « La condition des princes est bien malheureuse, car on ne veut croire aux complots tramés contre eux que le jour où ils périssent. »[1051]

Une première conspiration aurait déjà eu lieu en 83[1052], et une autre en 87[1053]. L'Histoire soupçonne la participation de Flavius Sabinus à l'une d'entre elles, car recevoir l'Empire lui aurait permis de renverser Domitien, tout en maintenant la dynastie flavienne. Toutefois, nous savons seulement qu'il fut exécuté pour d'obscurs motifs. L'exécution du cousin de Domitien semble avoir eu lieu au début de son règne, en même temps que celle de certains sénateurs dont Eusèbe fait mention, entre le 1er octobre 82 et le 30 septembre 83. Selon Suétone, le héraut s'étant trompé en le proclamant, par inadvertance, *imperator*[1054] au lieu de *consul*, T. Flavius Sabinus fut mis à mort[1055]. Il y a tout lieu de penser qu'il fut exilé par Domitien, probablement en 82, quelques mois à peine après son entrée en fonction comme consul, avant d'être exécuté en 83. À tout le moins, par cet acte, Domitien, qui sut profiter de la situation, se débarrassa à la fois d'un successeur potentiel et du mari de sa maîtresse. B. W. Jones pense que Domitien fit démettre Sabinus avant son départ pour la guerre contre les Chattes[1056]. Si cette théorie était avérée, cela mettrait à mal l'affirmation selon laquelle la première partie de son règne aurait été paisible. Malgré tout, l'empereur a pu avancer quelque argument légal pour condamner son cousin. Selon nous, il aurait fait échouer les tentatives de coup d'État, alors qu'il était en campagne en Germanie. Il semble à tout le moins qu'il n'y ait pas eu de réaction de protestation au lendemain de cet assassinat, ce qui peut indiquer que Sabinus n'ait pas été victime de simples commérages ; Julie n'aurait d'ailleurs pas plaidé la cause de son frère.

[1051] Suet., *Dom.*, 20 ; Gallicanus, *Vie d'Avidius Cassius*, 2.
[1052] Eus., *Chron.*, année 2099 : *Plurimos senatorum Domitianus in exilium mittit*, à l'année 2099 (1er octobre 82 – 30 septembre 83), ce qui laisse peut-être supposer une conspiration qui se serait formée pendant l'absence de Domitien, alors occupé à combattre les Chattes sur le Rhin.
[1053] *CIL*, VI, 2065, au 22 septembre, sacrifice des Arvales : *IN CA[P]ITOLIO, OB DELECTA SCELERA NEFARIORUM*.
[1054] Suet., *Dom.*, 10.
[1055] En tout cas, un certain temps avant la mort de Julie. Voir : Suet., *Dom.*, 22 ; Plin., *Ep.*, IV, 11, 6 ; Philostr., *Apoll.*, VII, 7.
[1056] B. W. Jones, *The Emperor Domitian*, Londres, 1992, p. 46.

Le complot de 87 donna lieu à de nouvelles condamnations ; c'est sans doute à cet événement que fait allusion Dion Cassius quand il écrit : « Domitien fit mettre à mort un grand nombre de personnages importants, faisant juger les uns par le Sénat et accusant les autres en leur absence. »[1057] Il nous est également permis de penser que le Bithynien fait allusion au meurtre de C. Vettulenus Civica Cerialis, assassiné sur son ordre[1058]. Mais ces condamnations n'annihilèrent pas l'opposition, car une importante révolte, conduite par L. Antonius Saturninus, éclata à la fin de l'an 88.

Domitien qui, selon Plutarque[1059], se trouvait à Rome quand il apprit la nouvelle de ce complot, la quitta précipitamment. Or il y était encore début décembre, comme l'atteste Martial, qui fait état d'un spectacle auquel l'empereur assista, et durant lequel la neige tomba[1060]. Saturninus n'a donc dû se révolter que vers la fin du mois de novembre.

Légat de la Germanie Supérieure[1061], Saturninus[1062] était critiqué pour avoir affiché des mœurs peu honorables, et s'être comporté en homme peu scrupuleux. Comme ses homologues nobles[1063], il haïssait Domitien, lequel lui avait reproché son comportement de débauché[1064]. La *nobilitas* a vu là la possibilité de se servir de lui pour renverser le *princeps*. Soucieux de s'assurer une force suffisante capable de réprimer d'éventuels troubles après la mort de Domitien, ses ennemis tentèrent d'attirer à eux une partie des légionnaires pour faire renverser l'empereur par ses meilleurs alliés. Dans la mesure où des sacrifices extraordinaires se rapportant à la chute de Saturninus ont été faits par les Arvales en janvier 89[1065], il y a lieu de croire que cette dernière eut lieu en décembre 88.

[1057] Dio Cass., LXVII, 4 (entre le récit de la guerre contre les Chattes et celui des guerres du Danube).
[1058] Suet., *Dom.*, 10 ; Tac., *Agric.*, 42.
[1059] Plut., *Aem.*, 25.
[1060] Mart., IV, 2-3.
[1061] Suet., *Dom.*, 6 ; Aur. Vict., *Epit.*, XI ; Dio Cass., LXVII, 11.
[1062] Dio Cass., LXVII, 11 ; Plut., *Aem.*, 25 ; Aur. Vict., *Epit.*, XI l'appellent Antonius ; Suet., *Dom.*, 6-7 ; Lampride, *Vie d'Alexandre Sévère*, 1 : L. Antonius ; Mart., IV, 11 ; Suidas, *sub verbo* : Antonius Saturninus. Une inscription de Constantine (*CIL*, VIII, 7032) nomme une Antonia, « L(UCII) FILIA, SATURNINA », femme de C. Arnus Pacatus, tante maternelle d'Arrius Antoninus, d'Arrius Maximus et d'Arrius Pacatus, *clarissimi uiri*.
[1063] Il descendait peut-être de Marc Antoine, le vaincu d'Actium. Voir : Martial, IV, 11.
[1064] Aur. Vict., *Epit.*, XI : *His eius saeuitiis ac maxime iniuria uerborum, qua se scortum uocari dolebat, accensus Antonius [...]*
[1065] *CIL*, VI, 2066 : IN CAPITOLIO, EX S(ENAUS) C(ONSULTO) PRO SALUTE ET VICT(ORIA ET REDITU) IMP(ERATORIS) [...] (FRATRES ARVALES VOTA) OCCUPAVERUNT - au 17 : IN CAPITOLIO, OB VOTA ADSUSCIPIENDA E(X ED)ICTO CO(N)S(ULUM) ET EX S(ENATUS) C(ONSULTO, PRO SALUTE ET REDIT(U) (E)T VICTORIA IMP(ERATORIS) [...] - au 24 : IN CAPITOLIO, SENATUS (SIC)TURAE (SIC) ET VINO SUP(PLICAVIT) - au 25 : IN CAPITOLIO, AB LAETITIAM PUBLICAM, IN

Une nouvelle guerre contre les Daces se préparait. Ce fut ce moment que choisit Saturninus pour lancer la révolte et se faire proclamer empereur à Mayence par les légions en place. Il s'allia à des Germains, probablement, aux Chattes[1066], leur donnant ainsi l'occasion de piller l'Empire. Il s'empara de l'argent déposé par les soldats dans les caisses d'épargne militaires[1067] afin d'obtenir l'appui des deux légions de Mayence[1068] : la *XIV Genia* et la *XXI Rapax*. Il s'est sans doute aussi appuyé sur le mécontentement de certains soldats qui sortaient des travaux du *limes Germanicus*. Il se fit ensuite proclamer empereur[1069], mais l'ambitieux projet du conjuré fut rapidement avorté.

Quand Domitien quitta Rome accompagné de la garde prétorienne[1070], il ordonna à Trajan de ramener les deux légions en Hispanie[1071] ; probablement la *VII Genina* et la *I Adjutrix*[1072]. Il est au demeurant possible que certaines troupes stationnées sur le Danube aient été également rappelées[1073]. Le Sénat et les consuls, de leur côté, ordonnèrent des vœux pour le salut de Domitien, son retour et sa victoire.

Martial, pour sa part, prédisait la défaite du putschiste : « Trop fier d'un vain nom (celui de Saturninus), malheureux, tu as honte d'être Saturninus, et tu as provoqué une guerre impie dans les pays situés sous la constellation de l'Ourse, comme jadis celui qui prit les armes pour l'Égyptienne. As-tu donc oublié le destin de ce nom qu'ensevelit à jamais la colère terrible des flots d'Actium ? Le Rhin t'a-t-il promis ce que lui a refusé le Nil ? Et le fleuve du

---

TEM(PLO) JOVIS O(PTIMI) M(AXIMI) FRATRES ARVALES JOV(I) O(PTIMO) M(AXIMO) BOVEM AREM IMMOLAVERUNT - au 29 : *IN CAPITOLIO, AD VOTA SOLVENDA ET NUNCUPANDA PRO SALUTE ET RE(DITO) IMP(ERATORIS) [...] FRATRES ARVALES CONVENER(UNT), JOVI, JUNONI, MINERVAE, SALUTI, FORTUNAE, VICTORIAE REDUCI (GENIO PO)PULI REMANI VOVERUNT.*

[1066] Tacite (*Hist.*, I, 2) faisait en partie allusion à la révolte de Saturninus, lorsqu'il disait que depuis la mort de Néron jusqu'à celle de Domitien, il y avait eu, en même temps, des guerres civiles et étrangères.
[1067] Suet., *Dom.*, 7.
[1068] Suet., *Dom.*, 7 : *L. Antonius apud duarum legionum hiberna [...]*. B. Lörincz, « Some Remarks on the History of the Pannonian Legions in the late first and early second centuries AD », *Alba Regia*, 18, 1980, p. 285-288 ; K. Strobel, « Bemerkungen zum Wechsel zwischen den Legionen XIV Gemina und XXII Primigenia in Mainz », *Germania*, 66, 2, 1988, p. 437-453.
[1069] Lampride, *Alexandre Sévère* ; Spartien, *Pescennius Niger*, 9 ; Vopiscus, *Firmus*, 1 ; Aur. Vict., *Epit.*, II.
[1070] Plut., *Aem.*, 25 ; Dio Cass., LXVII, 1. L'inscription *CIL*, V, 3356 se rapporte peut-être à cette expédition : *[TI (BERIO) CLAUDIO], TI(BERII) F(ILIO) QUIR(INA TRIBU), ALPINO, PRAEF(ECTO) COH(ORTIS) II PR(AETORIAE) DON(IS) DON(ATO) BELLO GERM(ANICO).*
[1071] Plin., *Pan.*, 14.
[1072] *CIL*, II, 2477.
[1073] Plut., *Aem.*, 25.

Nord pourrait-il davantage ? Souviens-toi que cet Antoine est tombé sous nos armes, lui, qui, comparé à toi, perfide, était un César ! »[1074]

Les Romains redoutaient d'être replongés dans les troubles civils[1075]. Certains auteurs parlent d'ailleurs d'une véritable *bellum ciuile*[1076]. En effet, à l'image des événements de 68, c'était de Germanie que les légions se rebellaient à l'appel d'un général. Cependant, L. Norbanus Appius Maximus mit très rapidement fin à cette révolte[1077]. Les vers de Martial[1078] indiquent qu'il se rendit en Rhétie en 89[1079], puis en Vindélicie, et qu'il fut vainqueur de Saturninus. Il est possible qu'à la suite de cette victoire, Appius Maximus ait reçu un commandement important sur le Danube, ou bien en 89 (deuxième expédition de Domitien sur le Danube contre les Marcomans), ou bien en 92 (lors de la guerre suévo-sarmatique). L'échec du putsch de Saturninus résultait soit de la *fides* des légions de Germanie Inférieure, qui, refusant de trahir Domitien, endiguèrent la révolte, soit du dégel brutal du Rhin[1080], qui empêcha les Germains de venir en renfort aux insurgés. À tout le moins, la mort de l'usurpateur fut très rapidement rapportée à Rome[1081] ; d'heureux présages furent inventés *post mortem* (on raconta que le jour de la bataille, un grand aigle avait entouré la statue de l'empereur de ses ailes en poussant des cris triomphants[1082]).

Toujours est-il qu'il fallait encore punir les complices et alliés de Saturninus. Ainsi, alors que l'on pensait que Domitien allait rentrer rapidement à Rome[1083], il continua sa marche vers le Rhin[1084], et alla vraisemblablement jusqu'à Mayence, où les traîtres furent exécutés après avoir subi les pires sévices[1085]. Selon Dion Cassius, dont l'*Epitome* du livre 67 est éminemment

---

[1074] Mart., IV, 11.
[1075] Plut., *Aem.*, 25 ; Dio Cass., LXVII, 11.
[1076] Suet., *Dom.*, 6 ; 10 ; Stat., *Silv.*, I, 1, 80 : *ciuile nefas*.
[1077] Martial (IX, 84) l'appelle Norbanus ; Aur. Vict. (*Epit.*, XI) : Norbanus Appius ; Dio Cass. (LXVII, 11), L. Maximus ; *CIL*, VI, 1347 : *APPIUS MAXIMUS*.
[1078] Mart., IX, 84 : *Cum tua sacrilegos contra, Narbone, furores staret pro domino Caesare sancta fides, haec ego Piera ludebam tutus in umbra, ille tuae cultor notus amicitae. Me tibi Vindelicis Raetus narrabat in oris, nescia nec nostri nominis Arctos erat [...] Omne tibi nostrum quod bis trieteride iuxta Arte dabit lector, nunc dabit auctor opus.*
[1079] *PIR*, N, 132 ; *LP*, 78, 7.
[1080] Suet., *Dom.*, 6.
[1081] Suet., *Dom.*, 6 ; Plut., *Aem.*, 25.
[1082] Suet., *Dom.*, 6.
[1083] *Actes des Arvales*, au 29 janvier.
[1084] Dio Cass., LXVII, 11.
[1085] Suet., *Dom.*, 18 : *Post ciuilis belli uictoriam [...] plerosque partis aduersae, dum etiam latentes conscios inuestigat, nouo quaestionis genere distorsit, immisso per obscoena igne ; nonnullis et manus amputauit. Satisque constat duos solos e notioribus uenia donatos, tribunum laticlauium et centurionem, qui se, quo facilius expertes culpae ostenderent,*

marqué par la tradition sénatoriale hostile à Domitien, le prince interdit d'en faire mention dans les *Actes*, tant les victimes furent nombreuses. Malgré qu'il eût envoyé à Rome les têtes des suppliciés pour qu'elles soient exposées au Forum[1086], il n'écrivit rien au Sénat à ce propos. Quant aux Chattes, qui avaient soutenu le projet de révolte, ils furent durement sanctionnés[1087].

Au surplus, cette tentative de coup d'État eut aussi quelques conséquences pratiques puisque plusieurs légions ne prirent désormais plus leurs quartiers d'hiver dans le même camp[1088], et que plus aucun soldat ne put déposer plus de mille sesterces dans les caisses d'épargne légionnaires, Saturninus s'étant servi de cet argent pour soutenir sa cause[1089].

À tout le moins, la détermination de Domitien face au soulèvement de Saturninus permit d'éviter d'autres rébellions minant l'Empire et une nouvelle guerre civile.

Il est raisonnable de penser que quelques troupes furent dès lors rappelées de Pannonie. Toutefois, dégarnir la région du Danube n'était pas du tout indiqué à ce moment, dans la mesure où des Barbares menaçaient la région. Il est probable que Domitien ait fait déplacer la *XXI Rapax* ou la *XIV Gemina* voire les deux légions ailleurs, car rester à Mayence demeurait dangereux. Toutes deux furent envoyées sur le Danube, la *XXI Rapax* ayant été détruite par les Sarmates en 92[1090], et la *XIV Gemina* étant en Pannonie sous Trajan[1091]. À Mayence, ce fut la *XXII Primigenia* qui les remplaça. Appartenant à l'armée de Germanie Inférieure, elle ne pouvait cependant plus rester à Noviomagus, camp de deux légions ; elle stationnait sans doute dans la province Supérieure dès l'époque de Domitien, comme le laissent à penser deux inscriptions trouvées, l'une à Mayence, et l'autre au Wurtenberg. Les deux autres légions, la *VIII Augusta* et la *XI Claudia* n'étant par ailleurs mentionnées nulle part, il n'y a donc aucune raison de croire qu'elles aient été éloignées de la région[1092].

Malgré les vœux et les sacrifices ordonnés par le Sénat, avant et après la victoire sur l'*hostis*, Domitien n'était pas dupe, percevant l'hostilité dont il

---

impudicos probauerant, et ob id neque apud ducem, nec apud milites ullios momenti esse potuisse ; Dio Cass., LXVII, 11.
[1086] Dio Cass., LXVII, 11.
[1087] *Cf. supra.*
[1088] Suet., *Dom.*, 7.
[1089] Suet., *Dom.*, 7.
[1090] *Cf. supra.*
[1091] *Cf. supra.*
[1092] St. Gsell, *Essai sur le règne de Domitien*, Paris, 1893, p. 177.

faisait preuve à son égard. Les aristocrates soupçonnés d'avoir été les complices de Saturninus furent d'ailleurs sévèrement punis de mort ou frappés d'exil[1093]. Lucianus Proculus, sénateur âgé qui vivait la plupart du temps à la campagne, pour feindre de ne pas abandonner l'empereur, l'accompagna dans son expédition. Dès qu'il apprit la nouvelle de la défaite de Saturninus, il déclara : « Tu as vaincu, prince, comme je le désirais ; rends-moi donc à mes champs. » Il retourna ensuite sur ses terres, et ne revint plus jamais auprès du *princeps*. Selon Dion Cassius, Norbanus, quant à lui, brûla tous les documents cachés chez Saturninus qui auraient pu l'incriminer[1094]. Martius Verus, général sous Marc Aurèle[1095], aurait agi de même.

Une haine implacable s'installa *ipso facto* entre l'empereur et les sénateurs[1096]. Ces derniers étaient exaspérés tant par l'échec de Saturninus que par les suites sanglantes que Domitien y donna. Ils n'avaient donc plus qu'une seule idée en tête : faire disparaître le tyran. Comme l'essentiel des troupes paraissait rester fidèle à l'empereur, l'hypothèse d'une révolte militaire fut abandonnée. De son côté, Domitien, de plus en plus méfiant, sombra dans la paranoïa, tout en faisant désormais preuve d'une cruauté sans bornes à l'égard de certaines franges de la population[1097].

XIX. Période de terreur

À la fin de son règne, Domitien fut atteint d'une folie des grandeurs et d'une paranoïa aiguë qui le conduisirent non seulement à poursuivre de sa vindicte l'aristocratie, mais encore à s'attaquer à tous ceux qu'il soupçonnait de constituer des obstacles à l'unité de l'Empire.

La guerre suévo-sarnatique, qui prit fin en 93, fut la dernière entreprise par Domitien. Il ne reçut donc plus de salutations impériales. Les poètes ne vantaient plus que la paix, faute de triomphe[1098]. Son seul combat, à partir de

---

[1093] Dio Cass., LXVII, 9 ; saint Jérôme : *Domitianus plurimos nobilium in exilium mittit atque occidit*, en 2105 (1er octobre 88 – 30 septembre 89).
[1094] Dio Cass., LXVII, 11.
[1095] Dio Cass., LXXI, 29.
[1096] Plin., *Paneg.*, 62 : *Nonne paulo ante nihil magis exitiale erat quam illa principis cogitatio ? Hunc Senatus probat, hic Senatui carus est ! Oderat quos nos amaremus, sed et nos quos ille* ; 72.
[1097] Suet., *Dom.*, 10 : *aliquanto post ciuilis belli uictoriam saeuior*.
[1098] Stat., *Silv.*, IV, 1, 12 : *Vtroque a limine grates / Janus agit, quem tu uicina Pace ligatum / Ommia iussisti componere bella* ; Sil., XIV, 686 : *Viri qui nunc dedit otia mundo* ; Mart., IX, 101, 21 : *[dedit] otia furo* ; *Chants sibyllins*, XII, 127.

cette époque, fut de lutter contre les aristocrates car, en plus de devoir protéger à la fois son pouvoir et sa vie, il lui fallait aussi remplir le Trésor[1099]. En effet, le luxe de ses fêtes, de ses constructions, de ses jeux et de ses guerres avaient mis à mal les finances de l'Empire.

Domitien avait besoin d'argent s'il ne voulait perdre ni le peuple, qu'il devait divertir et nourrir, ni l'armée, dont il devait payer la solde. Sachant que les aristocrates le détestaient, il s'employa à les dépouiller pour remplir ses caisses[1100]. Suétone écrit que Domitien était devenu sanguinaire et avide par manque d'argent, et cruel par crainte, mais qu'il s'était laissé aller plus facilement à la cruauté qu'à la cupidité[1101].

Agricola mourut le 23 août 93[1102], ce qui lui permit, selon Tacite[1103], d'échapper à l'époque au cours de laquelle Domitien épuisa sans trêve ses opposants, réels ou imaginaires. Par là même, l'historien s'oppose à la politique entreprise par le prince dans les années 93-96, période qui vit le régime autocratique se muer en tyrannie[1104]. Ajoutons que Mettius Carus n'avait encore remporté qu'une seule victoire, et que Messalinus se contentait de prodiguer des conseils perfides. Désigné à la préture en janvier 92, il entra en charge en 93, mais n'obtint pas le consulat.

L'année 93 est donc considérée par certains auteurs[1105], qui se rangent à l'avis d'Eusèbe[1106], comme marquant un tournant décisif ayant conduit une partie du *populus* au désespoir. Nous pouvons en effet affirmer que c'est à partir de cette date que commencèrent les exils, les confiscations, les condamnations en masse, et que s'ouvrit une période de terreur. Il nous faut toutefois noter que les seuls écrits conservés de celle-ci émanent d'opposants à Domitien. Du reste, comme ses victimes étaient très respectées, se comptant même, notamment, parmi ses alliés et ses proches soutiens, il ne fallait pas avoir recours à des violences arbitraires car, sans jugement en bonne et due forme, elles auraient été considérées comme innocentes[1107]. Domitien respecta donc globalement les procédures judiciaires, et si tel n'était pas le cas, les moyens par lesquels il entendait mettre à mort ses

---

[1099] Plin., *Paneg.*, 50 : *auaritia illius qui tam multa concupiscebat* ; Suet., *Dom.*, II : *[Domitianus] nihil pensi habuit qui praedaretur omni modo.*
[1100] Dio Cass., LXVII, 4 ; Plin., *Paneg.*, 27-28.
[1101] Suet., *Dom.*, 3 : *Virtutes quoque in uitia deflexit ; quantum coniectare licet, super ingenii naturam inopia rapax, metu saeuus* ; 10.
[1102] Tac., *Agr.*, 44.
[1103] Tac., *Agr.*, 45.
[1104] Tac., *Agr.*, 44 : *grande solacium tulit euasisse postremum illud tempus, quo Domitianus [...].*
[1105] R. Syme, "Domitian, the Last Years", *Chiron*, 13, 1983, p. 121-127.
[1106] Eus., *Hist. eccles.*, III, 15-20.
[1107] Philostr., *Apoll.*, VII, 14.

adversaires étaient radicaux : poison[1108], torture[1109], intrigues conduisant au suicide des intéressés[1110], etc.[1111]

L'insécurité était partout présente, et la *libertas* devenue inexistante, prétend Tacite : « La liberté de parler et d'entendre nous était enlevée par un odieux espionnage ; nous serions restés sans mémoire comme sans voix, si l'on pouvait se commander l'oubli comme le silence. »[1112] Le plus souvent, les victimes de Domitien étaient dénoncées. La trahison pouvait venir d'un parent, d'un ami, d'un client ou, le plus souvent, d'un esclave[1113] souhaitant se venger des mauvais traitements infligés par son maître[1114] ; il recevait alors la liberté en guise de récompense. Il arrivait à Domitien de recevoir des délateurs, et de déterminer avec eux ce qu'ils devaient dire lors des procès[1115]. Par ailleurs, de nombreux espions[1116] qui essayaient de faire parler les imprudents travaillaient pour lui[1117]. Pline met en opposition les *senatores* et les *delatores*, lesquels jetaient l'opprobre dans l'arène politique, tout en insistant sur leur statut d'*amici principis*.

Il ne suffisait néanmoins pas de trouver le crime dont pouvaient se rendre responsables les opposants de l'empereur, il fallait aussi pouvoir accuser efficacement les prétendus coupables face à leurs juges. Pour ce faire, des orateurs habiles étaient indispensables. Sous Domitien, il s'agissait surtout d'ambitieux exerçant cette fonction susceptible de leur apporter honneurs et argent, tout en ayant l'oreille attentive de l'empereur[1118].

Le plus célèbre d'entre eux fut Aquilius Régulus qui, déjà sous Néron, avait proféré des accusations contre Cornelius Orfitus, Sulpicius Camerinus, Licinius Crassus. Il alla même jusqu'à racheter la tête de Pison, l'un de ses ennemis, pour avoir le plaisir de lui soustraire une à une les dents[1119]. Il sauva les apparences sous Domitien, mais ses délations furent

---

[1108] Dio Cass., LXVII, 4.
[1109] Dio Cass., LXVII, 3 ; Oros., VII, 10.
[1110] Dio Cass., LXVII, 3.
[1111] R. Syme, "Domitian, the Last Years", *Chiron*, 13, 1983, p. 121-146.
[1112] Tac., *Agr.*, 2. Voir aussi : Plin., *Paneg.*, 42.
[1113] Tac., *Hist.*, I, 2 : *Odio et terrore corrupti in dominos serui, in patronos liberti et, quibus deerat inimicus per amicos oppressi* ; Dio Cass., LXVIII, 1 ; Philostr., *Apoll.*, VII, 8 ; Juv., I, 33 ; Mart., II, 82 ; X, 48, 21-23.
[1114] Juv., IX, 110 : *[serui] [...] quod enim dubitant componere crimen in dominos, quotiens rumoribus ulciscuntur baltes [...]*
[1115] Dio Cass., LXVII, 12.
[1116] Juv., IV, 47 : *Cum plena et litora multo / delatore forent.*
[1117] Philostr., *Apoll.*, VII, 36.
[1118] Tac., *Hist.*, I, 2 : *Nec minus praemia delatorum inuisa quam scelera, cum alii sacerdotia et consulatus ut spolia adopti, procurationes alii et interiorem potentiam, agerent ferrent cuncta* ; Plin., *Paneg.*, 45.
[1119] Tac., *Hist.*, IV, 42 ; Plin., *Ep.*, II, 20, 2.

récurrentes[1120], et il ne cachait pas son désir d'être riche, après que la fortune léguée par son père eut été partagée entre les créanciers[1121]. Il prenait toujours la peine d'écrire ses discours, car il sembla toujours embarrassé, tremblant pendant qu'il parlait[1122] ; il n'avait que peu de mémoire, peu de présence d'esprit, se faisant pourtant la réputation d'un grand orateur, « par son effronterie et sa démence », aux dires de Pline[1123]. Régulus s'exprimait de manière nerveuse et directe de manière à « saisir l'adversaire à la gorge et à l'étrangler »[1124]. Il arrivait toujours à ses fins, peu importent les moyens, audace, fourberie, parjure, insulte, humilité parfois...[1125] ; il était à la fois délateur[1126], plaideur et capteur de testaments[1127], et s'arrangeait pour se constituer des auditoires favorables[1128]. Martial, qui travaillait pour lui, le flattait sans cesse[1129]. Sa fortune devint rapidement considérable. En effet, Régulus possédait, en plus de ses sept millions de sesterces, à la fin du règne de Néron[1130], une vaste propriété ornée de portiques et de statues située sur la rive gauche du Tibre[1131], ainsi que des domaines, notamment en Toscane, à Tusculum et à Tibur[1132]. Il était au demeurant détesté par pléthore de citoyens qui envisageait de le poursuivre[1133].

A. Didius Gallus Fabricius Veiento, lui aussi, était haï par nombre de Romains : chassé d'Italie sous Néron, en 62, au motif de libelles injurieuses proférées contre des sénateurs, il avait en outre vendu des charges et des honneurs[1134]. Malgré son âge avancé[1135], il fut nommé consul pour la troisième fois en 83. Vis-à-vis du *princeps*, il adoptait une attitude servile, mais il dédaignait tous ses autres concitoyens, surtout ceux qui venaient solliciter sa protection[1136]. Il était aussi méprisé pour sa laideur[1137]. Après la mort de Domitien, les clameurs de ses collègues l'empêchèrent de défendre un délateur attaqué par Pline, et ce, malgré l'appui d'un tribun[1138].

[1120] Plin., I, 5, 1.
[1121] Tac., *Hist.*, IV, 42 ; Plin., *Ep.*, II, 20, 13.
[1122] Plin., IV, 7, 4 ; VI, 2, 2.
[1123] Plin., IV, 7, 4.
[1124] Plin., I, 20, 14,
[1125] Plin., I, 5 ; II, 11, 22.
[1126] Plin., I, 5, 4 ; VI, 2.
[1127] Plin., II, 20.
[1128] Plin., VI, 3.
[1129] Mart., I, 12 ; II, 74 ; 93 ; V, 10 ; 21 ; 28 ; 63 ; VI, 38 ; 64 ; VII, 16 ; 31.
[1130] Tac., *Hist.*, IV, 42.
[1131] Plin., IV, 5.
[1132] Mart., VII, 31.
[1133] Plin., IV, 2, 4 ; Tac., *Hist.*, IV, 42 ; 44.
[1134] Tac., *Ann.*, XIV, 50.
[1135] Plin., *Ep.*, IX, 13, 20.
[1136] Juv., III, 185.
[1137] Juv.. VI, 113.
[1138] Plin., *Ep.*, IX, 13, 19-22.

Mettius Carus[1139], très cynique, pratiquait également la délation avec fierté et gloire. Un jour, Régulus parla devant lui de Senecion, l'une de ses victimes. Il réagit alors violemment : « Quel droit avez-vous sur mes morts ? Est-ce que j'attaque Crassus et Canericus ? »[1140]

Valerius Catullus Messalinus, de famille noble, fils d'une tante de la troisième femme de Néron[1141] et parent de Catulle, avait été consul ordinaire en 73. Malgré une brusque cécité[1142], il n'en demeurait pas moins très actif auprès de Domitien, auquel il prodiguait force flatteries[1143]. C'est lui qui désignait à l'empereur ceux qu'il fallait mettre à mort[1144], avant de se charger de les faire condamner. Selon Pline, de nature cruelle, il en était arrivé à perdre toute humanité à la suite de sa maladie : « Il ne connaissait plus ni respect ni honte, ni pitié. Il était entre les mains de Domitien un trait qui va frapper aveuglément les gens de bien. »[1145]

Il nous faut enfin citer Palfurius Sura[1146], vainqueur d'un prix d'éloquence latine aux concours capitolins, Publicius Certus[1147], « flatteur sanguinaire »[1148], et Pompeius, dont Juvénal rapporte qu'il était habile dans les insinuations[1149]. L'auteur des *Satires* prend plaisir à avilir la mémoire de Domitien, au même titre que celle de ses partisans.

La principale accusation portée par Domitien à l'encontre de ses victimes était le « lèse-majesté ». La loi pouvait punir à la fois les actes et les écrits, mais aussi les paroles proférées contre l'empereur ou l'État[1150]. Les peines étaient lourdes : bannissement ou peine de mort associée à la confiscation des biens dans les deux cas. C'était le Sénat qui jugeait ces affaires[1151], et Domitien n'a que très rarement fait usage de son droit de juridiction capitale[1152]. Les arrêts devaient paraître équitables et impartiaux, le prince étant naturellement au-dessus des luttes partisanes et ne pouvant utiliser la justice pour régler des différents personnels. Ainsi, il rendait le Sénat seul

---

[1139] Tac., *Agr.* 45 ; Juv., I, 35 ; Mart., XII, 25, 6.
[1140] Plin., I, 5, 3.
[1141] Suet., *Cal.* 36.
[1142] Plin., IV, 22, 5 ; Juv., IV, 116.
[1143] Juv., IV, 116.
[1144] Tac., *Agr.*, 45.
[1145] Plin., IV, 22, 5.
[1146] *Scolies* de Juv., IV, 53 : *Abusus familiaritate Domitiani acerbissime partes delationis exercuit.*
[1147] Plin., IX, 13, 11.
[1148] Plin., IX, 13, 16.
[1149] Juv., IV, 110.
[1150] Gai., *Dig.*, XLVIII, 4.
[1151] Dio Cass., LXVII, 4 ; Plin., *Ep.*, VIII, 14, 8-9.
[1152] Suet., *Dom.*, 11.

responsable d'une éventuelle erreur judiciaire. Se sentant impuissants face à l'empereur[1153], les *patres* déclaraient toujours les accusés coupables, même s'ils comptaient parmi leurs proches ; il n'y eut presque jamais de protestations isolées, car cela aurait eu comme incidence, pour les sénateurs, de se désigner en tant que victime subséquente. Selon Pline le Jeune, « l'assemblée était tremblante et muette, on n'y pouvait sans péril dire ce que l'on pensait et sans infamie ce qu'on ne pensait pas. »[1154]

Quant aux condamnés, leurs biens revenaient soit au fisc, soit à l'*aerarium*. Il était même permis d'intenter un procès aux morts, ce qui permettait parfois de s'emparer de leurs avoirs[1155]. Le trésor s'enrichissait aussi par les condamnations pour adultère, très courantes sous Domitien[1156]. Les biens tombés en déshérence, les *bona caduca*[1157], allaient aussi à l'*aerarium*, et étaient, dès lors, mis à disposition de l'empereur. Les prête-noms étaient fréquents, mais les délateurs de fraude, encouragés par Domitien, l'étaient encore plus puisqu'ils recevaient comme récompense le quart de la somme récoltée[1158]. En parlant d'eux, Pline le Jeune relate que « ces brigands n'attendaient point leur victime dans la solitude, sur son passage ; c'était un temple (le temple de Saturne), c'était le Forum qu'ils avaient envahi. Plus de testaments respectés, plus de condition certaine ; qu'on eût des enfants, qu'on n'en eût pas, le danger était le même. »[1159]

La tyrannie de Domitien prenait donc des formes « légales »[1160], et aboutissait au même résultat que celles qui s'exerçaient sans aucune forme de procès, ce qui amena Pline à écrire que « l'État, dont les lois étaient le fondement, était détruit par les lois mêmes »[1161].

[1153] Dio Cass., LXVII, 2.
[1154] Plin., *Ep.*, VIII, 14, 8 ; *Paneg.*, 66 : *Obsepta diutina seruitute ora [...] frenatamque tot malis linguam resoluimus* ; Tac., *Agr.*, 3.
[1155] Suet., *Dom.*, 12 : *Bona uiuorum et mortuorum usquequaque, quolibet et accusatore et crimine corripiebantur satis erat obiici qualecumque factum dictumue aduersus maiestatem principis*.
[1156] Plin., *Paneg.*, 42 : *Locupletabant fiscum et aerarium non tam Voconiae et Juliae leges*. Il s'agit sans doute aussi bien de la loi Julia *de adulteriis* que de la loi Julia *de maritandis ordinibus*.
[1157] Plin., *Ep.*, IX, 13, 11.
[1158] Suet., *Nero*, 10.
[1159] Plin., *Paneg.*, 34. Plus loin (*Paneg.*, 36), il écrit que, sous Domitien, le temple de Saturne était le *spolarium ciuium, cruentarumque praedarum saeuum receptaculum*. Des vers de Martial (V, 16-20) tendent à montrer qu'à cette époque, les délateurs de cette espèce s'enrichissaient vite : *Nam si falciferi defendere templa Tonantis / sollicitisque uelim uendere uerba reis, / Plurimus Hispanas mittet mihi nauta metretas*.
[1160] Philostr., *Apoll.*, VII, 14 ; 18.
[1161] Plin., *Paneg.*, 34.

Par ailleurs, l'empereur semblait rester totalement en dehors de tous ces crimes, même s'il assistait aux séances du Sénat. Selon Tacite[1162], « Néron ordonna des crimes et n'en fut pas spectateur. Le plus grand de nos maux, sous Domitien, était de le voir et d'en être vus, quand tous nos soupirs étaient comptés, quand son visage féroce, couvert de cette rougeur dont il s'armait contre la honte, observait la pâleur de tant d'infortunés. » L'empereur flavien aurait même fait savoir qu'il entendait mesurer l'affection que pouvaient lui témoigner les sénateurs quand il fallut juger d'un procès en majesté. Avertis de cette menace, les juges s'étaient montrés encore plus rigoureux qu'à l'accoutumée, appliquant la peine capitale selon l'usage le plus ancien : le condamné était frappé de verges jusqu'à la mort, tandis que son cou était serré entre les dents d'une fourche[1163]. Domitien intercéda alors en leur faveur : « Permettez-moi, Pères Conscrits, de réclamer de votre dévouement une chose qui, je le sais, me sera difficilement accordée : c'est que les condamnés puissent choisir leur mort. Vous vous épargnerez ainsi un spectacle affreux, et tout le monde comprendra que j'assistais à la séance du Sénat. »[1164] Il feignait ainsi d'être clément et magnanime pour s'attirer la sympathie du *populus*[1165] et sans doute également dans le but de se faire passer pour l'héritier du vertueux Auguste, dont l'une des valeurs cardinales était la *clementia*.

C'est ainsi que, lorsqu'il advint que Domitien jugeât lui-même une affaire, l'arrêt de mort n'était jamais prononcé sans qu'il ne fasse au préalable l'éloge de sa *clementia* teintée de divinité : il faisait ainsi semblant d'être modéré, et s'amusait de l'espoir qu'il faisait naître chez l'accusé avant de faire tomber la sentence[1166]. En outre, il ne voulait absolument pas que les délateurs fussent perçus comme ses complices[1167]. Cette hypocrisie résultait assurément d'une grande prudence. Le mépris à l'égard du parvenu flavien, les moqueries ayant trait à son physique et surtout les critiques liées à sa participation dans les guerres qu'il avait menées et à sa politique lui fournissaient des prétextes à répression, d'autant plus que le Sénat se chargeait de la basse besogne. En fait, cette attitude de Domitien dans sa lutte contre l'aristocratie se rapprochait de celle de Tibère[1168].

[1162] Tac., *Agric.*, 45.
[1163] Suet., *Nero*, 49.
[1164] Suet., *Dom.*, 11.
[1165] Stat., *Silv.*, III, 4, 73 : *pulchra ducis clementia* ; Mart., IX, 70, 7 : *Nulla ducum feritas, nulla est insania ferri / Pace frui certa laetitiaque licet*.
[1166] Suet., *Dom.*, 11 : *Actorem summarum pridie quam crucifigeret, in cubiculum uocauit, assidere in toro iuxta coegit, securum hilaremque dimisit, partibus etiam de caena dignatus est* ; Dio Cass., LXVII, 1.
[1167] Dio Cass., LXVII, 1.
[1168] *Cf. supra*.

Au surplus, les thèmes monétaires de 95 indiquent clairement la volonté de Domitien de régner en monarque absolu. En effet, ils diffusent une image charismatique du prince et véhiculent le motif de sa colossale statue équestre, de son palais, ainsi que de la *Porta Triumphalis* surmontée d'un chapelet d'éléphants[1169].

XX. Persécution des philosophes

La persécution des philosophes, principalement ceux se réclamant des doctrines stoïcienne et cynique, était inhérente à la période de terreur qui eut lieu entre 93 et la mort de Domitien, trois ans plus tard. Ce dernier, comme son père, se méfiait d'eux pour toute une série de motifs. En effet, les philosophes, se voyant en prédicateurs de morale plutôt qu'en penseurs de système, poursuivaient les vices constamment et en tous lieux[1170], n'épargnant personne, pas même les conseillers, les auxiliaires et l'empereur en personne, dont la vie privée était souvent des plus condamnables. De surcroît, Domitien étant lui-même censeur, ils empiétaient sur les attributions qui étaient les siennes. À Rome, les stoïciens, à la différence des épicuriens, soulignaient l'importance des relations inextricables liant sagesse et pouvoir. Au demeurant, comme Vespasien les avait déjà persécutés[1171] au motif qu'ils s'étaient opposés au régime impérial, ils n'éprouvaient qu'une estime très limitée à l'égard de la dynastie flavienne (Domitien n'avait pas été épargné par Dion Chrysostome[1172]).

Il était difficile de leur imposer silence, et les mesures les plus sévères paraissaient totalement inefficaces. En effet, la plupart d'entre eux ne craignaient pas la mort et ne souhaitaient que la réputation éclatante[1173] que leur offrirait le martyre[1174]. Quant aux autres, ils adoptaient une conduite plus prudente, comme l'écrit Martial à son ami le philosophe stoïcien Deciamus : « Tu suis les dogmes du grand Thraséa et de Caton, ce sage parfait, de manière pourtant à prouver que tu ne fais pas fi de la vie et que tu ne veux point aller la poitrine découverte te précipiter au-devant d'un glaive sorti du fourreau. Je t'approuve, Deciamus : j'estime peu celui qui achète la

---

[1169] M. Susplugas, « Les monnaies romaines de Domitien, témoins de sa politique », *Latomus*, 62, 1, 2003, p. 109.
[1170] Dio Chrys., LXXII.
[1171] Dio Cass., LXVI, 12-13 ; 15 ; Suet., *Vesp.*, 15 ; Epikt., *Datr.*, I, 2, 19.
[1172] Dio Chrys., III ; XLV.
[1173] Tac., *Hist.*, IV, 6.
[1174] Philostr., *Apoll.*, VII, 16 ; Dio Cass., LXVI, 15.

renommée au prix d'un sang prodigue ; j'estime l'homme qui peut se rendre digne de louanges sans s'attirer la mort. »[1175]

Comme Cicéron[1176], les stoïciens étaient convaincus que leur enseignement s'adressait à tous. C'est ainsi que même des esclaves étaient admis aux cours du stoïcien Musonius Rufus ; Helvidius Priscus, pour sa part, recherchait la popularité[1177]. Malgré tout, leur influence restait limitée, car les couches populaires n'avaient que peu d'estime pour ces penseurs qu'elles jugeaient vaniteux et éloignés de leurs préoccupations. Par contre, les nobles, de par leur maîtrise de la langue et de leur intérêt pour les lettres grecques, s'intéressaient à la philosophie, et appréciaient les valeurs que véhiculaient les sages du Portique. De plus, se sentant menacés par Domitien, certains d'entre eux en arrivaient à se persuader que la mort, l'exil et la pauvreté ne devaient pas être vécus comme des malheurs.

Il est dès lors compréhensible que les philosophes aient exercé une certaine autorité morale sur la noblesse qui s'opposait alors au *princeps*. Par conséquent, ils étaient à la fois complices et instigateurs de cette opposition. C'est la raison pour laquelle Domitien prit des mesures contre eux. La répression systématique des philosophes commença en 93, au lendemain de l'affaire Massa. Avant de poursuivre plus avant, rappelons-en les éléments essentiels. Deux avocats furent désignés par le Sénat pour dénoncer les malversations de cet homme, l'un des favoris de l'empereur, qui fut proconsul de Bétique : Herennius Senecio et Pline le Jeune[1178]. Le premier, sénateur et philosophe stoïcien, était très hostile à Domitien. Il fut d'ailleurs l'avocat de Valerius Licinianus lors de l'affaire de la grande vestale Cornelia[1179] que l'empereur fit condamner et exécuter ; par ailleurs, il avait coutume de tenir des propos médisants à l'égard des délateurs les plus influents[1180]. Avec l'aide de Pline, il obtint du Sénat l'instruction du procès, l'inculpation de Massa, et la mise sous séquestre de ses biens avec dommages et intérêts à verser aux victimes[1181].

Domitien avait laissé condamner son favori par égard pour les provinciaux. Il saisit alors l'occasion pour faire juger des hommes, suspects depuis longtemps aux yeux du pouvoir. Plusieurs furent mis à mort[1182], et d'autres,

---

[1175] Mart., I, 8.
[1176] Cic., *Tusc.*, II, 1, 4.
[1177] Dio Cass., LXVI, 12.
[1178] Plin., *Ep.*, VII, 33, 4-5.
[1179] Plin., *Ep.*, IV, 11, 12.
[1180] *Cf. supra.*
[1181] Plin., *Ep.*, VII, 33.
[1182] Suet., *Dom.*, 10 : *[...] cuius criminis occasione philosophos omnes Vrbe Italiaque summouit* ; Dio Cass., LXVII, 13 ; Tac., *Agric.*, 2 ; Plin., *Ep.*, III, 11, 3-6.

condamnés à quitter Rome sur ordre d'un sénatus-consulte fin 93[1183]. Tacite écrit : « On chassa alors les maîtres de la sagesse ; on envoya en exil tous les nobles talents, pour n'avoir plus rien d'honnête sous les yeux. »[1184] C'est sans doute au cours de ces procès expéditifs que Domitien ordonna d'entourer la Curie de soldats[1185].

Senecio, mis en confiance par la décision du Sénat, se fixa comme double objectif de faire le plus de bruit possible autour d'une affaire discréditant l'empereur et son gouvernement et de se montrer meilleur défenseur que Domitien des intérêts des provinciaux. Orgueilleux, il voulait avant tout faire étalage de son courage. C'est d'ailleurs sans doute à la même époque que Senecio écrivit une biographie d'Helvidius Priscus[1186], laquelle relevait plus de la critique contre les Flaviens que d'une véritable histoire pragmatique. Tout cela irrita Domitien, qui décida de provoquer la mort de cet auteur pamphlétaire. Vers la fin de 93[1187], Mettius Carus[1188] l'accusa devant le Sénat d'avoir écrit ce livre, et d'avoir dédaigné les honneurs[1189]. Déclaré coupable, il fut mis à mort[1190], son livre fut brûlé sur le *Comitium* et le Forum[1191], et ce fut Régulus qui fut chargé de répandre un libelle profanant sa mémoire[1192]. Celui-ci, au cours de son procès, déclara avoir écrit son *uolumen* à la demande de Fannia, veuve d'Helvidius Priscus, fille de Thraséa, connue pour son courage, sa vertu et son amabilité, notamment parce qu'elle avait accompagné à deux reprises son mari en exil. Lorsque Mettius Carus lui demanda si ces dires étaient fondés, elle acquiesça, et reconnut lui avoir donné des mémoires sans que sa mère ne fût au courant. Le Sénat la condamna à la relégation, et lui confisqua ses biens. Elle emporta pour seule consolation un exemplaire du livre de Senecio[1193] avec elle en exil. Au surplus, certains de ses amis furent frappés de disgrâce en même temps que ce dernier[1194].

[1183] Aul. Gell., XV, 11, 4 ; Plin., *Paneg.*, 47.
[1184] Tac., *Agr.,* 2.
[1185] Tac., *Agr.*, 45 : *Non uidit Agricola obsessam curiam et clausum armis senatum.*
[1186] Dio Cass., LXVII, 13 ; Tac., *Agr.*, 2 ; Plin., VII, 19, 5.
[1187] Tac., *Agr.*, 45.
[1188] Plin., *Ep.*, VII, 19, 5.
[1189] Dio Cass., LXVII, 13 ; Tac., *Hist.*, I, 2 : *omissi gestique honores pro crimine.*
[1190] Dio Cass., LXVII, 13 ; Plin., *Ep.*, I, 5, 3 ; III, 11, 3 ; Tac., *Agr.*, 45.
[1191] Tac., *Agr.*, 2 ; Plin., *Ep.*, VII, 19, 6.
[1192] Plin., *Ep.*, I, 5, 3. *Cf. supra*
[1193] Plin., *Ep.*, III, 11, 3 ; VII, 19 ; IX, 13, 5.
[1194] Tac., *Agr.*, 45 : *Eadem strage tot consularium caedes, tot nobilissimarum feminarum exsilia et fugas [...] Mox nostrae duxere Heluidium in carcerem manus, nos Maurici Rusticique uisus, nos innocenti sanguine Senecio perfudit.* D'autres textes indiquent que Senecio, Helvidius Priscus le Jeune, Rusticus, Mauricus, Arria, Fannia, Gratilla furent jugés en même temps. Voir : Plin., *Ep.*, III, 11, 3 ; VII, 19, 5 ; Tac., *Agr.*, 2 ; Dio Cass., LXVII, 13.

Quant à Helvidius Priscus, devenu consul[1195], s'il se montra d'abord plus prudent que son père, il haïssait tellement l'empereur qu'il ne laissa passer aucune occasion de se montrer moqueur ou sarcastique à son égard, allant même jusqu'à jouer un mime dont le sujet mythologique faisait écho au divorce de Domitien. Il fut alors traduit devant le Sénat, puis condamné à mort[1196].

L. Junius Arulenus Rusticus, tribun en 66[1197], préteur en 69[1198], et probablement consul, était tenu en estime par Pline et Tacite[1199], mais peut-être également admis par Domitien parmi ses conseillers[1200]. Philosophe stoïcien[1201], il fut l'ami de Thraséa[1202] et l'allié des Helvidii[1203], qui protégeait Dion Chrysostome et Plutarque[1204]. Sous Domitien, il écrivit un livre qui se voulait être un Panégyrique de Thraséa, qu'il qualifia de « plus saint des hommes »[1205], et qui contenait quelques attaques contre le pouvoir en place. Accusé de lèse-majesté par le Sénat[1206], il fut condamné à mort, et son livre brûlé en même temps que celui de Senecio[1207]. Régulus, qui avait contribué à la condamnation de Rusticus, prit plaisir à son supplice, et le traita de « singe des stoïciens » et d'homme marqué des stigmates de Vitellius[1208], ce qui lui valut les faveurs de l'empereur.

Julius Mauricius[1209], frère de Rusticus[1210], fut condamné à la relégation par le Sénat. Pourtant, honnête et respecté[1211], Nerva et Trajan lui accordèrent beaucoup d'égards par la suite[1212], tout en redoutant tout de même sa franchise[1213]. Dans la mesure où les délateurs se souvenaient probablement de son attitude au début du règne de Vespasien, il demanda à Domitien que les registres du palais fussent communiqués au Sénat pour connaître les

---

[1195] Plin., *Ep.*, IX, 13, 2.
[1196] Plin., *Ep.*, III, 11, 3 ; Suet., *Dom.*, 10.
[1197] Tac., *Ann.*, XVI, 26.
[1198] Tac., *Hist.*, III, 80.
[1199] Plin., I, 14, 1 ; II, 18, 4 ; Tac., *Hist.*, III, 80 : *dignatio uiri* ; Plut., *De curiositate*, 15.
[1200] Plut., *De curiositate*, 15.
[1201] Dio Cass., LXVII, 13 ; Plin., I, 5, 2.
[1202] Tac., *Ann.*, XVI, 26.
[1203] Plin., *Ep.*, VII, 19, 1.
[1204] Plut., *De curiositate*, 15.
[1205] Suet., *Dom.*, 10 : *[Domitianus interemit] Junium Rusticum quod Paeti Thraseae et Heluidii Prisci laudes edidisset, appellassetque eos sanctissimos uiros.*
[1206] Tac., *Agr.*, 45.
[1207] Tac., *Agr.*, 2 ; Suet., *Dom.*, 10 ; Dio Cass., LXVII, 13 ; Plin., *Ep.*, I, 5, 2 ; III, 11, 3.
[1208] Plin., *Ep.*, I, 5, 2.
[1209] Plin., *Ep.*, I, 5 ,10 ; III, 11, 3 ; Tac., *Agr.*, 45.
[1210] Plin., *Ep.*, I, 14 ; II, 18.
[1211] Plin., *Ep.*, I, 5, 16 ; II, 18, 4 ; Plut., *Galb.*, 8 ; Mart., V, 28, 5.
[1212] Plin., *Ep.*, IV, 22.
[1213] Plin., *Ep.*, IV, 22.

noms de ceux qui avaient sollicité toutes les accusations[1214]. Gratilla, qui put possiblement la femme de Rusticus, fut, elle aussi, exilée.

Après 93, les philosophes tendaient de plus en plus à écarter leurs tenants de la vie publique, au profit d'une vie intérieure accomplie en accord avec les vertus traditionnelles. D'après Philostrate[1215], tous furent saisis d'effroi et s'enfuirent soit en Gaule, soit dans les déserts de la Libye et de la Scythie. Artémidore, gendre de Musonius Rufus, partit vivre en dehors de la Ville, dans une maison qu'il possédait. Pline lui rendit visite, et lui donna l'argent dont il avait besoin pour s'acquitter d'une dette[1216]. C. Luccius Telesinus, consul en 93, préféra s'éloigner de l'*Vrbs* afin de se conformer au décret du Sénat plutôt que de rester comme consulaire[1217]. Il semblerait que le séjour en Italie eût été interdit aux philosophes quelque temps après. Épictète se retira à Nicopolis, en Épire[1218]. Dion Chrysostome, quant à lui, quitta Rome avant d'en être expulsé. Suivant ce que lui avait prédit l'oracle de Delphes, il s'habilla misérablement, et erra durant plusieurs années en Grèce, en Asie Mineure et sur la côte nord de la mer Noire, travaillant dans les champs. Il avait emporté avec lui le *Discours sur l'ambassade* de Démosthène et le *Phédon* de Platon[1219]. D'autres philosophes, moins courageux, devinrent des délateurs[1220].

Ajoutons que les auteurs proches de Domitien accusaient ouvertement les tenants du Portique d'être des hypocrites et des gens d'infamie. Quintilien écrit : « De nos jours, on cache sous le nom de "philosophe" de grands vices. Ce n'est pas par la vertu et les études qu'ils s'acharnent à être considérés comme des sages, mais ils couvrent les pires perversions par leur attitude, leur austérité et leur habillement différent de celui des autres. »[1221] Martial, quant à lui, vilipende un certain nombre de philosophes, à qui il reproche d'être sournois[1222]. Toutefois, Silius Italicus, qui avait fait siens les préceptes du stoïcisme, ne fut jamais inquiété.

[1214] Tac., *Hist.*, IV, 40.
[1215] Philostr., *Appoll.*, VII, 4.
[1216] Plin., *Ep.*, III, 11.
[1217] Philostr., *Appoll.*, VII, 11.
[1218] Aul. Gell., XV, 11, 5 ; Epikt., *Diatr.*, I, 25, 19.
[1219] Dion Chrys., LXXII ; Philostr., *Soph.*, 7.
[1220] Philostr., *Apoll.*, VII, 4.
[1221] Quint., *Inst.*, *praef.*
[1222] Mart., IX, 27.

XXI. Persécution ou répression religieuse ?

Pour ce qui a trait à la persécution ou à la répression des chrétiens déclenchée par Domitien à la fin de son règne, il importe de procéder à un examen des sources littéraires en fonction des croyances de leurs auteurs, ceux-ci étant soit païens (Tacite, Suétone, Pline le Jeune et Dion Cassius) soit chrétiens (Eusèbe et saint Jérôme).

Sous Vespasien et Titus, les juifs ne furent pas persécutés au motif de leurs croyances, car ils ne semblaient pas constituer une menace pour l'équilibre de l'Empire ; bien au contraire, ils bénéficiaient de protecteurs notables, en l'occurrence le roi Agrippa II et ses sœurs, Bérénice et Drusille, intimes des Flaviens[1223]. Ils restaient très attachés à leur foi[1224], malgré la destruction de leur temple par Titus en 70 et la dispersion de la population de la ville sainte. Vespasien leur permit de pratiquer librement leur religion, sous condition qu'ils se déclarent aux autorités et payent un impôt de deux drachmes au temple de Jupiter Capitolin[1225].

Nous ne disposons que de peu d'informations concernant la situation des juifs du temps de Domitien. Un diplôme militaire datant du 13 mai 86[1226] indique que des soldats, faisant partie de troupes auxiliaires cantonnées en Judée, obtinrent le droit de cité, mais qu'on ne leur accorda pas le congé réglementaire auquel ils avaient droit. Ces données indiquent que la guerre faisait rage à cette époque ; Domitien reçut d'ailleurs une XIIIe salutation impériale[1227] entre le 13 mai et le 13 septembre 86. Au surplus, la cohorte *I Lusitanorum*, en Pannonie en 85[1228] était la même que la *I Augusta Lusitanorum* qui figure sur le diplôme du 13 mai 86 comme faisant partie des troupes de Judée. Peut-on dès lors en déduire que cette *salutatio* faisait suite aux succès remportés en Judée ?

Toujours est-il que, d'après Suétone, Domitien faisait rigoureusement percevoir l'impôt du didrachme à tous les hommes circoncis : « On déférait au fisc judaïque ceux qui menaient la vie juive sans la déclarer et ceux qui, dissimulant leur origine, ne payaient pas les tributs imposés à leur nation. »[1229] L'auteur latin fait ici état de juifs qui ne payaient pas cet impôt,

---

[1223] Dio Cass., LXVI, 15 ; 18 ; Suet., *Tit.*, 7. Voir : T. Frankfort, « Le royaume d'Agrippa II et son annexion par Domitien », *Latomus*, 58, 1962, p. 659-672.
[1224] Ios., *Bell. Iud.*, II, 15, 1 ; Juv., VI, 159.
[1225] Ios., *Bell. Iud.*, VII, 6, 6 ; Dio Cass., LXVI, 7 ; *CIL*, VI, 8604.
[1226] *CIL*, III, 857.
[1227] *Cf. supra*
[1228] *CIL*, III, 855.
[1229] Suet., *Dom.*, 12 : *Judaicus fiscus acerbissime actus est. Ad quem deferebantur qui uel Improfessi iudaicam ; uiuerent uitam, uel dissimulata origine imposita genti tributa non*

soit parce qu'ils avaient renoncé à leur religion, soit pour frauder l'État, et de païens convertis au judaïsme mais sans le déclarer aux pouvoirs publics[1230]. Dans la mesure où beaucoup de juifs ne payaient pas la taxe qui leur incombait, ils furent dénoncés, humiliés par l'examen de leurs organes génitaux, puis punis par des amendes et des confiscations. Suétone explique qu'un vieillard de 90 ans fut examiné par un procurateur devant une nombreuse assemblée, juste pour voir s'il était circoncis[1231]. Martial rapporte d'autres cas similaires[1232].

Une éventuelle persécution des juifs sous Domitien apparaît dans les *Actes* de saint Jean. Selon ceux-ci, le Flavien aurait ordonné de chasser les disciples du judaïsme de Rome en souvenir des décrets de Vespasien. Les juifs s'en seraient défendus en dénonçant les chrétiens. La valeur historique de ces *Actes* est toutefois sujette à caution. Aux dires d'Eusèbe[1233], citant Héségippe, auteur chrétien du IIe siècle, Domitien avait d'abord donné l'ordre d'exécuter tous les descendants de David, avant de se raviser et de les laisser partir libres. La véracité de ce récit est, elle aussi, contestée.

Il semble pourtant que Domitien, à l'instar de Vespasien et de Titus avant lui, ait laissé au judaïsme la liberté de fixer sa doctrine et ses pratiques. Les mesures prises par le dernier Flavien étaient purement fiscales, même si elles furent hautement vexatoires pour ceux qui en firent l'objet ; le judaïsme demeurait une *religio licita*. Ainsi, comme nous le verrons ci-après, ce furent les chrétiens qui furent l'objet d'une répression de la part de l'empereur, et non les juifs.

Tertullien prétend que, pour l'autorité romaine, la distinction entre juifs et chrétiens demeurait mineure[1234]. Il est vrai que le monothéisme intransigeant de ceux-ci constituait une forme d'athéisme impie, tant vis-à-vis des divinités traditionnelles que de l'empereur, qui devait faire l'objet d'un culte[1235]. Toutefois, les liens unissant les deux communautés religieuses, résultant de l'hostilité mutuelle dont elles étaient l'objet, étaient ténus ; aucun syncrétisme n'était possible comme l'indiquent la lettre de saint Paul à la communauté chrétienne de Rome ainsi que la persécution opérée par

---

pependissent. Voir : L. A. Thompson, "Domitian and the Jewish Tax", *Historia*, 31, 3, 1982, p. 329-342.

[1230] E. M. Smallwood, "Domitian's Attitude to the Jews and Judaism", *CPh*, 51, 1996, p. 1-13 ; M. H. Williams, "Domitian, the Jews and the Judaizers. A Simple Matter of *cupiditas* and *maiestas* ?", *Historia*, 39, 1990, p. 196-211.

[1231] Suet., *Dom.*, 12.

[1232] Mart., VII, 55, 7 ; 82.

[1233] Eus., *Hist. eccles.*, III, 19-20.

[1234] Tert., *Apol.*, 21.

[1235] *Cf. supra*.

Néron et souhaitée par Poppée, qui fut exclusivement dirigée contre les chrétiens.

Notons que ce fut dans les années 90 que le christianisme entra dans la famille impériale : d'après la tradition catholique, deux Flavia Domitilla auraient été chrétiennes, de même que la fille d'une sœur de Domitien et de Titus, épouse de Flavius Clemens, au même titre que la sœur de celui-ci[1236]. La répression frappa les disciples du Christ, sans distinction : deux parents de l'empereur, le consulaire Glabrio, des riches, des gens du peuple... et s'étendit au-delà de Rome, jusqu'en Asie et en Bithynie[1237].

Les apostasies eurent lieu dès 93, année durant laquelle saint Jean se serait d'ailleurs exilé à Patmos pour rédiger l'*Apocalypse*[1238]. Eusèbe, qui se fonde sur l'œuvre de Bruttius, un païen sans doute contemporain des faits, date pourtant la répression des chrétiens à 95[1239]. De même, pour Lactance et Paul Orose, le massacre des chrétiens ne commença qu'à la fin du règne du dernier empereur flavien.

Suétone, témoin des événements, explique que « Domitien tua, sur le plus léger des soupçons, son cousin Flavius Clemens, homme dont on méprisait fort l'inertie. Clemens venait à peine de sortir du consulat. »[1240] Ce dernier, accusé, aux dires du biographe, seulement à cause d'une *tenuissima suspicio*[1241], représentait surtout un danger potentiel pour l'empereur, étant le seul autre survivant de la *gens* flavienne. L'adoption des deux jeunes fils de Clemens par Domitien, qui avait changé leurs noms en T. Flavius Vespasianus et T. Flavius Domitianus, avant de les désigner clairement comme ses successeurs[1242], avait peut-être donné la folie des grandeurs à Clemens et à sa femme Domitilla, provoquant un changement de comportement jugé intolérable par Domitien. Suétone se sert de cette exécution comme introduction pour la mort de ce dernier, comme si la suppression de ce parent proche constituait le dernier acte d'*impietas* que le prince pouvait commettre. Cependant, on ne peut affirmer que Clemens, qui semble être mort dans le courant de 95 puisqu'il était vraisemblablement consul ordinaire du premier janvier au 30 avril de la même année, ait été sa dernière victime.

[1236] Dio Cass., LXVII, 14. Voir : P. Pergola, « La condamnation des Flaviens 'chrétiens' sous Domitien : persécution religieuse ou répression à caractère politique », *MEFRA*, 90, 1978, p. 407-423.
[1237] Oros., VII, 10 : *datis ubique crudelissimae persecutionis edictis*.
[1238] Eus., *Hist. eccles.*, III, 18. Voir : T. B. Slater, "Dating the Apocalypse to Jean", *Biblica*, 84, 2, 2003, p. 525-258.
[1239] Eus., *Hist. eccles.*, III, 18.
[1240] Suet., *Dom.*, 15 ; Philostr., *Apoll.*, VIII, 25.
[1241] Suet., *Dom.*, 15.
[1242] Quint., *Inst.*, IV.

Tacite se contente d'écrire que des *nobilissimae feminae* furent envoyées en exil à la fin du règne de Domitien[1243]. Dion Cassius, pour sa part, apporte les indications suivantes : « Domitien fit mourir Flavius Clemens, qui était alors consul, bien que ce personnage fût son cousin et qu'il eût pour femme Flavia Domitilla, sa parente. L'accusation d'athéisme fut portée contre eux deux. De ce chef, furent condamnés beaucoup d'autres citoyens qui avaient adopté les coutumes juives : les uns furent mis à mort, les autres se virent confisquer leurs biens. L'empereur fit aussi périr Glabrio, qui avait été consul avec Trajan. Il l'accusait du même crime que les autres. »[1244] Domitilla, pour sa part, fut exilée sur l'île de Pandataria (Ventotene). Au début du règne de Nerva, une mesure rappela les exilés, mais on ne sait si elle en bénéficia ou si elle resta sur cette île jusqu'à sa mort, comme semble le suggérer saint Jérôme en parlant de son « long martyre »[1245].

Domitien eut souvent recours à de simples mesures d'arrestation pour atteindre les prosélytes chrétiens accusés d'avoir troublé la *pax deorum*, mais il est plus que probable qu'il y ait surtout eu des poursuites judiciaires devant la juridiction criminelle ou devant le Sénat.

L'un des illustres convertis de cette époque fut M. Acilius Glabrio, consul en 91, puis membre du *consilium principis*[1246]. La formule *prope Caesareae confinis Acilius aulae* a suscité diverses interprétations (allusion à l'âge du sénateur ou à son domicile notamment), mais les raisons les plus vraisemblables étaient, si l'on suit Stace qui le souligne, les relations privilégiées qu'entretenait Acilius avec la cour impériale[1247]. D'abord exilé, il fut mis à mort en 95[1248] pour athéisme et pour être descendu combattre avec une grande *uirtus* des bêtes féroces dans l'arène sans avoir subi la moindre blessure[1249]. Pourtant, il n'avait fait qu'obéir aux ordres de Domitien, qui l'avait invité à Albano pour combattre et tuer un lion. Une telle action n'était pas unique pour un sénateur, mais elle fut rendue scandaleuse par la dignité consulaire de son auteur et par la contrainte impériale. Selon Suétone, il fut mis à mort pour conspiration, alors qu'il était

---

[1243] Tac., *Agr.*, 45.
[1244] Dio Cass., LXVII, 4.
[1245] Saint Jérôme, *lettre* 108, 7.
[1246] Dio Cass., IV, 94. *Cf. infra.*
[1247] M. Dondin-Payre, « Domitien et la vieille aristocratie sénatoriale : ruptures et continuité », *Pallas*, 40, 1994, p. 272.
[1248] Suet., *Dom.*, 10.
[1249] Dio Cass., LXVII, 14 ; Juv., IV, 99-101 : *Profuit ergo nihil misero quod comminus ursos / Figebat Numidas Albana nudus narena / Venator.*

déjà en exil[1250]. Du reste, Fronton s'inspira de cet incident dans un des sujets de dissertation qu'il imposa à son élève Marc Aurèle[1251].

Conformément aux sources, il ne s'agirait donc que d'un caprice de despote, d'autant plus tyrannique que son prétexte était futile. Néanmoins, il ne paraît pas déraisonnable de supposer que Glabrio, exilé mais disposant d'un réseau de relations à la mesure du prestige de sa famille, ait participé à des intrigues contre Domitien, ce qui aurait poussé ce dernier à le faire assassiner.

Suétone choisit de nommer les *complures senatores* en butte à la condamnation de Domitien comme suit : C. Vettulenus Ciuica Cerealis, Ser. Cornelius Scipio Saluidienus Orfitus et Acilius Glabrio. Cette énumération est chronologique puisque Cerealis fut exécuté lorsqu'il gouvernait l'Asie en 87/88, qu'Orfitus fut assassiné après 87, et que Glabrio trouva la mort en 95. Ces trois personnages présentaient surtout un point commun : ils étaient d'anciens consuls.

La lettre de Clément, évêque de Rome, à l'Église de Corinthe (dite *I Clementis*), évoque des « moments difficiles » traversés par sa communauté[1252]. L'*Apocalypse* fait mention de « persécutions » contre les chrétiens en Asie Mineure à la fin du règne de Domitien[1253]. D'après Eusèbe, « Domitien, ayant fait preuve de sa cruauté à l'égard de beaucoup de gens et mis à mort par des arrêts injustes un grand nombre de nobles romains et d'hommes illustres [...] finit par se faire le successeur de Néron dans sa haine et sa guerre contre Dieu. À son tour, il entreprit de nous persécuter... »[1254] Selon Méliton de Sardes, apologète chrétien de la seconde moitié du IIe siècle, seuls, Néron et Domitien s'attaquèrent véritablement à la foi chrétienne[1255]. Tertullien écrit : « Ce demi-Néron par la cruauté, essaya contre nous de la violence, mais comme il avait encore quelque chose d'humain, il renonça à son entreprise et rappela même ceux qu'il avait exilés. »[1256] L'hostilité de l'empereur à l'égard du christianisme apparaît aussi dans le *De Mortibus persecutorium*, attribué à Lactance[1257]. Ces

---

[1250] Suet., *Dom.*, 10 : *quasi molitor nouarum rerum*.
[1251] Front., V, 22 : *Materiam misi tibi : res seria est. Consul populi Romani posita praetexta manicam induit, leonem inter iuuenes quinquatribus percussit populo Romano spectante. Apud censores expostulatur.*
[1252] I. Giordani, *La lettera ai Corinti di S. Clemente*, Alba, 1944.
[1253] M.-Fr. Baslez, *Bible et Histoire : Judaïsme, hellénisme, christianisme*, Paris, Gallimard, 1998, p. 371.
[1254] Eus., *Hist. eccles.*, III, 17-18.
[1255] Eus., *Hist. eccles.*, IV, 26.
[1256] Tert., *Apol.*, 5 : *Temptauerat et Domitianus, portio Neronis de crudelitate ; sed qua et homo facile coeptum repressit, restitutis etiam quos relegauerat.*
[1257] Lact., *Mort. Pers.*, 3.

persécutions figurent aussi dans les écrits de Paul Orose[1258] et Sulpice Sévère[1259], et les *Actes* de saint Ignace[1260].

On le voit, la répression domitienne frappa les chrétiens. Dion Cassius est le seul à relater une persécution auprès de ceux qui avaient adopté les mœurs juives. D'ailleurs, les trois personnes qu'il cite (Flavia Domitilla, Clemens et Glabrio) étaient assurément chrétiennes. Toutefois, cette exaction s'est peut-être étendue à quelques prosélytes du judaïsme peu enclins à prêter serment à l'empereur. Il est également possible que les perquisitions menées dans le but de faire payer l'impôt du didrachme à tous les circoncis, aient déterminé la condamnation d'un certain nombre de juifs. Le pouvoir a pu se rendre compte du nombre de personnes qui pratiquaient le judaïsme en respectant toutes les prescriptions (en particulier la circoncision) et de tous ceux, plus nombreux encore, qui menaient cette « vie juive » sans s'astreindre à l'ensemble de ses règles, selon qu'ils suivissent les lois de Moïse ou les préceptes de Jésus.

Redoutant la magie, pareillement à l'écrasante majorité des citoyens romains à l'époque[1261], Domitien voyait-il les chrétiens comme des magiciens malfaisants ? Voulut-il se conformer au mépris et à la haine que la société païenne manifestait aux juifs et aux chrétiens[1262] ? Les réponses à ces questions ne figurent pas dans les textes. Cependant, ces victimes étaient le plus souvent accusées d'athéisme[1263], non pas parce qu'elles ne croyaient en aucune divinité, mais parce qu'elles refusaient de rendre hommage aux dieux de l'État qu'elles considéraient comme des idoles. Même si pour beaucoup de prosélytes chrétiens les liens n'étaient pas totalement rompus avec les pratiques païennes, il est certain qu'une foi sincère à la religion nationale leur était impossible. De ce fait, Domitien qui voulait restaurer cette religion classique romaine, se devait de les persécuter. De plus, en tant qu'empereur, il entendait qu'on l'honore au même titre que ses prédécesseurs. Or ceux qui s'étaient convertis au christianisme refusaient de pratiquer le *iusiurandum* impérial. Dès lors, ils étaient, aux yeux du prince, des ennemis intérieurs potentiels ou effectifs.

[1258] Oros., VII, 10.
[1259] Sulp. Sev., II, 31.
[1260] Dom Ruinart, *Acta sincera* : *[Ignatius] procellas uix mitigans multarum sub Domitiano persecutionum*.
[1261] Dion Cassius LXVII, 11.
[1262] Quint., *Inst.*, III, 7, 21 ; Tac., *Hist.*, V, 5 ; Ios., *Bell. Iud.*, II, 18, 1 ; 8 ; 20, 2.
[1263] Plin., *Nat.*, XIII, 46 : *Judaea, gens contumelia numinum insignis* ; Tac., *Hist.*, V, 5 : *Transgressi in morem eorum [Judaeorum] idem usurpant ; nec quidquam prius imbuuntur, quam contemnere deos* ; V, 13 : *[Jadaeagens] religionibus aduersa*.

Comme dans le cas des aristocrates et des philosophes, aux yeux de Domitien, les victimes, qui ne se fondaient donc pas pleinement dans le corps citoyen, étaient les seules responsables de leur répression. Outre la volonté de se débarrasser des personnes qu'il soupçonnait de constituer un obstacle à l'unité de la *ciuitas*, Domitien désirait peut-être aussi accroître ses moyens financiers par la confiscation des biens des condamnés.

Toujours est-il que les sources qui font de Domitien un persécuteur ne lui sont pas contemporaines, et que la majorité d'entre elles font davantage partie de la martyrologie chrétienne que du récit historique. C'est le texte de l'*Apocalypse* de Jean qui, le premier, est explicite au sujet du caractère anti-chrétien ; les autres témoignages chrétiens qui lui étaient contemporains ou postérieurs se sont vraisemblablement inspirés de ce ressenti communautaire, sans véritable apport d'éléments nouveaux. Par ailleurs, l'oppression fut limitée dans le temps. En outre, d'après Tertullien, Domitien alla jusqu'à rappeler ceux qu'il avait bannis. Eusèbe, d'après Hégésippe[1264], écrit que l'empereur rendit un édit d'arrêt de la persécution après avoir acquitté les parents du Christ. Cependant, ce fut Nerva qui interdit vraiment les accusations contre les personnes menant « la vie juive »[1265]. En suspendant les poursuites, Domitien espérait peut-être que les prosélytes retourneraient, par peur, à la religion officielle, gardienne de la cohésion sociale et du *mos maiorum*.

À tout le moins, la répression – et non la persécution – de Domitien devait endiguer la progression de la religion chrétienne. Bien qu'il tolérait les juifs payant l'impôt, l'empereur refusait que s'étendissent ces croyances impies parmi la population. Il y voyait en effet une force antagoniste à la religion nationale favorisant l'unité civique et au culte de l'empereur-dieu ; les répressions de la fin du règne de Domitien montrent les limites de la tolérance du paganisme romain qui tenait tant de la politique que de la religion. En conséquence, cette répression, qui alimenta, principalement durant l'Antiquité tardive et le Moyen Âge, la légende noire du règne complaisamment répandue par ses adversaires, ne peut pas être considérée comme un acte relevant de la seule misanthropie d'un tyran. Toutefois, jusque-là critiqué surtout par l'aristocratie, il devint aussi odieux aux yeux de plusieurs franges du peuple[1266] puisque les victimes de la répression figuraient parmi toutes les classes sociales.

[1264] Eus., *Chron.*, année 2109.
[1265] Dio Cass., LXVIII, 1.
[1266] Juv., IV, 153 : *Sed periit postquam cerdonibus esse timendus coeperat.*

XXII. Meurtre de Domitien

La persécution des philosophes et des chrétiens orchestrée par Domitien porta atteinte à un certain nombre de Romains. Si le leitmotiv de l'empereur était de préserver l'unité de l'Empire en se débarrassant notamment de ces deux catégories de personnes, il prépara sa chute, car, par sa cruauté, il dressa contre lui des fractions du *populus* qui ne lui étaient pas a priori hostiles.

Par ailleurs, de nombreux autres personnages importants furent également frappés, et ce, très souvent sur base de prétextes très légers ne constituant nullement un danger pour l'unité de Rome[1267] : une action supposée reposer sur des sentiments hostiles au pouvoir, un mot mal interprété ou malveillant[1268], une absence aux réceptions impériales[1269], des relations compromettantes[1270], un passé glorieux... Il y eut de moins en moins de nobles[1271], et « le Sénat fut décapité de ses plus illustres membres. »[1272]

Sallustius Lucullus, qui fut légat de Bretagne, donna son nom à une nouvelle forme de lance. Jaloux et par crainte d'une nouvelle sédition militaire[1273], Domitien le fit assassiner[1274] sous prétexte d'usurpation de ses droits souverains. Salvidienus Orfitus fut, lui aussi, condamné à mort dans la mesure où il fut considéré comme un conspirateur[1275]. Mettius Pompusianus, consultant des astrologues, s'était entendu prédire qu'il régnerait bientôt sur l'*Vrbs*. Il n'en fallait pas davantage pour que Domitien ne le fît mettre à mort[1276], après avoir été exilé en Corse[1277]. L'empereur Othon avait laissé un neveu, Salvius Cocceianus, qu'il aurait adopté s'il avait été vainqueur dans la guerre civile[1278]. Comme celui-ci célébra l'anniversaire de son oncle,

---

[1267] Suet., *Dom.*, 10 : *leuissima [...] de causa*.
[1268] Juv., IV, 86 : *Sed quid uiolentius aure tyranii, / cum quo de pluuiis aut aestibus aut nimboso / Vere locuturi fatum pendebat amici*.
[1269] Plin., *Paneg.*, 48.
[1270] Plin., *Ep.*, V, 1, 8.
[1271] Juv., IV, 150 : *Atque utinam his potius nugis* [la délibaration sur le turbot] *tota illa dedisset / Tempora saeuitiae, claras quibus abstulit urbis / Inlustresque animas impune et uindice nullo* ; Plin., *Paneg.*, 69 : *Si quid usquam stirpis antiquae, si quid residuae claritatis*.
[1272] Philostr., *Apoll.*, VII, 4. Voir aussi : Suet., *Dom.*, 10 : *Complures senatores, in iis aliquot consulares interemit* ; Tac., *Agric.*, 3 ; Plin., *Paneg.*, 35 ; 48 ; 52 ; 62-63 ; 90 ; 94-95 ; Eus., *Chron.*, année 2109 ; Oros., VII, 10.
[1273] Plin., *Paneg.*, 68. *Cf. supra*
[1274] Suet., *Dom.*, 10 : *a [Domitianus] interemit*.
[1275] Suet., *Dom.*, 10 ; Philostr., *Apoll.*, VII, 8.
[1276] Dio Cass., LXVII, 15.
[1277] Dio Cass., LXVII, 12 ; Suet., *Dom.*, 10.
[1278] Plut., *Otho*, 16.

Domitien le fit assassiner[1279]. L. Aelius Lamia Plautius Aelianus, ancien mari de Domitia, fut assassiné sans doute après avoir un jour répondu à un concitoyen qu'il se sentait désormais comme un homme que l'on aurait fait eunuque contre son gré[1280]. Arrecinus Clemens mourut aussi[1281]. Mettius Modestus, de son côté, fut condamné à la relégation pour avoir appelé Régulus « le plus méchant des bipèdes »[1282]. C. Salvius Liberalis Nonius Bassus fut accusé et peut être exilé[1283]. Enfin, Julius Bassus, proconsul de Bithynie sous Trajan, fut relégué sous Domitien[1284].

Au demeurant, Domitien s'insurgeait contre toute opposition littéraire. Le rhéteur Maternus fut assassiné parce qu'il s'était permis de dénoncer les tyrans lors d'un exercice oratoire[1285]. Hermogène de Tarse avait, quant à lui, fait des allusions jugées inappropriées dans l'un de ses ouvrages historiques. Il fut condamné à la peine capitale, et ses copistes furent crucifiés[1286].

Certains échappèrent de justesse à la mort. Dion Cassius rapporte que Juventius Celsus, accusé de conspiration contre Domitien, demanda à lui parler en secret. Il se prosterna, l'appelant maître et dieu en déclarant : « Je n'ai rien fait de ce qu'on me reproche : si j'obtiens un sursis, je prendrai des renseignements et je vous dénoncerai un grand nombre de coupables. »[1287] Il fut alors relâché, mais ne dénonça jamais personne, sous divers prétextes, gagnant ainsi du temps, jusqu'au moment du meurtre de Domitien.

Favorisé par Domitien qui lui avait accordé une dispense d'un an avant de briguer la préture[1288], Pline le Jeune était pourtant l'ami de plusieurs de ses victimes : Herennius Senecio[1289], Arulenus Rusticus[1290], Junius Mauricus[1291], Helvidius Priscus[1292], Arria, Fannia[1293], Gratilla, et Julius Bassus[1294]. Il avait par ailleurs collaboré avec Senecio pour l'accusation de Baebius Massa[1295].

[1279] Suet., *Dom.*, 10.
[1280] Suet., *Dom.*, 10 ; Juv., IV, 154.
[1281] Suet., *Dom.*, 11. *Cf. supra.*
[1282] Plin., *Ep.*, I, 5, 5 ; 14.
[1283] Plin., *Ep.*, III, 9, 33.
[1284] Plin., *Ep.*, IV, 9, 2.
[1285] Dio Cass., LXVII, 12.
[1286] Suet., *Dom.*, 10.
[1287] Dio Cass., LXVII, 13. Voir : K. Scott, "Dio Chrysostom and Juventius Celsus", *CPh*, 29, 1, 1934, p. 66.
[1288] Plin., *Ep.*, VII, 16, 2 ; *Paneg.*, 95.
[1289] Plin., *Ep.*, VII, 33 ; *Paneg.*, 90.
[1290] Plin., *Ep.*, I, 5, 5 ; I, 14.
[1291] Plin., *Ep.*, I, 5, 10 ; 16 ; II, 18 ; VI, 14.
[1292] Plin., *Ep.*, IV, 21, 3 ; VII, 30, 4 ; IX, 13.
[1293] Plin., *Ep.*, VII, 19.
[1294] Plin., *Ep.*, IV, 9.
[1295] *Cf. supra.*

Ne reniant jamais ses amitiés (il correspondait avec Fannia durant son exil[1296] et rendit visite au philosophe Artémidore, chassé de Rome[1297]), il finit par tomber en disgrâce[1298]. On découvrit après la mort de Domitien que Mettius Carus avait envoyé à l'empereur une accusation contre Pline[1299].

Pline, qui ne s'embarrasse ni de nuance ni de retenue, qualifie Domitien de bourreau, de spoliateur de tous les gens de bien[1300], de plus féroce des bêtes[1301], de plus méchant et de plus cruel des princes[1302], de plus avide des brigands[1303], et de prince frappé de tous les vices[1304]. Toutefois, plusieurs philosophes et opposants ont eu la vie sauve. Il ne faut en outre pas oublier que ces renseignements proviennent des lettres de Pline le Jeune, qui aimait qu'on le considérât comme une victime du tyran, à une époque où il fut frappé de *damnatio memoriae*[1305]. Concomitamment, il faut ajouter que sa disgrâce ne fut nullement continue puisque le *princeps*, après sa préture, le nomma préfet du trésor militaire après 93[1306].

Certains citoyens étaient délibérément écartés des honneurs, car Domitien les haïssait à cause de leurs talents et de leur bonne réputation. Pline écrit : « Les gens de bien, relégués et en quelque sorte ensevelis dans l'oisiveté et l'obscurité, n'étaient amenés à la lumière que par des délations et des périls. »[1307] Nerva, futur empereur, cherchait à se faire oublier[1308], car des astrologues lui avaient prédit l'accès au principat. Heureusement pour lui, l'un d'entre eux rassura Domitien en arguant que Nerva n'en avait plus pour longtemps à vivre[1309]. Tacite était préteur en 88[1310], et aurait dû être consul avant 96. Étant le gendre d'Agricola, il ne le devint qu'après la mort de Domitien. Virginius Rufus, quant à lui, vivait dans la retraite après avoir refusé l'Empire par deux fois, « il était suspect et détesté à cause de ses vertus »[1311]. Frontin, vainqueur des Silures[1312], vivait, lui aussi, reclus. Il ne

---

[1296] Plin., *Ep.*, VII, 19, 10.
[1297] Plin., *Ep.*, III, 11.
[1298] Plin., *Paneg.*, 90 ; 95 ; *Ep.*, III, 11, 3.
[1299] Plin., *Ep.*, VII, 27, 14 ; *Paneg.*, 90.
[1300] Plin., *Paneg.*, 90 : *optimi cuiusque spoliator et carnifex*.
[1301] Plin., *Paneg.*, 48 : *immanissima bellua*.
[1302] Plin., *Paneg.*, 94 : *pessimo principe* ; 95 : *insidiosissimo principe* ; 52 : *saeuissimi domini*.
[1303] Plin., *Paneg.*, 94 : *praedonis auidissimi*.
[1304] Plin., *Paneg.*, 47 : *uitiorum omnium conscius princeps*.
[1305] *Cf. infra*.
[1306] *CIL*, V, 5262 ; 5667.
[1307] Plin., *Paneg.*, 45.
[1308] Mart., V, 28, 4 ; VIII, 70 : *Quanta quies placidi, tanta est facundia Neruae* ; Philostr., *Appoll.*, VII, 33.
[1309] Dio Cass., LXVII, 15 ; Philostr., *Apoll.*, VII, 8 ; 11 ; Mart., XII, 6, 11 : *Sed, sub principe duro / Temporibusque malis audes esse bonus*.
[1310] Tac., *Ann.*, XI, 11.
[1311] Plin., *Ep.*, II, 3.

devint curateur des eaux et consul pour la deuxième fois que sous Nerva, et pour la troisième fois sous Trajan. Peut-être ce dernier, très bien considéré à l'époque[1313], fut-il également menacé : « Au milieu de l'adversité, vous avez vécu avec nous, vous avez couru des dangers, vous avez tremblé : c'était alors la vie des honnêtes gens », lui dit Pline[1314].

Tacite[1315], qui célèbre la restauration de la *libertas* tout en se gardant de citer le nom de Domitien, décrit la période de terreur de façon symbolique et pragmatique : « La mer pleine d'exils, les rochers souillés de meurtres, des cruautés plus atroces dans Rome : noblesse, richesse, honneurs refusés ou reçus comptés pour autant de crimes ; une mort certaine réservée aux vertus ; les délateurs, dont le salaire ne révoltait pas moins que les forfaits, se partageant comme des dépouilles sacerdoces et consulats, administrant les provinces, maîtres dans Rome, mettant tout au pillage ; la haine ou la terreur armant les esclaves contre leurs maîtres, les affranchis contre leurs patrons, enfin ceux auxquels un ennemi manquait accablés par leurs amis. Cependant cette époque ne fut point tellement stérile en vertus qu'elle n'ait produit des exemples de belles actions. Des mères accompagnèrent leurs enfants dans leur fuite, des femmes suivirent leurs maris en exil ; il y eut des parents intrépides, des gendres dévoués, des esclaves d'une fidélité qui résistait même aux tortures, des hommes illustres soumis à la dernière de toutes les épreuves, cette épreuve même supportée avec courage, et des morts comparables aux plus belles fins de l'antiquité. »[1316] Tacite résume sa pensée en écrivant que Domitien avait totalement épuisé les forces de l'État sans lui avoir laissé ni trêve ni repos[1317].

Sachant que par peur ou par hypocrisie, Domitien n'hésiterait pas à les condamner[1318], sous la période de terreur, ses conseillers intimes et ses délateurs (qui lui étaient pourtant politiquement nécessaires) le craignaient et le haïssaient. Tout le monde se détournait progressivement de lui[1319] : une partie du peuple, les juifs et les chrétiens, les affranchis, les clients des grandes maisons frappés dans leurs intérêts ou dans leurs affections, les artisans qui manquaient de travail suite à l'appauvrissement de la noblesse,

---

[1312] Plin., *Ep.*, IV, 8, 3 ; IX, 19 ; Tac., *Agr.*, 17.
[1313] Plin., *Paneg.*, 94 : *omnibus excelsior*.
[1314] Plin., *Paneg.*, 44.
[1315] Tac., *Agr.*, I, 2-3.
[1316] Mart., IX, 70, 7 : *Nulla ducum feritas, nulla est insania ferri*.
[1317] Tac., *Agr.*, 44, 6 : *Domitianus non iam per interualla ac spiramenta temporum sed continuo et uelut uno ictu rem publicam exhausit*.
[1318] Plin., *Paneg.*, 85 : *quae poterat esse inter eos amicitia, quorum sibi alii domine, alii serui uidebantur ?* ; Juv., IV, 73 : *proceres quos oderat ille, / in quorum facie miserae magnaeque / sedebat pallor amicitiae*.
[1319] Suet., *Dom.*, 23 ; Juv., IV, 153 : *sed periit postquam cerdonibus est timendus coeperat*.

etc. Il est certain que la conduite paranoïaque du *princeps* ne devait guère plaire aux Romains.

C'est à cette époque que Juvénal affubla Domitien, qu'il dépeint comme un monstre aux mœurs infâmes, d'un nouveau sobriquet : le « Néron chauve »[1320]. Ce dernier devait se douter qu'un jour, il serait vaincu par certains aristocrates. Or une prédiction de mort horrible l'effrayait depuis longtemps. De sinistres rumeurs coururent à la fin de son règne. Suétone[1321] écrit : « On entendit et on annonça tant de coups de tonnerre, que Domitien s'écria : "Eh bien ! Frappe qui tu voudras !" La foudre atteignit le Capitole, le temple des Flaviens, le palais de l'empereur, sa chambre. L'inscription du piédestal de sa statue triomphale fut arrachée par un violent orage et tomba sur un édifice voisin. L'oracle de la Fortune de Préneste, qui lui avait toujours fait des réponses favorables, lui annonça un sort funeste pour la dernière année et lui parla même de sang. Il vit en rêve Minerve, sa déesse favorite, sortir du sanctuaire qu'elle avait dans le palais en disant qu'elle ne pouvait pas le protéger plus longtemps, car Jupiter l'avait désarmée. Mais ce qui l'émut surtout, ce fut la réponse et la mort de l'astrologue Ascletarion. Déféré devant Domitien, cet homme ne nia pas qu'il eût révélé ce que son art lui avait fait prévoir. L'empereur lui ayant alors demandé de quelle manière il mourrait lui-même, il répondit qu'il serait bientôt déchiré par des chiens. »[1322] Pour convaincre l'astrologue d'imposture, Domitien ordonna qu'on le brûlât vif, et qu'on l'ensevelît avec le plus grand soin[1323].

En vue de flatter toujours davantage l'empereur, le Sénat voulut l'honorer de manière exceptionnelle en le faisant précéder par des chevaliers romains tenant des lances. Toutefois, Domitien refusa car, même s'il se complaisait dans les honneurs, il craignait qu'un potentiel assassin ne fît partie du cortège[1324]. À la fin de sa vie, il se montrait d'ailleurs très rarement en public, et prenait d'infinies précautions, y compris au sein de sa propre demeure[1325]. Le commandement militaire du palais était confié à Parthenius, un affranchi en qui il avait une totale confiance[1326], tandis que des gardes contrôlaient les personnes admises aux audiences. Tous les murs des

---

[1320] Juv., IV, 36 : *Cum iam semianinum laceret Flauius orbem / Vltimus et caluo seruiret Roma Neroni*. Voir aussi : Tert., *Apol.*, 5 : *portio Neronis de crudelitato* ; *De Pallio*, 4 : *Subuoro* ; Mart., XI, 33 ; Eus., *Hist. eccles.*, III, 17. Voir : M. Charles, "Calvus Nero : Domitian and the Mechanics of Predecessor Denigration", *Acta Classica*, 45, 2002, p. 19-49.
[1321] Suet., *Dom.*, 15.
[1322] Suet., *Dom.*, 23.
[1323] Suet., *Dom.*, 23 ; Dio Cass., LXVII, 16 ; Philostr., *Apoll.*, VIII, 23 ; Tac., *Hist.*, I, 3.
[1324] Suet., *Dom.*, 14.
[1325] Plin., *Paneg.*, 48-49 ; *CIL*, VI, 8761 ; Suet., *Dom.*, 16 : *Parthenius cubiculo praepositus* ; Dio Cass., LXVII, 15.
[1326] Dio Cass., LXVII, 15 ; Plin., *Paneg.*, 49.

portiques où il avait l'habitude de marcher étaient revêtus de phengite, une pierre réfléchissante provoquant un effet miroir, ce qui lui permettait de voir tout ce qu'il se passait derrière lui[1327]. S'il se promenait sur le lac d'Albano ou dans le golfe de Baies, son bateau était remorqué par une barque dans laquelle se trouvaient les rameurs[1328]. Quand il interrogeait des prisonniers, il les voyait seul pour garder le secret tout en tenant leurs chaînes dans ses mains[1329]. Au surplus, les préfets du Prétoire devaient veiller à sa sécurité, mais deux d'entre eux furent mis en accusation durant l'exercice de leurs fonctions, étant donné que Domitien ne leur faisait plus confiance[1330].

Pour bien montrer à ses serviteurs qu'ils ne devaient en aucun cas toucher leur maître, il exila, puis fit périr Épaphrodite, en poste de 62 à 95[1331], à qui il reprochait d'avoir aidé Néron à se donner la mort[1332]. L'utilisation des services d'un jeune esclave tenant dans sa main une pomme que Domitien visait avec son arc semble par ailleurs indiquer qu'à ses yeux, à l'instar de ceux de la plupart de ses concitoyens, la vie d'un serviteur était insignifiante[1333].

En 96, Domitien aurait songé à se débarrasser à la fois de sa femme, de plusieurs affranchis et de certains de ses conseillers intimes. Selon Dion Cassius, il avait sous son lit des tablettes sur lesquelles étaient inscrits leurs noms, mais tandis qu'il faisait la sieste, elles furent dérobées par un enfant admis au palais en tant que bouffon[1334]. Domitia les lut, et prévint immédiatement tous ceux qui étaient nommés sur celles-ci, ce qui accéléra l'idée de complot, que nombre de nobles tramaient déjà. Ce récit doit cependant être envisagé avec prudence, car il est identique à celui raconté au sujet de la mort de Commode[1335].

Ceux qui auraient pris la tête du coup d'État auraient été Parthenius et Sigérius[1336], chambellans, Entellus, secrétaire *a libellis*, et Stephanus, procurateur accusé de détournement de biens[1337]. Domitia était vraisemblablement au courant de cette conspiration, de même que Norbanus

---

[1327] Suet., *Dom.*, 14.
[1328] Plin., *Paneg.*, 82.
[1329] Suet., *Dom.*, 14 ; Dio Cass., LXVII, 19.
[1330] Dio Cass., LXVII, 14. Voir : A. W. Collins, "The Palace Revolution : The Assassination of Domitian and the Accession of Nerva", *Phoenix*, 63, 2009, p. 73-106.
[1331] *CIL*, VI, 8636.
[1332] Suet., *Dom.*, 14 ; Dio Cass., LXVII, 114.
[1333] Suet., *Dom.*, 19, 3.
[1334] Dio Cass., LXVII, 15.
[1335] Herodian., I, 17.
[1336] Suet., *Dom.*, 16.
[1337] Suet., *Dom.*, 14.

et Petronius Secundus[1338], tous deux préfets du prétoire (leur complicité était nécessaire pour empêcher les représailles des soldats sitôt après la mort de Domitien)[1339].

Comme d'importants désordres étaient à craindre par la suite, il était indispensable de désigner d'abord un successeur à l'empereur. Plusieurs personnages pressentis refusèrent d'exercer le principat, craignant d'être ensuite accusés de perfidie. Toutefois, Cocceius Nerva, de haute naissance et deux fois consul ordinaire, accepta de diriger l'*Vrbs*. Comme Domitien avait envisagé de le mettre à mort, on peut supposer que certains sénateurs influents avaient été informés de ce choix pour qu'il puisse être élu sans difficulté. Il est donc probable que beaucoup de personnes aient été mis au courant du complot, mais qu'elles surent garder le secret tant le désir de se débarrasser de Domitien était grand.

« La veille de sa mort », écrit Suétone, « on lui avait servi des truffes. Il les fit garder pour le lendemain, en disant : "Si toutefois il m'est permis d'y goûter !". Puis se tournant vers ses voisins, il ajouta que, le jour suivant, la lune se couvrirait de sang dans le Verseau et qu'il arriverait un événement dont on parlerait dans tout l'univers. Au milieu de la nuit, il fut saisi d'un tel effroi qu'il sauta à bas de son lit. Le lendemain matin, 18 septembre 96, il jugea un devin qu'on lui avait envoyé de Germanie, parce que cet homme, consulté au sujet d'un coup de tonnerre, avait prédit une révolution ; il le condamna. En grattant très fort une verrue qu'il avait au front, il la fit saigner. "Plût au ciel", dit-il, "que j'en fusse quitte à si bon compte !" Puis il demanda l'heure. Au lieu de la cinquième qu'il redoutait, on lui dit exprès que c'était la sixième. Alors, comme si le péril était passé, il se rassura et se disposa à faire la sieste »[1340]. Ce qui suit n'est pas aussi légendaire[1341].

Lorsque Parthenius vint annoncer à Domitien qu'un homme voulait lui parler d'urgence dans le but de le mettre en garde contre une conspiration, l'empereur, comme à son habitude dans ces circonstances, fit se retirer tout le monde, avant de gagner sa chambre à coucher. Stephanus, qui devait se charger du meurtre parce qu'il était fort et robuste, entra. Feignant une blessure au bras depuis plusieurs jours, il le portait en écharpe et enveloppé de linges, ce qui lui permit d'y cacher un poignard. Il donna un billet à l'empereur et, pendant que celui-ci le lisait, il le frappa à l'aine. Cette blessure n'étant pas mortelle, Domitien cria pour qu'un esclave, présent dans

---

[1338] Petronius Secundus fut préfet d'Égypte en 92-93 : *PIR*, P, 226 ; *LP*, 347, 41.
[1339] Suet., *Dom.*, 17 ; Dio Cass., LXVII, 17-18 ; Philostr., *Apoll.*, VIII, 25 ; Tert., *Apol.*, 35.
[1340] Suet., *Dom.*, 14-16.
[1341] Suet., *Dom.*, 14 : *Terribilis cunctis et inuisus, tandem oppressus est amicorum, libertorumque intimorum conspiratione, simul et uxoris.*

la pièce attenante afin de veiller au culte des dieux lares, lui apporte la dague cachée sous le lit. Cependant, la lame en avait été enlevée par Parthenius, et toutes les portes et fenêtres étaient fermées. L'empereur, très vigoureux, réussit à jeter Stephanus à terre, cherchant à lui arracher l'arme, et à lui crever les yeux malgré qu'il se fût lui-même blessé aux doigts. Alors entrèrent le corniculaire Clodianus, Maxime, affranchi de Parthenius, Saturius, décurion des chambellans, ainsi que quelques gladiateurs, qui l'achevèrent de sept coups de dague. De nombreuses personnes étrangères à la conspiration arrivèrent, et tuèrent Stephanus. Nous ne savons pas s'ils voulurent venger Domitien ou empêcher l'assassin de parler de son crime.

Le cadavre de Domitien fut discrètement emporté dans un cercueil très simple vers le domaine que possédait Phyllis, sa nourrice[1342]. Elle lui rendit les derniers honneurs, puis porta ses restes dans le temple des Flaviens, où ils furent mêlés aux cendres de Julie, la fille de Titus[1343].

L'aristocratie était désormais débarrassée du dernier Flavien. Pline écrit : « Entre ces murailles, où il se croyait en sûreté, il avait renfermé avec lui la trahison, les pièges, un dieu vengeur de ses crimes. Le châtiment a écarté les gardes et brisé les barrières ; à travers les passages étroits et pleins d'obstacles, il s'est précipité comme si l'entrée eût été libre et les portes ouvertes. À quoi servit alors la divinité du prince ? À quoi ces appartements secrets et ces réduits cruels, où la crainte, l'orgueil, la haine des hommes le tenaient confiné ? »[1344] Soulagés, les sénateurs s'assemblèrent, accablèrent le prince mort des pires outrages, puis élurent Nerva sans attendre.

Le peuple, s'étant majoritairement détourné de Domitien depuis la période de la terreur, ne réagit pas à cet attentat impérial[1345]. Si beaucoup d'Italiens et de provinciaux éprouvaient encore de la sympathie pour les Flaviens, ils n'osèrent, du reste, pas non plus protester[1346].

Pline, de son côté, encensa l'assassinat de Domitien : « Personne ne fut assez maître de ses transports et de sa joie tardive pour ne pas goûter une sorte de vengeance à contempler ces corps mutilés, ces membres mis en pièces ; à

[1342] *Cf. supra*.
[1343] Suet., *Dom.*, 17 ; Dio Cass. LXVII, 18.
[1344] Plin., *Paneg.*, 49.
[1345] Suet., *Dom.*, 23 : *occisum cum populus indifferenter tulit*.
[1346] Un assez grand nombre d'inscriptions de l'Italie et des provinces, parvenues jusqu'à nous, portent encore le nom de Domitien. Voir : *CIL*, II, 656 ; 862 ; 1945 ; 1963 ; 4721 ; III, 35-37 ; 1091 ; VIII, 792 ; 1850 ; 5415 ; 10 116 ; 10 119 ; IX, 4677 a ; 4955 ; X, 444 ; 1631 ; XIV, 245 ; 3530 ; *IG*, VII, 2495 ; *SB*, 8514-8516. Voir : Voir : A. W. Collins, "The Palace Revolution : The Assassination of Domitian and the Accession of Nerva", *Phoenix*, 63, 2009, p. 73-106.

voir ces menaçantes et horribles images jetées dans les flammes et réduites en fusion, afin que le feu transformât pour l'usage et le plaisir des hommes ce qui les avait fait si longtemps trembler d'épouvante. »[1347] Il raconte en outre qu'il alla rendre visite à Corellius Rufus, lequel vivait non loin de Rome, dans sa maison de campagne ; il souffrait effroyablement suite à une maladie incurable et la goutte avait atteint tout son corps. Quand un ami venait lui rendre visite, tous sortaient de sa chambre : les domestiques bien sûr, mais aussi sa femme. Enfin seuls, Rufus dit à Pline : « Savez-vous pourquoi je continue à supporter depuis si longtemps ces souffrances horribles ? C'est pour survivre, ne serait-ce que d'un jour à ce scélérat. »[1348] Son vœu fut exaucé, car il vit le règne de Nerva ; il se suicida alors.

Les soldats romains, quant à eux, étaient indignés. Les prétoriens voulaient venger Domitien, et lui décerner les honneurs divins, mais ils n'avaient plus de chefs puisque leurs deux préfets avaient pris part à la conspiration. Ils durent donc se soumettre aux décisions du Sénat[1349]. Sur les bords du Danube, les troupes voulurent se soulever mais, d'après Philostrate, Dion Chrysostome et ses hommes les en empêchèrent[1350]. Des troubles auraient pu aussi éclater en Syrie, car le préfet n'était pas favorable à un changement à la tête de l'État[1351]. Nerva fut cependant reconnu partout ailleurs. Quant à Domitia, elle semble ne pas avoir été inquiétée, preuve en qu'elle vécut encore de nombreuses années[1352].

Après la servitude dont l'aristocratie, les philosophes et les chrétiens furent notamment les objets, vint la période dite « de la liberté »[1353]. Les exilés furent rappelés, les victimes de Domitien réhabilitées, voire glorifiées. Il n'y eut plus ni procès de lèse-majesté, ni exactions financières ; beaucoup de délateurs furent condamnés à mort ; les esclaves et les affranchis ne purent plus porter plainte contre leurs maîtres[1354].

[1347] Plin., *Paneg.*, 52.
[1348] Plin., *Ep.*, I, 12, 7-10.
[1349] Suet., *Dom.*, 23 ; Aur. Vict., *Caes.*, XI : *Quo moti milites, quibus priuatae commoditates dispendio publico largius procedunt auctores necis ad supplicium petere, more suo seditiosius, coeperunt. Qui uix aegreque per prudentes cohibiti, tandem in gratiam Optimatum conuenere. Neque minus per se moliebantur bellum, quod bis conuersum imperium moestitiae erat, ob omissionem praedarum per dona munifica.*
[1350] Philostr., *Vie des Sophistes*, I, 7.
[1351] Plin., *Ep.*, IX, 13, 11 : *quemdam qui tunc ad Orientem amplissimum et famosissimum exercitum non sine magnis dubiisque rumoribus obtinebat.*
[1352] *CIL*, XIV, 2795.
[1353] *CIL*, VI, 472 ; Tac., *Agr.*, 3 ; Plin., *Ep.*, IX, 13, 4 ; VIII, 14, 3 ; *Paneg.*, 2, 8.
[1354] Dio Cass., LXVIII ; Plin., *Ep.*, I, 5, 10 ; IV, 9, 2 ; IX, 13, 4-5 ; *Paneg.*, 35 ; Eus., *Hist. eccles.*, III, 20 ; *Chron.*, année 2113.

XXIII. La *damnatio memoriae*

À l'heure où les cendres de Domitien furent ensevelies dans le *templum gentis Flauiae* du Quirinal[1355], son nom et sa mémoire n'échappèrent cependant pas à la vindicte de ses ennemis. Le Flavien fut le premier à subir au sens plein du terme la *damnatio memoriae*, l'atteinte ultime à la *memoria* d'un haut personnage qui le frappa au-delà de la mort, et fut aussi probablement celui qui l'éprouva de la façon la plus complète.

Alors que Vespasien et Titus avaient bénéficié de l'apothéose après leur mort, Domitien fut condamné *post mortem*. C'est ainsi qu'au lendemain de sa mort, ses portraits furent détachés et brisés dans une frénésie remarquable. Sa mémoire fut abolie par décret, et on ordonna la destruction de ses inscriptions et de ses statues de pierre ; celles faites de métal furent fondues[1356]. En outre, il était interdit à la *gens* du condamné de porter le deuil, de conserver son *imago* ou même d'utiliser dans la descendance son *praenomen* ou son *cognomen*. À cela s'ajoutaient parfois des peines annexes comme l'invalidation du testament ou la confiscation des biens.

Pline le Jeune encense cette entreprise d'éradication de la mémoire de Domitien : « Quelle joie de jeter à terre ces visages superbes, de courir dessus le fer à la main, de les briser avec la hache, comme si ces visages eussent été sensibles et que chaque coup eût fait jaillir le sang ! Personne ne fut assez maître de ses transports et de sa joie tardive pour ne pas goûter une sorte de vengeance à contempler ces corps mutilés, ces membres mis en pièces ; à voir ces portraits menaçants et horribles jetés dans les flammes et réduits en fusion. »[1357]

Il est établi qu'au début de l'Empire, seuls les coupables de crime contre l'État (*perduellio* ou, plus tard, *causa maiestatis*) pouvaient encourir une peine aussi sévère. Au demeurant, cette attitude fait écho tant à celle des colons de Nîmes qui, fidèles aux Princes de la Jeunesse, firent subir aux statues de Tibère une *damnatio memoriae*[1358], qu'à celle du *populus* détruisant les statues de Séjan qu'il avait dû, auparavant, vénérer au même titre que celles des dieux[1359].

[1355] *Cf. supra*
[1356] Suet., *Dom.*, 23 ; Dio Cass., LXVIII, 1 ; Macr., 12, 37 ; Eus., *Hist. eccles.*, III, 20 ; *Chron.*, année 2113 ; Lact., *Mort. Pers.*, 3 ; saint Jérôme, *De vir. illustr.*, 9 ; Proc., *HA*, 8.
[1357] Plin., *Paneg.*, 52.
[1358] Suet., *Tib.*, 13, 1.
[1359] Suet., *Tib.*, 65 ; Dio Cass., LVIII, 11, 3-4.

Rigoureuse dès le lendemain de la mort du prince, et poursuivie par ses successeurs, la *damnatio memoriae* de Domitien fut l'une des plus radicales[1360]. A. Martin évalue les effets concrets de cette mesure dans la pierre gravée : plus de 40 % des inscriptions conservées ont subi un martelage[1361]. Les inscriptions officielles ont plus souffert que celles issues de documents privés, à l'instar des épitaphes d'esclaves ou d'affranchis impériaux qui ont, le plus souvent, conservé le nom de Domitien. Les *acta* administratifs, sur lesquels son nom servait de garantie d'authenticité, et les Actes des Frères Arvales ont également été épargnés[1362]. Quelques inscriptions ont échappé à la censure officielle : c'est le cas des *fistulae plumbeae*. Enfin, la titulature hiéroglyphique de Domitien, gravée sur l'obélisque du sanctuaire d'Isis et Sérapis au Champ de Mars, elle aussi, ne fit pas l'objet d'un martelage[1363].

La *damnatio* fut plus radicale dans les provinces sénatoriales (59 % des inscriptions y ont été martelées) que dans les provinces impériales, où le pourcentage des martelages n'est que de 48 % par rapport aux inscriptions conservées. Cette différence s'explique par le fait que la majorité des sénateurs vouaient une haine implacable à Domitien, surtout à la fin de son règne[1364] ; en Égypte, propriété privée du prince depuis Auguste, la proportion d'inscriptions martelées était inférieure à 25 %. Toutefois, l'écart entre Rome et le reste de l'Empire, où l'empereur était somme toute apprécié[1365], est beaucoup plus significatif. En effet, à l'exception d'une seule[1366], aucune des nombreuses dédicaces officielles à Rome n'a échappé à la *damnatio memoriae*. Comme l'écrivent J.-M. Pailler et R. Sablayrolles, la mission fut donc exécutée avec constance, et les martelages ou destructions furent à la mesure de l'œuvre impériale qui était partout signée du nom du prince[1367].

[1360] J.-M. Pailler et R. Sablayrolles, « *Damnatio memoriae* : une vraie perpétuité ? », *Pallas*, 40, 1994, p. 11-55.
[1361] A. Martin, « La titulature épigraphique de Domitien », *Beiträge zur klassischen Philologie*, 81, 1987, p. 197-204.
[1362] *CIL*, XVI, 14-17 ; 28 ; 30-32 ; 34-36 ; 39.
[1363] Voir : J.-C. Grenier, « Les inscriptions hiéroglyphiques de l'obélisque Pamphili. Un témoignage méconnu sur l'avènement de Domitien », *MEFRA*, 99, 1987, p. 937-961.
[1364] *Cf. supra.*
[1365] *Cf. supra.*
[1366] *CIL*, VI, 947 : la disparition des premières lignes ne permet pas de savoir si elles étaient ou non martelées.
[1367] J.-M. Pailler et R. Sablayrolles, « *Damnatio memoriae* : une vraie perpétuité ? », *Pallas*, 40, 1994, p. 17.

Sur une dizaine d'inscriptions, le patronyme de l'empereur condamné fut remplacé, après martelage, par celui des « bons » empereurs, Nerva, Trajan et, le plus souvent, Vespasien[1368].

Si les martelages atteignirent une grande partie des inscriptions officielles, l'obligation d'oubli trouva également à sévir dans d'autres domaines, ainsi que le prouve un manuscrit du traité de Plutarque *Sur l'oracle de la Pythie*. À la fin de son texte, l'auteur, prêtre d'Apollon à Delphes, rend hommage à un évergète de la cité sacrée. Toutefois, le nom de celui-ci, qui ne pouvait être que celui de Domitien, et sa titulature ont fait l'objet d'un effacement volontaire. Comme l'indique S. Levin, l'espace libre de vingt-quatre ou vingt-cinq signes aurait pu être comblé, dans l'état primitif du manuscrit, par une formule du type *ton autokratora Dometianon* (τόν αυτοκράτορα Δομέτιανον)[1369]. Ces silences de la pierre et du papyrus trouvent en outre des correspondants dans la littérature ; le *Panégyrique de Trajan* de Pline censure volontairement toute une série d'actions entreprises par le dernier empereur flavien, alors que l'œuvre tacitéenne, qui encense l'action sénatoriale, invite à taire la *memoria* de Domitien.

Au surplus, certaines représentations de Domitien ont été conservées dans des œuvres de glyptique, quelques camées, et surtout des intailles. Mettant davantage en valeur son image que ses réussites politiques et militaires, cet art souligne l'importance croissante de la déification de l'empereur[1370].

Ce silence symbolique, qui fit du règne de Domitien, *damnatus*, un vide devant être immédiatement comblé, a contribué à effacer de la mémoire collective le rôle notable qu'il a joué dans la Rome de la fin du Ier siècle.

[1368] A. Martin, « La titulature épigraphique de Domitien », *Beiträge zur klassischen Philologie*, 81, 1987, p. 199.
[1369] S. Levin, « Plutarch's part in the damnatio memoriae of the emperor Domitian », dans *La Béotie antique*, Paris, 1985, p. 283-287.
[1370] H. Guiraud, « Intailles et camées à l'époque de Domitien », *Pallas*, 40, 1994, p. 91-110.

Conclusion

Pour la rédaction de cette biographie, nous avons été prisonniers de notre documentation (littéraire, archéologique, numismatique…) à la fois partielle et partiale car encombrée de *topoi*. Il nous faut toutefois conclure en tranchant la question : dans le cas de Domitien, peut-on parler d'un long règne pour un bon empereur ?

Si réhabiliter l'ensemble des actions de l'homme et de l'empereur constituerait un écueil, il faut lui reconnaître d'avoir, au cours d'un des plus longs règnes du Ier siècle, beaucoup agi, et pas toujours, loin s'en faut, pour satisfaire son ego ou se protéger de ses adversaires.

L'attitude de Domitien, au regard de son rôle et du pouvoir qu'il exerçât, est généralement perçue comme autoritaire voire despotique. Ses véritables pouvoirs reposaient sur sa *tribunicia potestas* (puissance tribunitienne), son consulat, sa charge de *censor perpetuus* et, enfin, tant sur son commandement des armées et que sur sa charge impériale, qui lui conféraient le pouvoir suprême sur tous les commandements militaires et les gouverneurs de province. Auguste fut à peine capable de maintenir toutes ces accréditations ; il donnait le change en s'appuyant sur son *auctoritas*, autorité sans véritables pouvoirs coercitifs, pour présider le Sénat. Domitien, lui, choisit de s'appuyer avant tout sur sa *potestas*.

D'un esprit assez étroit mais actif et avisé, Domitien était désireux de bien gouverner. Il donna à Rome une justice et une administration régulières, mais, financier peu efficace, il ne chercha pas suffisamment à restaurer les finances de l'État.

Jugeant la religion nationale indispensable à l'unité de l'Empire, il la défendit contre les croyances nouvelles, au premier chef envers le christianisme, considéré comme une forme d'athéisme. Il essaya de rétablir les bonnes mœurs et les valeurs des ancêtres, persuadé qu'un État fort était inextricablement lié à une moralité saine. Le souci de Domitien de restaurer la moralité des Anciens transparaît dans la diffusion de séries produites dès 84 et portant sur Virtus[1371] et Fides[1372], les deux valeurs cardinales de la romanité.

[1371] *RIC*, II, 246.
[1372] *RIC*, II, 244 ; *BNCMER*, III, p. 280.

Sous son règne, Rome fut brillante : provinces prospères, conditions économiques de l'Italie améliorées, frontières renforcées, notamment sur le Rhin. Le prince se rendit compte des problèmes que posait le gouvernement mixte mêlant pouvoir sénatorial et pouvoir impérial. C'est pourquoi il chercha à y remédier en s'appuyant sur l'armée et, dans une moindre mesure, sur la garde prétorienne, même s'il se méfiait des légats trop auréolés de gloire, malgré le prestige dont jouissait l'assemblée. Cependant, celle-ci ne voulait pas reconnaître son incapacité, et refusa de renoncer à ses droits.

Toutefois, Domitien ne se contenta pas de la réalité du pouvoir, préférant par vanité exiger des honneurs inédits jusqu'alors, se faisant appeler « maître » et « dieu », et non premier citoyen. L'aristocratie l'a haï dès le début de son règne, à cause de son orgueil, de sa vanité, de ses débauches, alors qu'il prétendait incarner le Romain vertueux, et de son caractère aigri par la défiance de son père et de son frère à son égard. Les fautes commises dans sa prime jeunesse et sa conduite peu fraternelle vis-à-vis de son aîné Titus n'avaient d'ailleurs pas été oubliées. Si les nobles, en apparence, s'étaient soumis à sa volonté, ils s'opposèrent à lui en secret, et conspirèrent contre lui plusieurs fois.

Le thème des relations entre Domitien et le Sénat occupait, directement ou indirectement, une place de choix dans l'historiographie antique. Toutefois, il est toujours envisagé dans une perspective comparatiste, par rapport aux prédécesseurs de l'empereur, le plus souvent Vespasien, ou par rapport à ses successeurs, Nerva et Trajan. Il est difficile de porter un jugement rationnellement fondé, dans la mesure où les historiens antonins, soucieux de convaincre de la cruauté gratuite de Domitien, ont égrené des listes des victimes dont certaines ont pu être inventées ou falsifiées. Toutefois, il apparaît que la vieille aristocratie était opposée aux desseins politiques et administratifs du Flavien. La promotion de sénateurs non-italiens et de chevaliers était source de mécontentement voire d'humiliation pour les familles sénatoriales anciennes. Toujours est-il que les sénateurs réussirent à préserver la dyarchie.

En 88-89, une partie des légions fut entraînée dans la révolte de Saturninus, mais le projet échoua et la vengeance de Domitien fut implacable. Cette lutte de plusieurs années devait nécessairement se terminer par la mort de l'empereur.

Il ne paraît pourtant pas que Domitien ait été plus sanguinaire ou plus souillé par la luxure que la majorité des autres empereurs, même s'il fit preuve d'une grande cruauté à l'égard de ceux qui osaient le défier ou qui constituaient un danger envers sa personne, surtout entre 93 et 96, période de terreur durant laquelle une partie du peuple romain se détourna de lui ; en ces temps-là, il se plaisait d'ailleurs à mettre en scène certaines exécutions capitales.

Au lendemain de sa mort naquit la légende noire du *princeps* maudit. Mettant sur le même pied Domitien, Tibère, Caligula, Néron et Commode (lui aussi frappé de *damnatio*), les nobles romains hostiles au dernier représentant flavien voulurent simplifier voire déformer l'histoire. Domitien, qui souhaitait tant laisser de lui l'image d'un *imperator* triomphant, n'a, malgré lui, immortalisé dans la pierre que le souvenir des deux autres empereurs flaviens, celui de son père et de son frère. Par ailleurs, si le discrédit général attaché à sa personne nous échappe en partie, Domitien renoua avec la fatalité qui s'acharnait sur les empereurs, car il fut assassiné par son entourage le plus proche.

Annexe : chronologie du règne de Domitien

51 : naissance de Domitien

81 : début du règne de Domitien
82 : Agricola avance au-delà de la Bodotria
82/83 : mort de trois Vestales
83 : début de la guerre contre les Chattes ; victoire romaine au mont Graupius ; première conspiration contre Domitien
84 : triomphe sur les Chattes ; Domitien devient consul pour dix ans et censeur à perpétuité ; Agricola est remplacé en Brittanie
85 : fin de la guerre contre les Chattes ; début de la crise économique
85-86 : campagne en Afrique
86 : instauration des jeux en l'honneur de Jupiter Capitolin ; première expédition en Dacie
87 : deuxième conspiration contre Domitien
88 : célébration des jeux séculaires
88-89 : révolte de Saturninus
89 : seconde expédition en Dacie ; bataille de Tapae ; Domitien reçoit le titre de Dacicus ; double triomphe sur les Chattes et les Daces ; assassinat de la Cornelia, grande Vestale

90 : mort de l'enfant de Domitien et de Domitia ; expédition contre les Marcomans, les Quades et les Jazyges
92 : campagne contre les Suèves et les Sarmates
93 : début de la période de terreur ; mort d'Agricola ; début de la persécution des philosophes
95 (?) : début de la répression des chrétiens
96 : assassinat de Domitien

Bibliographie

F. Ahl, "The rider and the horse : Politics and Power in Roman Poetry from Horace to Statius", *ANRW*, 2, 32, 1, 1984, p. 78-102.

J. Alexandropoulos, « La propagande impériale par les monnaies de Claude à Domitien : quelques aspects d'une Évolution », *Pallas*, 40, 1994, p. 84-86.

J. C. Anderson, "Domitian, the Argiletum and the Temple of Peace", *AJA*, 81, 1, 1982, p. 101-110.

A. Augoustakis, « Silius Italicus, A Flavian Poet, » dans A. Augoustakis (éd.), *Brill's Companion to Silius Italicus*, Leyden, Brill, 2010.

B. Baldwin, « Juvenal's Crispinus », *AA*, 22, 1979, p. 109-104.

M.-Fr. Baslez, *Bible et Histoire : Judaïsme, hellénisme, christianisme*, Paris, Gallimard, 1998.

S. J. Bastomsky, "The Death of the Emperor Titus : A Tentative Suggestion", *Apeiron*, 1, 1967, p. 22-23.

H. Bengtson, *Die Flavier : Vespasian, Titus, Domitian*, Munich, 1979.

Fr. Bérard, « Bretagne, Germanie, Danube : mouvements de troupes et priorités stratégiques sous le règne de Domitien », *Pallas*, 40, 1994, p. 225.

A. R. Birley, "Agricola, the Flavian dynasty, and Tacitus", dans B. Levick (éd.), *The Ancient Historian and His Materials*, Westmead, 1975, p. 139-154.

A. R. Birley, "Petillius Cerialis and the Conquest of Brigantia", *Britannia*, 4, 1973, p. 179-190.

A. R. Birley, "Roman frontiers and Roman frontier policy : some reflections on Roman Imperialism", dans *Trans. Architectural and Archeological Society of Durham and Northumberland*, 3, 1974, p. 14.

A. R. Birley, *The Fasti of Roman Britain*, Oxford, 1981.

E. Birley, "Britain under the Flavians : Agricola and His Predecessors", *Durham University Journal*, 7, 1946, p. 79-84.

C. Blonce, « De Domitien à Trajan : arcs monumentaux et *abolitio memoriae* (Pouzzoles et Corinthe) », *CCGG*, 19, 2008, p. 165-176.

A. B. Bosworth, "Vespasian and the Provinces : some Problems of the Early 70's AD", *Athenaeum*, 51, 1973, p. 49-78.

P. A. Brunt, "*Princeps* and *equites*", *JRS*, 73, 1983, p. 42-75.

P. A. Brunt, "Tacitus and the Batavian Revolt", *Latomus*, 19, 1960, p. 494-517.

M. L. Caldelli, « L'*Agon Capitolinus* : storia e protagonisti dall'istituzione domizianea al IV secolo », *Studi Publicati dall'Istituto Italiano per la Storia Antica*, 54, 1993.

I. Carradice, *Coinage and finance in the reign of Domitian*, Oxford, 1983.

M. Charles, "Calvus Nero : Domitian and the Mechanics of Predecessor Denigration", *Acta Classica*, 45, 2002, p. 19-49.

M. Charles, « *Domitianus* 1, 1 : Nerva and Domitian », *Acta Classica*, 49, 2006, p. 79-87.

M. Charles et E. Anagnostou-Laoutides, « The Sexual Hypocrisy of Domitian : Suet., *Dom.*, 8, 3 », *AC*, 79, 2010, p. 173-187.

F. Coarelli, *Guide archéologique de Rome*, Paris, 1994.

F. Coarelli, « La Porta Triumphalis e la via dei trionfi », *Dialoghi di Archeologia*, 2, 1, 1968, p. 55-103.

K. M. Coleman, "The Emperor Domitian and Literature", *ANRW*, 2, 32, 5, 1986, p. 3089-3115.

A. W. Collins, "The Palace Revolution : The Assassination of Domitian and the Accession of Nerva", *Phoenix*, 63, 2009, p. 73-106.

E. Courtney (éd.), *A Commentary on the Satires of Juvenal*, Londres, Athlone Press, 1980.

J. A. Crook, Consilium Principis. *Imperial Councils and Counsellors from Augustus to Diocletian*, Cambridge, 1955.

R. Darwall-Smith, "Albanum and the Villas of Domitian", *Pallas*, 40, 1994, p. 145-165.

S. Demougin, « L'ordre équestre sous Domitien », *Pallas*, 40, 1994, p. 289-299.

C. Deroux, « De la calvitie de Domitien à la chevelure d'Alexandre : proposition sur Juvénal, *sat.* IV, 37-38 », *Latomus*, 209, 1990, p. 277-288.

C. Deroux, "Domitian, the Kingfish and the Prodige : A Reading of Juvenal's Fourth Satire", *Latomus*, 180, 1983, p. 283-298.

J. Devreker, « La composition du Sénat romain sous les Flaviens », *Studien zur antiken Sozialgeschichte*, 28, 1980, p. 257-268.

J. Devreker, "La continuité dans le *Consilium Principis* sous les Flaviens", *Ancient Society*, 8, 1977, 223-243.

M. Dondin-Payre, « Domitien et la vieille aristocratie sénatoriale : rupture et continuité », *Pallas*, 40, 1994, p. 271-288.

T. A. Dorey, "Agricola and Domitian", *Greece & Rome*, 7, 1, 1960, p. 66-71.

R. Étienne, « Domitien et les sénateurs hispaniques », *Pallas*, 40, 1994, p. 241-250.

J. K. Evans, "Tacitus, Domitian, and the Proconsulship of Agricola", *RMP*, 119, 1976, p. 79-84.

G. Fabre, « Les affranchis et serviteurs impériaux sous Domitien », *Pallas*, 40, 1994, p. 341.

T. Frankfort, « Le royaume d'Agrippa II et son annexion par Domitien », *Latomus*, 58, 1962, p. 659-672.

J. Gagé, *Recherches sur les Jeux Séculaires*, Paris, 1934.

G. K. Galinsky, *The Herakles Theme : The adaptations of the Hero in Literature from Homer to the Twentieth Century*, Oxford, Blackwell, 1972.

H. Galstener, « Municipium Flavium Irnitanium », *JRS*, 78, 1988, p. 78-90.

J. Garthwaite, *Domitian and the Court Poets Martial and Statius*, New York, 1978.

S. Gély, « L'Italie dans l'Empire de Domitien », *Pallas*, 40, 1994, p. 214.

R. A. Gergel, "An Allegory of Imperial Victory on a Cuirassed Statue of Domitian", *Record of the Art Museum, Princeton University*, 45, 1, 1986, p. 2-15.

I. Giordani, *La lettera ai Corinti di S. Clemente*, Alba, 1944.

J.-L. Girard, « Domitien et Minerve : une prédilection impériale », *ANRW*, II, 17, 1, 1981, p. 233-245.

J.-L. Girard, « L'idée dynastique sous les Flaviens », *Ktema*, 12, 1987, p. 169-173.

J.-C. Grenier, « Les inscriptions hiéroglyphiques de l'obélisque Pamphili. Un témoignage méconnu sur l'avènement de Domitien », *MEFRA*, 99, 1987, p. 937-961.

M. Grunow Subocinski, "Visualizing Ceremony : The Design and Audience of the Ludi Saeculores Coinage of Domitian", *AJA*, 110, 4, 2006, p. 581-602.

St. Gsell, *Essai sur le règne de Domitien*, Paris, 1893.

P. Guichard, « Domitien et les élites d'Hispania : les promotions à l'ordre équestre des notables issus des municipes flaviens », *Pallas*, 40, 1994, p. 251-267.

H. Guiraud, « Intailles et camées à l'époque de Domitien », *Pallas*, 40, 1994, p. 91-110.

W. S. Hanson, *Agricola and the Conquest of the North*, Londres, 1987.

Ph. Hardie, *The Epic Successors of Virgil : A study in the Dynamics of a Tradition*, Cambridge, Cambridge University Press, 1993.

J. M. Hartmann, *Flavische Epik im Spannungsfeld von generischer Tradition und zeitgenössischer Gesellschaft*, Frankfort, Lang, 2004.

A. Heinrichs, "Vespasian's Visit to Alexandria", *ZPE*, 3, 1968, p. 51-80.

J. Henderson, *Figuring Out Roman Nobility : Juvenal's Eighth* Satire, Exeter, University of Exeter Press, 1997.

C. Henriksen, "Earinus : an Imperial Eunuch in the Light of the Poems of Martial and Statius", *Mnemosyne*, 50, 1997, p. 281-294.

P. A. Holder, *The Auxilia from Augustus to Trajan*, Oxford, 1980.

B. W. Jones, "Domitian's Advance into Germany and Moesia", *Latomus*, 41, 1982, p. 329-335.

B. W. Jones, "Domitian and the Court", *Pallas*, 40, 1994, p. 329-335.

B. W. Jones, *Domitian and the Senatorial Order*, Philadelphie, 1979.

B. W. Jones, « Domitian's Attitude to the Senate », *AJP*, 94, 1, 1973, p. 79-91.

B. W. Jones, "Some Thoughts on Domitian's Perpetual Censorship", *CJ*, 68, 3, 1973, p. 276-277.

B. W. Jones, *The Emperor Domitian*, Londres, 1992.

B. W. Jones, *The Emperor Titus*, Londres, 1984.

B. W. Jones, « The Status of Dalmatia under Domitian », *CPh*, 69, 1, 1974, p. 48-50.

B. W. Jones, « Titus and some Flavian *amici* », *Historia*, 24, 1975, p. 456-457.

B. W. Jones, "Titus in Judaea, AD 67", *Latomus*, 48, 1989, p. 127-134.

D. Kennedy, « The ala I and cohors I Britannica », *Britannia*, 8, 1977, p. 249-255.

W. Kunkel, *Herkunft und soziale Stellung der römischen Juristen*, Graz-Vienne-Cologne, 1967.

I. Lana, « I ludi capitolini di Domiziano », *Rivista di Filologia e di Istruzione classica*, 29, 1951, p. 141-160.

G. Laudizi, *Silio Italico : Il passato tra mito e restaurazione etica*, Galatina, Congredo, 1989.

M. Le Glay, « Les Flaviens et l'Afrique », *MEFRA*, 80, 1968, p. 201-246.

P. Le Roux, « Le culte impérial dans les provinces occidentales : évolution d'Auguste à Domitien », *Pallas*, 40, 1994, p. 397-411.

B. Levick, "Corbulo's Daughter", *Greece & Rome*, 49, 2, 2002, p. 199-211.

B. Levick, "Domitian and the Provinces", *Latomus*, 41, 1982, p. 50-73.

B. Levick, *Vespasian*, Londres, 1999.

S. Levin, « Plutarch's part in the damnatio memoriae of the emperor Domitian », dans *La Béotie antique*, Paris, 1985, p. 283-287.

B. Lörincz, « Beiträge zur Geschichte der ala I Flauia Britannica milliaria c. R. », *Alba Regia*, 17, 1979, p. 357-359.

B. Lörincz, « Some Remarks on the History of the Pannonian Legions in the late first and early second centuries AD », *Alba Regia*, 18, 1980, p. 285-288.

M. Malamud et D. T. McGuire, "Flavian Variant : Myth Valerius, *Argonautica*", dans A. J. Boyle (éd.), *Roman Epic*, Londres, Routledge, 1993, p. 212.

R. Marks, *From Republic to Empire : Scipio Africanus in the Punica of Silius Italicus*, Frankfort, Lang, 2005.

A. Martin, « La titulature épigraphique de Domitien », *Beiträge zur klassischen Philologie*, 81, 1987, p. 197-204.

J.-P. Martin, *Providentia deorum. Recherches sur certains aspects religieux du pouvoir impérial romain*, Rome, 1982.

V. A. Maxfield, « The ala Britannica, Dona and Peregrini », *ZPE*, 52, 1983, p. 141-150.

M. McCrum et A. G. Woodhead, *Select Documents of the Principates of the Flavian Emperors, including the Year of Revolution ad 68-96*, Cambridge, 1966.

W. C. McDermott, "Fabricius Veiento", *AJP*, 91, 1970, p. 129-148.

W. C. McDermott et A. E. Orentzel, « Silius Italicus and Domitian », *AJPh*, 98, 1977, p. 24-34.

A. McCullough, "Heard but not seen : Domitian and the Gaze in Statius's *Silvae*", *CJ*, 104, 2, 2009, p. 145-162.

R. Merkelbach, "Warum Domitians Siegername : 'Germanicus' eradiert worden ist", *ZPE*, 34, 1979, p. 62-64.

F. Millar, « Emperors at Work », *JRS*, 57, 1967, p. 14-19.

L. Morawiecki, « The symbolism of Minerva on the coins of Domitianus », *Klio*, 59, 1, 1977, p. 185-193.

L. Morgan, "*Achilleae Comae* : Hair and Heroism According to Domitian", *CQ*, 47, 1997, p. 209-214.

J. L. Mourges, "The so-called letter of Domitian at the end of the *lex Irnitanium*", *JRS*, 77, 1987, p. 78-87.

C. L. Murison, "M. Cocceius Nerva and the Flavians", *APA*, 133, 1, 2003, p. 147-157.

R. R. Nauta, *Poetry for Patrons : Literary Communication in the Age of Domitian*, Leiden, 2002.

J. Nicolas, *Vespasian and the Partes Flavianae*, Wiesbaden, 1978.

J.-M. Pailler, « Domitien et la "Cité de Pallas", un tournant dans l'histoire de Toulouse antique », *Pallas*, 34, 1988, p. 101.

J.-M. Pailler, « Domitien, la "loi des Narbonnais" et le culte impérial dans les provinces sénatoriales d'Occident », *Revue archéologique de Narbonnaise*, 22, 1989, p. 171-189.

J.-M. Pailler, « La Gaule de Domitien : remarques préliminaires », *Pallas*, 40, 1994, p. 170.

J.-M. Pailler et R. Sablayrolles, « *Damnatio memoriae* : une vraie perpétuité ? », *Pallas*, 40, 1994, p. 11-55.

H. Pavis d'Escurac, « Siècle et Jeux Séculaires », *Ktema*, 18, 1993, p. 79-89.

P. Pergola, « La condamnation des Flaviens "chrétiens" sous Domitien : persécution religieuse ou répression à caractère politique », *MEFRA*, 90, 1978, p. 407-423.

H.-G. Pflaum, *Les carrières procuratoriennes équestres sous le Haut Empire romain*, t. 1, Paris, 1961.

H. W. Pleket, « Domitian, the Senate and the Provinces », *Mnemosyne*, 14, 1961, p. 296-246.

J. Pigon, "Helvedius Priscus, Eprius Marcellus and indicium Senatus : Observations on Tacitus, *Histories* 4, 7-8", *CQ*, 42, 1992, p. 235-246.

M.-Th. Raepsaet-Charlier, « Principat », *ANRW*, II, 33, 3, 1991, p. 1807-1857.

Fr. Ripoll, *La morale héroïque dans les épopées latines d'époque flavienne : tradition et innovation*, Louvain-la-Neuve, 1998.

H. W. Ritter, « Zur Lebensgeschichte der Flavia Domitilla, der Frau Vespasians », *Historia*, 21, 1972, p. 759-761.

P. M. Rogers, "Domitian and the Finances of State", *Historia*, 33, 1, 1984, p. 62-76.

R. Sablayrolles, « Domitien, l'Auguste ridicule », *Pallas*, 40, 1994, p. 126.

P. Saller, "Promotion and personal patronage in equestrian careers", *JRS*, 70, 1980, p. 44-59.

C. Salles, *La Rome des Flaviens : Vespasien, Titus, D*omitien, Paris, Perrin, 2002.

K. Scott, "Dio Chrysostom and Juventius Celsus", *CPh*, 29, 1, 1934, p. 66.

G. Seelentag, "*Spes Augusta* : Titus und Domitian in der Herrschaftsdarstellung Vespasians", *Latomus*, 68, 1, 2009, p. 83-100.

R. Sherk, *The Roman Empire : Augustus to Hadrian*, Cambridge, 1988.

S. J. Simon, « Domitian, Patron of Letters », *Classical Bulletin*, 51, 1975, p. 58-59.

T. B. Slater, "Dating the Apocalypse to Jean", *Biblica*, 84, 2, 2003, p. 525-258.

E. M. Smallwood, "Domitian's Attitude to the Jews and Judaism", *CPh*, 51, 1996, p. 1-13.

P. Southern, *Domitian. Tragic Tyrant*, Londres – New York, Routledge, 1997.

A. S. Stefan, *Les guerres daciques de Domitien et de Trajan : Architecture militaire, topographie, images et histoire*, Rome, EFR, 2005.

R. Stewart, "Domitian and Roman Religion : Juvenal, Satires Two and Four", *APA*, 124, 1994, p. 309-332.

K. Strobel, « Bemerkungen zum Wechsel zwischen den Legionen XIV Gemina und XXII Primigenia in Mainz », *Germania*, 66, 2, 1988, p. 437-453.

K. Strobel, "Der Chattenkrieg Domitians : historische und politische Aspekte", *Germania*, 65, 1987, p. 427.

K. Strobel, « Zu den Auszeichnungen der ala I Flauia Augusta Britannica milliaria c. R. bis torquata ob uirtutem », *ZPE*, 73, 1988, p. 176-180.

T. E. Strunk, "Domitian's Lightning Bolts and Close Shaves in Pliny", *CJ*, 109, 1, 2013, p. 88-113.

M. Susplugas, « Les monnaies romaines de Domitien, témoins de sa politique », *Latomus*, 62, 1, 2003, p. 82.

M. Susplugas, « Sur la date des Jeux Séculaires de Domitien », *AC*, 71, 2002, p. 151-159.

R. Syme, « Antonius Saturninus », *JRS*, 68, 1978, p. 12-21.

R. Syme, "Domitian, the Last Years", *Chiron*, 13, 1983, p. 121-146.

R. Syme, *Tacitus*, t. 2, Oxford, 1958.

R. Syme, "The Imperial Finances under Domitian, Nerva and Trajan", *JRS*, 20, 1930, p. 66.

R. J. A. Talbert, *The Senate of Imperial Rome*, Princeton, 1984.

W. Tatum, « Martial, 8.82 », *AC*, 76, 2006, p. 185-188.

Fr. Tézenas, *Tacite et Domitien ou le portrait du Tyran*, thèse de doctorat, Tours, 1983.

L. A. Thompson, "Domitian and the Jewish Tax", *Historia*, 31, 3, 1982, p. 329-342.

B. Tipping, *Exemplary Epic : Silius Italicus' Punica*, Oxford, Oxford University Press, 2010.

S. L. Tuck, "The Origins of Roman Imperial Hunting Imagery : Domitian and the Redefinition of *Virtus* under the Principate", *Greece & Rome*, 52, 2, 2005, p. 221-245.

R. Turcan, *Vivre à la Cour des Césars*, Paris, 1987.

A. Turner, "Frontinus and Domitian : Laus Principis in the *Stratagemata*", *Havard Studies in Classical Philology*, 103, 2007, p. 423-449.

E. R. Varner, "Domitia Longina and the Politics of Portraiture", *AJA*, 99, 2, 1995, p. 187-206.

A. Vassileiou, « Crispinus et les conseillers du prince (Juvénal, *Satire*, IV », *Latomus*, 43, 1984, p. 27-68.

M. P. Vinson, "Domitia Longina, Julia Titi, and the Literary Tradition", *Historia*, 38, 1989, p. 431-450.

C. Vismara, « Domitien, spectacles, supplices et cruauté », *Pallas*, 40, 1994, p. 415.

K. G. Wallace, "The Flavii Sabini in Tacitus", *Historia*, 36, 1987, p. 343-358.

K. H. Waters, "The Character of Domitian", *Phoenix*, 18, 1964, p. 49-77.

K. Wellesley, *The Long Year*, Bristol, 1989.

K. Wellesley, "Three Historical Puzzles in Tacitus *Histories* III", *CQ*, 6, 1956, p. 211-214.

M. H. Williams, "Domitian, the Jews and the Judaizers. A Simple Matter of *cupiditas* and *maiestas* ?", *Historia*, 39, 1990, p. 196-211.

S. Wood, "Who Was the Diva Domitilla ? Some Thoughts on the Public Images of the Flavian Women", *AJA*, 114, 1, 2010, p. 45-57.

TABLE DES MATIÈRES

Introduction   7

I. Une enfance sous les règnes de Vitellius et de Vespasien   11

II. Domitien et les Lettres grecques et latines   23

III. Domitien sous le règne de Titus   25

IV. L'administration de l'empereur Domitien   28

a) Les institutions impériales   29

b) Les institutions romaines sous Domitien   30

1) Le Sénat   30
2) Les magistrats   33
3) Les chevaliers   35
4) Le *consilium principis*   37
5) Les préfets de la Ville et du prétoire   39
6) Les secrétaires   40
7) Julie Augusta   43

V. Vers la divinisation de l'empereur   44

VI : La restauration de la religion romaine traditionnelle   54

VII. La restauration de la moralité 60

VIII. Les fêtes et les jeux 64

IX. La littérature et l'histoire 67

X. L'Italie et les provinces 69

XI. L'économie et la numismatique 78
a) L'économie 78
b) La numismatique au service du pouvoir 81

XII. L'armée à la veille des campagnes militaires 82

XIII. Agricola en Bretagne 87

XIV. Guerre sur le Rhin 97
a) Les légions romaines en présence 98
b) La guerre chattique 101
c) Les autres peuples du Rhin et le *limes* 109

XV. Guerres du Danube 111
a) Quelques peuples établis le long du Danube 111

b) Domitien et la Dacie 113

c) Domitien contre d'autres peuples danubiens 122

XVI. Domitien en Orient et en Afrique 125

XVII. La personnalité de Domitien 127

XVIII. Les conspirations contre l'empereur 134

XIX. Période de terreur 140

XX. Persécution des philosophes 147

XXI. Persécution ou répression religieuse ? 152

XXII. Meurtre de Domitien 159

XXIII. La *damnatio memoriae* 168

Conclusion 171

Annexe : chronologie du règne de Domitien 175

Bibliographie 177

Index ???

Table des matières 187